河南省教育厅教育综合改革委托项目（项目编号：教发规〔2019〕630号06号）

河南省教育厅人文社科一般项目（项目编号：2020zzjh-492）

郑州航空工业管理学院教育教学改革研究与实践项目（项目编号：zhjy202029）

太极拳文化的发展与传播研究

牛进平　编著

人民体育出版社

图书在版编目（CIP）数据

太极拳文化的发展与传播研究 / 牛进平编著. -- 北京：人民体育出版社，2021（2024.6重印）

ISBN 978-7-5009-5947-2

Ⅰ.①太… Ⅱ.①牛… Ⅲ.①太极拳－文化研究 Ⅳ.①G852.11

中国版本图书馆 CIP 数据核字（2021）第 014521 号

*

人 民 体 育 出 版 社 出 版 发 行
北京中献拓方科技发展有限公司印刷
新 华 书 店 经 销

*

710×1000　16 开本　16.75 印张　264 千字
2021 年 7 月第 1 版　2024 年 6 月第 2 次印刷

*

ISBN 978-7-5009-5947-2
定价：73.00 元

社址：北京市东城区体育馆路 8 号（天坛公园东门）
电话：67151482（发行部）　　邮编：100061
传真：67151483　　　　　　　邮购：67118491
网址：www.psphpress.com

（购买本社图书，如遇有缺损页可与邮购部联系）

前 言

武术是中国传统文化、历史文化的重要组成部分。武术文化集中地体现了中华先民的求生智慧与积极的生存态度,是中华民族几千年传统文化智慧的结晶,具有反映民族文化直接性的特点。随着冷兵器时代的结束,火器的出现成了武术发展的分水岭,武术的价值、功能也逐渐地弱化。在当前新的历史时期和文化背景下,武术文化传承研究仍是一个新的课题,武术文化的传承与发展也正面临着新的挑战与抉择。

太极拳是我国传统武术最经典的拳术之一,已被列为国家级非物质文化遗产名录。它是以中国传统儒、道哲学中的太极、阴阳辩证理念为核心思想,集颐养性情、强身健体、技击对抗等多种功能于一体,结合易学的阴阳五行之变化、中医经络学、古代的导引术和吐纳术形成的一种内外兼修、柔和、缓慢、轻灵、刚柔相济的汉族传统拳术;它是汉民族辩证理论思维与武术、艺术、引导术及中医理念等的完美结合,是高层次的人体文化。作为一种饱含东方包容理念的运动形式,习练者针对意、气、形、神的锻炼,非常符合人体生理和心理的需要,对人类个体身心健康及人类群体的和谐共处有着极为重要的促进作用。然而,在经济、文化、网络等飞速发展的今天,太极拳的传播、传承范围等仍需扩大,这就要求我们对太极拳文化的现状等进行分析总结。各大高校作为各种文化培养、传播的"摇篮"和"圣地",是我们研究的主要场地,基于此,本书着重对在新时代、新媒体这个背景下,太极拳文化在高校的传播及当代太极拳文化的价值等进行探讨。

本书对太极拳文化的概念、研究背景、发展传播现状、蕴含的哲理、新时代的新型价值及在传播过程中存在的问题与解决策略进行了系统的研究总结,目的在于希望读者通过对本书的阅读认识了解太极拳文化,让更多的人积极地加入太极拳习练行列，扩大太极拳的传播范围，力求更好地建设和传承我国的传统太极拳文化，使之更加先进、更加科学、更加现代化、更加适应新时代的发展要求，在新型世界的发展道路上越走越远！

对于本书的不足之处，望广大读者予以宽容谅解和严正指出。最后，作为中华民族的子孙，我们有责任更好地继承和弘扬我国的传统文化，将我国的太极拳文化发扬光大。

目　录

第一章　武术的起源与发展 ………………………………………… 001
　第一节　中华武术的起源 ……………………………………………… 001
　第二节　中华武术的传承与演变 ……………………………………… 007
　第三节　武德至上的行武之道 ………………………………………… 018
　第四节　锄强扶弱的侠义文化 ………………………………………… 025

第二章　太极拳的起源与发展 ………………………………………… 032
　第一节　太极拳起源于温县陈家沟 …………………………………… 032
　第二节　陈王廷有家传武功基础 ……………………………………… 034
　第三节　太极文化成为太极拳的灵魂 ………………………………… 036
　第四节　结合气功的导引吐纳术 ……………………………………… 038
　第五节　集百家拳术之长 ……………………………………………… 041
　第六节　中医阴阳及经络学说 ………………………………………… 043
　第七节　丰厚的文化功底 ……………………………………………… 046

第三章　从太极拳术到太极拳文化 …………………………………… 048
　第一节　太极拳术的相关原理 ………………………………………… 048
　第二节　太极拳文化的源流 …………………………………………… 062
　第三节　太极拳文化与当代尖端科学 ………………………………… 080

第四章　太极拳的保护与振兴 ………………………………………… 091
　第一节　太极拳的濒危状况 …………………………………………… 091
　第二节　太极拳的保护和推广 ………………………………………… 094

第三节	太极拳的保护规划	107
第四节	各级政府对太极拳的保护	110

第五章　太极拳国际传播发展情况分析 …… 114

第一节	太极拳国际表演情况	114
第二节	太极拳国际竞赛情况	118
第三节	太极拳国外练习人群情况	124

第六章　太极拳文化国际传播探究 …… 128

第一节	东西方身体观	128
第二节	太极拳文化符号传播内容	136
第三节	太极拳跨文化传播原则	146
第四节	太极拳文化国际传播实践选择	162

第七章　太极拳文化国际传播途径 …… 166

第一节	太极拳文化国际传播问题	166
第二节	太极拳文化国际传播手段	183
第三节	太极拳文化国际传播路径探索	189
第四节	太极拳文化国际传播启示	193

第八章　新媒体时代下的太极拳文化 …… 199

第一节	太极拳文化多媒体信息数据库的发展	199
第二节	新时代太极拳的哲理篇	205
第三节	当代太极拳文化的社会价值	220
第四节	新媒体时代下太极拳的养生价值	242

参考文献 …… 259

第一章 武术的起源与发展

第一节 中华武术的起源

中华武术究竟始于何时,历史已无法考据。今天的我们只知道在人与兽的相互搏击中,是武术把人类造就成大自然的王者。在人与人的战斗厮杀中,是武术成了制服敌人的胜招。中国人正是从前人的智慧中不断汲取知识,从长期的演练中不断提高技艺,才创造了今天令世界称奇的国术——中华武术。

一、武术探秘——绵绵不息的中华国粹精髓

五千年中华文化,源远流长,博大精深。在这辉煌瑰丽的文化宝库中,有一项历史悠久、绵绵不息的国粹更是盛名远播,这就是中华武术。

随着中华民族繁衍发展的历史,中国武术历经沉浮坎坷,世代流传,展示出他的雄姿。经过岁月长河的洗礼,中国武术今天已成为世界文明宝库中一颗璀璨的明珠,他熠熠生辉,迸发出夺目的光彩。

在历史上,武术是防身卫国、修身养性的人生修为的重要内容之一。因此,中国先人始终把习文备武视为君子之业。"武术"一词最早见于《昭明文选》卷二十:"偃闭武术,阐扬文令。"这里的"武术"只是泛指军事。1915年上海《申报》发表了陆士谔写的一篇名为《冯婉贞》的文章[①],文章写道:"冯有女婉贞,年十九,姿容妙曼,而自幼好武术,冯之技,女无不习,习无

---

① 陆士谔(1878—1944年),男,江苏青浦(今属上海市)人,生于千年古镇珠溪镇(今朱家角)。名守先,字云翔,号士谔,亦号云间龙、沁梅子等。早年跟随名医唐纯斋学医,后来在沪行医,一边行医一边写小说,一生创作了百余部小说,鲁迅曾在《中国小说史略》中评他的作品"皆不称"。

不精。"此后"武术"就作为专有名词沿用下来了。国家体委武术研究院、中国体育科学学会武术分会给"武术"下的定义是：武术是以技击动作为主要内容，以套路和格斗为运动形式，注重内外兼修的中国传统的体育项目。

武术是集功法、套路、技击术三位一体的运动。功法或称内功，是套路演练和技击术的基础。技击意识是中华武术所有流派与拳种共通的属性，是以表演为特征的套路演练，有着一种独特的美感，而功法的严格要求，又使武术较其他运动项目有着独到的养生修身价值，使武术运动员的运动年龄可以长于其他运动项目。有的运动项目有着强烈的攻防格斗性质，如拳击、摔跤、击剑等，但它们没有套路演练，不能进行个人表演。国外虽也有许多技击拳法，但由于过于注重力量的实增，与中华武术的内功修炼难以比拟。正是这种集技击、养生、表演和功法、武德、技道于一体的特色，才形成了中国武术鲜明的民族特征。

武术是中国传统文化不可分割的部分。中国古典哲学、伦理、中医理论和古典兵学思想，都是武术的理论基础。"拳起于易，理成于医"，说的就是武术与中国传统文化的关系。同时，由于武术与舞蹈、杂技等传统表演艺术在其生成之始就血肉相连，又形成了它与传统艺术的血缘和互渗关系，武术文化作为一个起端甚早而定名颇新的概念，已经越来越为各界有识之士所接受，这是任何其他体育运动都没有的特点。

武术作为历史悠久的传统文化，其内容极其庞杂，各种民间拳法虽经不断挖掘，然而却如深埋的矿藏一样，越深入越丰厚，而且与民族、宗教、民俗文化、地域风俗等相互依存，更使其有了超越世界上其他国家体育的博大精深的特点，负载着民族文化的方方面面。

今天，武术正作为中华民族一项特有的体育运动项目，同时作为民族精神的独特载体，在走向世界的过程中不断赢得各国人民的喜爱和尊敬。

二、人兽相搏

中国武术，从起源上来讲，如同历史上其他绵延不绝的传统文化一样，有其产生的历史源头。对于有着数千年文明的中华民族而言，若追根溯源，必然要从远古时代说起。

　　远古时代，人类生活在茫茫荒原中，"人民少而禽兽众"，生存极为艰辛和危险。据考古化石发现，当时猛兽极多，特别是剑齿虎，牙齿扁平锐利，十分凶猛。《淮南子·览冥训》说："往古之时……猛兽食颛民，鸷鸟攫老弱。"《山海经》记有："封豨（野猪）修蛇，皆为民害。"① 人类在生存竞争中，人兽的严酷斗争促使武术技击开始萌芽。

　　技击的内容主要有二：一是徒手，即拳脚肢体的运用；二是使用器械。旧石器时代，人们在与禽兽的斗争中，逐渐形成奔跑、跳跃、闪躲、滚翻、拳打、脚踢等技能。而器械的运用，更是人类在生存竞争中战胜禽兽的特殊手段。早在六十余万年前的中国猿人——"北京人"遗址中，就发现了大量的原始石器，有石锤、石刀、石尖嘴凿，还有不少骨器，有的锋刃尚锐。至于木棍，更与石器同时成为最广泛使用的器械，只是木棍、木矛之类武器易朽难存。经过若干万年的逐步累积，终于形成了技击的技巧、攻防的姿态与动作，伴随这些动作技巧的掌握，人们逐渐产生了自觉运用这些技巧的观念。于是，技击技巧与武术意识就萌生了。这便是原始武术在生存竞争中的起源。

　　工具及其使用，是人类进化的最重要标志，工具的制作与改进，伴随人类文化的发展。原始时期，工兵不分，以木石击物则为器，以之格斗即为兵。原始武器的萌芽，当从木石开始。考古学家贾兰坡指出："北京猿人在当时的条件下，最得力的狩猎武器还应该是木棒和火把。"原始人生活于密林中，树枝最为易得，将其磨制成木棒、木矛，成为人类最早的武器。考古发现：距今三万年前，已有石制矛头加上木棒成为矛枪，这种复合武器的出现是人类巨大的进步。

　　石器和木棒既可以采集、加工食物，也可以打击动物、保护自己，既是简单的原始工具，也是自我保护的一种武器，工具与武器在最初是合二为一的。但是随着战斗的频繁发生，兵器渐渐独立出来，更具攻击力。《吕氏春秋》载："未有蚩尤之时，民固剥林木以战矣，胜者为长。"蚩尤是传说中这

---

①《山海经》是中国先秦重要古籍，也是一部富于神话传说的最古老的奇书。该书作者不详，现代学者均认为成书并非一时，作者亦非一人。

一时期著名的"战争之神",他发明了许多兵器,《世本》记载:"蚩尤作五兵:即戈、殳、戟、酋矛、夷矛。"戈,是一种进攻时用的武器,是由镰刀演化而来的,是当时颇有威力的长兵器。殳,一种竹制的兵器,非常锋利;戟,一种专门为战争制造的兼具矛和戈优点的武器,以矛为主体,侧有一横刃;矛,一种长兵器,长度几乎是人体躯干的三倍,矛头有曲刃,顶端有尖,两侧有刃。酋矛、夷矛大概是矛头大小、形状有区别。传说蚩尤发明的这五种兵器,实用性很强,在战争中威力很大。在罗振玉考订的《殷墟书契考释》中,甲骨文与钟鼎文中也涉及大量的武器,如弓、矢、戈、斧、戟等。可见,不断地寻找能克敌制胜的武器,是先民们不懈努力的一个目标。武器的不断创造和使用,极大地提高了攻防的能力和质量,为武术发展注入了新的活力,也为古人类提供了生存优势。

三、生存竞争

武术的发展史同战争的发展史虽然有所不同,却又是密不可分的。武术的根本特性就是利用技击而获胜,其产生也源于这种需要。

原始部落时代,由于有了疆界的意识和族群生存发展的需要,开始有了战争,"不富以其邻,利用侵伐,无不利"(《易经》)[①]。战争的出现、战争中兵器使用的演变及攻防格斗技术的不断提高,都促使武术不断地向前发展。司马迁的《史记》记载:"轩辕之时,神农氏世衰,诸侯相侵伐,暴虐百姓,而神农氏弗能征,于是轩辕乃习用干戈。"轩辕即是黄帝。神农氏已经不能担当部落领袖,因此轩辕取而代之。而轩辕成为领袖并能征善战的原因,就是"习用干戈"。可见武器在战争中已被广泛使用,并且对提高战斗力起到了非常重要的作用。黄帝正是由于训练他的部落成员习用干戈,培养他们的军事技能,才取得了战争的胜利。在习用干戈的过程中,人类学会了一定的攻防技巧,并自觉地运用武器,有力地促进了武术的产生和发展。

---

①《易经》是阐述天地世间关于万象变化的古老经典,是博大精深的辩证法哲学书。包括《连山》《归藏》《周易》三部易书,其中《连山》和《归藏》已经失传,现存于世的只有《周易》。《易经》被誉为"诸经之首大道之源",是中华传统文化的总纲领,蕴涵着朴素深刻的自然法则和和谐辩证思想,是中华民族五千年智慧的结晶。

武术萌芽的另一个重要标志,是人们的战斗意识和竞争意识的出现。《左传·昭公十年》载:"凡有血气者,皆有争心。"《淮南子·道应》中有:"争者人之所本也。"这些古籍的论述认为具有竞争意识是血气男儿的本性。原始时期的战争,更强化了人们的战斗竞争观念。有一则歌颂先民战斗精神的著名神话:"刑天与帝争神。帝断其首,葬之常羊之山。乃以乳为目,以脐为口,操干戚以舞。"传说刑天是炎帝的后裔,与黄帝竞争被斩掉脑袋之后,仍不甘停止战斗。故诗人陶渊明歌颂他"刑天舞干戚,猛志固常在"《读〈山海经〉其十》。

为适应原始战争的需要,原始人要做战斗的演习操练,以熟悉战斗地击刺动作和应有的群体组合,于是原始人中萌生了武舞,或叫战舞。原始武舞与原始武术实为一体,舞者手执各种武器,做各种击刺动作姿势的演练。数十年前还处于原始社会末期的一些少数民族,也有类似的武舞。我国先民的战舞不仅是武术击刺的演练,还有武艺表演而达到宣扬武威的作用。古籍记载:虞舜时期三苗族反叛,舜帝三次打败他们,但他们仍不降服。后来禹带领军队表演手执巨斧与盾牌的"干戚舞"给三苗族民看,这个武舞所表现出的威武雄壮的气魄与高超的武功,使三苗族民既感动又害怕最后终于降服。

在现今存留的我国各地原始岩画中,也可看到一些原始武术的图像。如云南沧源原始岩画中有一幅画面,战士呈横列状,右手高举短戈,傲然挺立。画中多人一手执方盾、一手执两端粗中间细的武器,双腿弯曲呈马步下蹲式。这是现代能够看到原始武术形象的一个生动例证。

东方文化宝库中的中华武术,是无比宏伟瑰丽的华夏文化庞大系统中的一个分支,其发生、发展紧随着整个华夏文明的发展历程,成为中华文化史的一个重要组成部分。

四、克敌制胜

武术作为一种定型的系统技击术,其最初的产生应是在原始社会后期的冷兵器出现的时代。随着生产力的发展,私有制的产生,冶炼技术的出现,冷兵器时代开始了。这一时期出现了大量的武器,武器随作战需要而不断改进，随后，弓箭、投掷器、刀斧出现了。人类在战场上的搏斗经验也不断得到总结。在胜利或休息时，人们把战斗中比较成功的一击、一刺、一拳、一腿，为示威或炫耀而重新表演一番，这便是原始武舞的重要起源之一，也是武术发展的原型。在军事格斗中武术用于战争的同时，统治者们在各种祭祀与庆典活动中，为了炫耀武力和渲染气氛，经常组织士兵组成阵势，演练编串起来的格斗技术。随后，为了表演的效果与气势，加进一些"花法"，可使动作程式化。这可以说是武术套路表现的最初形式。

原始社会时期，随着冷兵器的出现，人类的技击能力大幅增强。尽管人类已有了石链、石刀之类的亦器亦兵的工兵器，但离以"克敌制胜"为目的、将战斗要领、技击动作形成套路演练和传播的武术，还有一段距离。真正意义上的武术，是在人们长期徒手搏击或运用兵器进行技击的实践中逐渐形成并不断丰富和完善的。

人类一开始使用武器，便同时产生并积累使用这些武器的经验，这是技击术的萌芽。刀是人类最早制作和使用的武器之一，在北京猿人遗址中，出土了不少原始石刀及骨刀。距今约一万年前的新石器时代，原始石刀制作出现多种形态，有长方形、半月形、条形的，如刀背钻孔，有多至七孔，加上长柄，可做战斗砍杀大刀。新石器时代出现多种石兵，除石刀，还有石枪、石矛、石戈、石斧、石锛、石铲、石槌等。这些兵器都让使用者在猎杀与争夺中占尽优势，成为极具杀伤力的武器。《越绝书》说："黄帝之时，以玉为兵。"① 考古发现并证实了这些传说。

弓箭的发明是历史的巨大进步。恩格斯认为："弓箭对于蒙昧时代，正如铁剑对于野蛮时代及枪炮对于文明时代一样，乃是决定性的武器。"（《家族·私有制和国家的起源》）

射的技艺在春秋时期已有很高的要求了，"百步穿杨"就是这个时期提出的。很多史书中都记载了远古时期人类弓箭与射的人物或技艺。这也证明此时的武技本身已有了完整的技、理、道的文化内涵。

---

①《越绝书》是记载古代吴越地方史的杂史，又名《越绝记》，全书一共十五卷。该书以春秋末年至战国初期吴越争霸的历史事实为主干，上溯夏禹，下迄两汉，旁及诸侯列国，对这一历史时期吴越地区的民族政治、经济、军事、天文、地理、历法、语言等多有所涉及，被誉为"地方志鼻祖"。

说到剑技，比射艺包含了更深厚的武术文化内涵。卧薪尝胆、终报会稽之耻的越王勾践也广招列国名匠，铸成宝剑八把，并按其性能分别命名为"掩日""断水""转魂""悬剪""惊鲵""灭魂""却邪""真刚"。这些传说并不只是出自文人墨客的夸饰，考古发现并证实了这一点。湖北江陵望山一号墓出土的一把镌有"越王勾践用剑"字样的宝剑，不仅精美绝伦，而且锋利无比。出土后，有人做了试验：将十九层叠成一扎的白新闻纸置于剑上，不加力可——掩而断之，其剑身经过硫化处理，呈菱形花纹，它被埋在地下两千年，重见天日时依然光洁如新。这种硫化处理技术，西方国家只是在20世纪中叶才得以发明出来，科学技术水平最高的德国是1937年、美国是1950年才分别被列为专利的。勾践剑的考古发现当时轰动了世界。冶剑技艺的高明，也旁证了古籍记载的中国古代的剑术与武术的形成是可信的。

第二节 中华武术的传承与演变

国运兴，武术兴。中华武术，自秦汉时期成型之后，先后经历了唐宋时期的繁荣发展、明清时期的由盛而衰、民国时期的逐渐没落、中华人民共和国成立后十多年的日趋式微、改革开放后的再度昌兴，这样几个历史阶段。所幸的是，中华武术的国粹精华未因历史沿革而埋没。可喜的是，中华武术随着今日中国的日益昌盛而走出国门，扬威四海。

一、角抵手搏的艺术

在春秋战国时代，已经有了相当程度的武术文化体系，这点从我国现存古籍中亦可觅得踪影。班固在《汉书·艺文志》中著录了先秦、西汉的兵家五十三家，论著七百九十篇，图四十三卷。内"兵技巧"之类十三家一百九十九篇，其中《手搏》六篇、《剑道》三十八篇、各家射法共八种五十一篇。虽多数遗失，但班固仍肯定这些都是论述"习手足、使器械、积机关，以立攻守之胜"的武术著作。有了如越女之剑的高超之技和如此众多理论著作的先秦武术，怎能不说它已成为独立的社会文化呢！

概括起来，先秦武术特别是春秋战国时期的武术，有三个重要特点：

其一，与帝王武功结合形成纪功武舞，它既成为周代国学的重要内容、社会文化的中心，又成为六艺教育的重要内容，增加了原始武术的舞练性质。

其二，与诸子百家的学术结合，产生了射艺与剑道的文化特色，增加了武术的哲理、伦理内涵。

其三，先秦之士，特别是游侠与刺客对武艺的影响，使中国武术自古与义侠相连，为后世武侠文学和武戏的兴起的先声，影响深远。

《稗史汇编》称"秦武王好做角抵戏"，这说明秦未一统天下时已经将燕赵地域的角抵戏引入西秦。秦始皇承先人之好，倡导此艺自然很好理解。当然，秦始皇把宣扬三代武功的武舞，改为游戏性的角抵，是为了突出他的威风这一政治目的，但对于武技向体育文艺方面发展，却实实在在起了重要作用。汉武帝效法前皇，大兴角抵，并称为"百戏"，反映了当时的角抵已远远不止三五人相抵触的角力。可能古人把一切带有武技的争斗、竞技的活动，都归于角抵范围，当然也有可能是众多的百戏节目中，角抵一项最吸引人，最具代表性，因此以角抵代称百戏杂技。不管怎样，武术在汉、唐时代，除一部分军事武技外，大部分在宫廷和民间的角抵百戏节目中，得到了交融发展。这从大量汉画像砖关于飞剑、跳丸、戟盾对练的百戏刻绘中可以看出，这是民俗武术的一个特点。东汉末年出现了"武艺"之说，说明武术成了一种独特的艺术。

二、十八般武艺全面发展

隋唐是封建社会经济发展的繁荣时期，武术也从魏晋南北朝时期的缓慢发展转而逐渐崛起。先秦时期出现的角抵活动在晋代改名为"相扑"，无论在宫廷还是在民间都相当兴盛，这种兴盛之风延续到了隋唐时期。角抵活动在唐代宫廷是一项非常重要的活动，唐代统治者招募了很多角抵好手以备用，"内园恒排角抵之徒以备卒召"（《角力记》）。朝廷还专门设有管理角抵相扑的机构，叫"左右军"，亦称"二军"。另外，朝廷也会通过角抵活动选拔武术人才。

从隋代开始,中国有了选拔官吏的科举制度,这个制度一直延续到清代,影响了中国一千多年。科举制度主要是取"士",选拔的是文官。与此相对应,在唐代武后时期创立了"武举制",是专门为选拔军事人才而设立的一项考试制度。

隋唐也是古代兵器发展的繁荣期。这个时期,兵器形制多种多样,有刀、剑、枪、棍、矛等。从两晋南北朝时期,刀已成为军队中最基本的武器装备。到了唐代,刀出现了四种形制:仪刀,即仪仗用刀;障刀,即御敌之刀;横刀,即佩刀;陌刀为长刀,即"古之斩马剑"。

中国古代的剑形基本定型于唐代,而且出现了两个发展方向:一方面,在军队中,剑逐渐被刀取代,朝着个体强身健体的方向发展;另一方面,剑向艺术化的方向发展,延伸出了具有表演功能的剑舞。

唐代的枪技较前代也有很大进步,发展出了"避枪""夺枪"等技能。唐代出现了很多善使枪的人,如秦琼、尉迟恭等人。隋唐五代时会使铁枪的人也很多,隋唐五代还有其他的兵器出现,如锤、鞭等,可谓千姿百态,丰富多彩。

宋代延承了唐代的武术表演之风,"相扑"表演仍十分流行。在宋代宫廷生活中,只要有重大的节日或宴会,就会有相扑表演。宋代诗人杨万里在《正月五日以送伴借官侍宴集英殿十口号》中就形象地说出了当时的盛况"角抵罢时还宴罢,卷班出殿戴花回"。

宋代的剑舞表演亦有所发展,统治者也十分重视这项活动,以宋太宗为最。李焘的《续资治通鉴长编》卷二十记载,宋太宗选拔勇士:"教以剑舞,皆能掷剑于空中,跃其身左右承之,见者无不恐惧。"从这段话中还可以看出,宋时的剑舞较唐代有所发展,如剑舞不仅要"掷剑于空中",还要能"跃其身左右承之"才行。

武术发展到宋代,已经十分繁荣,尤其是"套子"的形成,更促进了武术朝规模化发展,形成了许多武术团体。虽然统治者不断进行镇压,但是这种武术团体还是层出不穷。《水浒传》中描写的"梁山好汉"就是对当时情况的一种反映。

宋明时期武术已趋成熟，其中另一个重要标志就是产生了以拳术为主体、配以十八般武器的训练体系，十八般武艺和十八种兵器实际是相近而不同的两个概念。最早出现十八般武艺之说是宋代南戏《张协状元》戏文中，是泛指各种武艺俱精通的意思。后来在文学作品中都有各不相同的十八般武艺的说法。施耐庵的《水浒全传·第二回》说："那十八般武艺？矛锤弓弩铳、鞭锏剑链挝、斧钺并戈戟、牌棒与枪扒。"这里却把《水浒》中使用最多的兵器朴刀忘记了。明万历年间谢肇淛《五杂俎》称："十八般：一弓、二弩、三枪、四刀、五剑、六矛、七盾、八斧、九钺、十戟、十一鞭、十二锏、十三挝、十四殳、十五叉、十六把头、十七绵绳套索、十八白打。""白打"指的是徒手格斗，显然这十八般中除"白打"外皆有艺有器，可称"武艺"。实际上这个时期的兵器已不止十八种之多。一般说法是九长九短，也有一种说法为"武艺十八般，兵器三十六"。即使三十六之数，也只能说是中国武艺的概貌，如蛾眉刺、鸳鸯钺、阴阳锐、子午橛等尚不在内。

文人谈兵、武将著书，更为武术文化的成熟和丰富作出了卓越的贡献。

北宋仁宗皇帝命大臣曾公亮、丁度等人用了五年时间编写出一部大型兵书《武经总要》，共四十卷。这部书是由朝廷出面编写的第一部兵书，气魄宏大、影响深远，又非私家著述可比拟。

南宋名将岳飞对武术的贡献主要也表现在他的兵学思想中。岳飞有"阵而后战，兵法之常，运用之妙，存乎一心"的战术思想，直接被形意拳家引为造拳之据："夫一本者，心意之灵也。"故而岳飞素被形意拳家奉为祖师。

三、天下英才入我彀中

武举制度正式建立是在武则天时。据史书记载：长安二年（公元702年），武则天颁旨，要求每年都像选进士一样，在全国招选善习武者，并由兵部统管。考中者称"武贡人"，并委以重任。武举之制，从此确立下来。

武举考试的主要内容有以下几项：

第一，坐射。射箭在当时称为"长垛"。应试方法为：在105步开外，立有箭垛，垛上设有标明"五规（环）"的环首。应试者以坐姿用石弓和六钱之箭每人引射三十发，不出第三规者中选，射入中心者为上，入第二规（环）者为次上，三规（环）以外为次，淘汰。

第二，骑射。"骑射"又名"马射"。应试方法为：立土垛上面覆盖鹿首，应试者于马上持七斗力的弓，驰马弓射，全部射中为上，或中或不全中为次上，全都不中为次。

第三，马枪。"马枪"是测试习武者马上用枪技能的方法。应试方法为在比赛场地四周分列四个木人，应试者骑马持枪在快速奔跑中以枪击倒木人而应试者不能堕落。"马枪"课试法规定，"所用枪长一丈八尺，径一寸五分，重八斤。"刺中三个木人以上者高中，其余被淘汰。

第四，举重。"举重"在唐时称为"翘关"。应试方法为应试者手举"翘关"（即门关）十次。"'翘关'是一种举重力课试方法，长一丈七尺，径三寸半。手持关距，出处无过一尺。"

第五，负重。"负重"是测试负重力和耐力。应试方法为：背负米五斛，行走约二十步，为中第。

第六，材貌。"材貌"是身体素质外形挑选。应试者须在以身高六尺以上，"躯干雄伟"。不到六尺者被淘汰。

按应试方法还有"筒射""步射""案答"等。考试最后还有就习武、制敌、统兵、守备等题目的课试提问，应试者须"应对详明"方可被录用。

隋唐时期创武举制度，在中国武术史上是一件大事。武举内容的确立，实际上是武术精炼化、规范化研究发展的结果。另外，武举的创立，实际上又是对武术本身的推广。中举者能从此走向仕途的巨大吸引力在当时无疑能激发更多人的习武热情。武举制的影响和意义不可低估，这种面向社会各阶层选拔武勇之才的方法，为此后历朝历代所沿袭。

四、武举复兴，推动武学

唐末五代的时局混乱，武则天时正式确立的"武举制"已不复存在，直到宋仁宗天圣七年（1029年）正式恢复。宋元时期是中国历史上一个特殊的时期，四邻屡屡进犯中原，战争频发，因此执政者非常重视发展军事力量，加强军事训练。这无形中加速了武术的发展与成熟。虽然民族矛盾尖锐，冲突四起，但也促进了各民族武术的交融。

宋朝是一个内忧外患并存的国家，内有叛乱起义，外有辽、金、西夏虎视眈眈，为了巩固自己的政权，统治者一直重视武备力量的发展。

后来由于宋朝与西夏议和，武举制被废止，宋英宗治平元年才又重新设置。宋代的武举制考试科目分为武艺和程文两类：武艺考验应试者的武术技能、兵器技能等；程文是宋代武举制的创新之处，主要考查应试者对兵书、策略的熟悉和理解能力。整个考试过程分为比试、解试、省试和殿试四个等级，与科举制的考试等级相同。

第一，比试。比试是参加武举应试者的资格试，有时又称为"引试"。比试在首都京师举行，由中央官员主持。也有部分边远地区则在当地举行，由地方官员主持。考试科目为武艺与程文两项，应试人数限制在二百人左右，但边远地区，因兵事需要没有一定限制。

第二，解试。武举解试由朝廷兵部主持。比试中的优胜者集中参加解试。每场参加名额在七八十人左右。比试科目仍分作弓马武艺和程文试，其中程文试以兵法《七书》为考试大纲，测试应考武举的谋略策问。

最后根据应举人武艺或谋略的特点，发解做出"绝伦"与"平等"的最后应试结果。

第三，省试。省试也是由朝廷兵部主持。考课内容同样分为弓马武艺和程文策问，其中比试武艺增加了弓步射、弓马射、弩踏、伦使刀枪器械等课目，其中又以步、马射为主。在不同项目中都有力量和技艺的要求，要求中选者最少掌握其中三项武艺并考试合格。

依武举省试程序，一般先试弓马，弓马不精者被淘汰。程文考试要求参试者讲释《韬》《略》《孙》《吴》《司马》诸兵书大义，"以能用己意或引前人注说解释义理明畅者为通"。并以时务边防或经史事涉兵机者为问题，限七百字成文，最后考取七十人左右。

第四，殿试。殿试是由皇帝钦点的测试。参加者为省试中的佼佼者，一般只有十余人有资格参加殿试。北宋天圣八年仁宗钦试武举十二人，是为宋武举殿试之始。殿试虽也有阅视弓马武艺一项，但以策问为主。

文武并举是宋代武举制的新发展,是宋代对武举制的一种创新。为了配合武举制,就有了培养军事武艺人才的"武学"。这种专门练习武艺的学校在宋代十分兴盛。入武学主要教授兵弓骑射等技能,还教授兵法策问等知识,优秀的学生还可以免解试或者省试。到了元代,武举制和武学都被废止了,直到明代才得以恢复。

五、流派林立,拳法众多

明清两代,中国武术的发展进入了一个特殊的历史时期。明代武术发展的一个重要特点,就是武术专著大量涌现,对于人们了解武术的源流、现状和原理有较高的参考价值。其中代表性的著作有《武篇》《耕余剩技》《纪效新书》等。而在明清之际,则出现了不少新的武术项目和门派,如在现代社会仍有很大影响的太极拳、八卦掌、形意拳等,就是在那个时期创立的。在清代,由于统治者禁止民间练武,因此,一些武术组织经常以秘密会社的形式出现,当时的许多会社如天地会、哥老会等,大多在会员中传授武艺。

明朝实行武举制,首先,为统治者选拔大量的军事人才,如戚继光、俞大猷等都是通过武举制选拔出来的;其次,也为普通习武者提供了一条晋升之路。武学历来是与武举制相配合的,因此,元代被废止的武学在明朝被重新设置。武学的主要内容是学习弓马及《武经七书》等相关军事书籍,同时还制定了严格的规章制度,对学生的资格、科目、考试等方面都有严格的规定。

到了清代,统治者认为自己是"马上得天下",对武术军事人才求贤若渴,武举制更加受到重视。

明清两代,各种兵器技艺都有了很大的发展,出现了百家争鸣、百花齐放的繁荣局面。

明代军队的武技训练中,除了练习刀、枪、棍等,还要进行拳术练习。虽然很多人认为拳术对于战争的作用非常有限,但是基于拳术是使用兵器的基础,又可强身健体,所以还是会在锻炼军队作战技能时训练拳术。

事实上,作为一种两两相斗的搏击技能,拳术的作用不容忽视。在民间,明代拳术的各种套路层出不穷，拳种增多，拳派林立。到了清代，这种景象蔚为壮观，拳种拳派更为繁多，许多流传至今的拳种都是在那个时候形成的。明清时期著名的拳种拳派有太祖拳、少林拳、八卦掌、内家拳、梅花拳、太极拳、形意拳、洪拳等。

中国武术的练习方法十分独特，不仅讲究外功练习，同时还要练就过硬的内功，这种内外功结合的武术训练方式，到了明清时期已基本形成。

武术中所谓的外功便是"硬功"，主要是通过外在练习方式，如主动击打或被动抗打等方式练就过硬的功夫。主动击打，便是采取打沙袋、踢桩等方式练习。被动抗打，就是通过忍受被击打的方式练就功夫，旧时所说的"金钟罩""铁布衫"等就是通过这种方式练成的。

内功实际上是以练气为主，也被称为气功。在运用气功的方法上，一种是把气功作为拳法的有机组成部分，很多拳谱上都把练习气功作为重要的心法口诀；一种是气功与拳法融合在一起，形成一个新的拳种。清初，太极拳的出现就是将气功与武术融为一体，肯定了气功在武术中的重要作用。

六、一举成名天下知

明清是中国封建王朝覆灭前最后的辉煌时期，无论政治、经济，还是文学、艺术都达到了封建社会的顶峰。武术亦如此。明清时期武术门派林立，各种武术技法异彩纷呈，武术所呈现出来的多姿多彩的景象及其博大精深的文化内涵，让人赞叹。

南宋之后，元代禁武，武举制因而废止。直到明英宗时，武举制才重新举行。明代武举制依照文帝制的模式也分乡试、会试、殿试三级。

乡试在省城举行，会试三年举行一次，考场设在京师，初由兵部，后由翰林院主持。应试者为各地乡试中榜的武举人，考中者称"武进士"。明清武举考试初期尚无殿试一级。崇祯四年（1631年），思宗朱由检依从方逢年、倪元璐的奏请，开始了武举殿试。在当年的武举殿试中，王来聘便成了明代武举的第一位武状元。

武举考中者一般都会被加授官职。天顺八年，按会试成绩，分为二等。

原有武职者官职会加升两级。天启二年（1622年），武举"皇上钦定一甲三名，授都司佥事；二甲三十名，授守备；三甲百余名，以次各授出身。职方司遇缺便补，定限三年内选定"。崇祯时，殿试一甲第一名授副总兵。

武举考试的方法，在明代大体一致，只是先后顺序略有变化。一般情况下，每六年举行一次，考试课业分为策略与弓马两种。应试者先策略、后弓马，策不中者，不许骑射。后又改为每三年一试，由皇上亲自"出榜赐宴"。武举考试方法有了一些改变，武举考试分为三场：第一场在教场中试马射箭，以30步为距；第二场在教场步射，以80步为距；第三场在考场笔试策论。这样，不管是偏重于策论，还是偏重于武技的考生，都有了应试终场的机会。这种向武技方面倾斜的考试，与明末边疆告急、急需武勇人才有关。

到了清代，与明代有所不同，武举制在乡试之前增加童试一级，共有童试、乡试、会试、殿试四级，中举者也被相应地称为"武秀才""武举人""武进士""武状元"考试内容也依然分为武考射箭、文考策论两类。

清中叶后，世界列强皆以枪炮为军械。清军火器装备也逐渐增加。至晚清甲午战争后募集的新军，全用洋枪装备。显然，武科考试的硬弓、刀、石及马、步射皆与军事无涉，由此培养成的武举人、武进士，也已无法担任训练军队、指挥作战之职。清光绪二十四年（1898年），内外臣恭请变更武科旧制，废弓、矢、刀、石，改试枪、炮，康有为甚至还提出了废止武举制的主张。

在"举国上下，莫不知其无用"的呼声中，光绪二十七年（1901年），清廷下令废止武科。

武举制自唐武则天创立至清末废除，历经了1200多年。虽然存在很大缺陷的武举制，并不能全面衡量习武者的水平，而且有些人即便十八般武艺样样精通，但是中举后在军事方面也未必有所建树，但在当时为选拔军事人才所起的作用仍是十分重要的，而且无形中推动了中国武术的普及与发展。这一点，历史是应当予以肯定的。

七、从民间走入课堂

历经了明清时期的繁荣，民国初期的武术发展落入低谷。面对新的战争需求和西方世界船坚炮利的冲击，在新的形势下，传统武术必须转型，只有找到新的方式才能保存下来。

虽然如此，当时民间还是出现了许多拳社、武士社、体育会等武术组织。如"中华武士会""致柔拳社"等这些组织对民国时期的武术传播起了一定的作用。

辛亥革命后的中国满目疮痍，百废待兴。国人反思中国落后挨打的原因，总结出国民体质羸弱是造成外敌入侵的原因之一，所以便把武术作为一种强身健体的手段，选入学校正常的课程中。当时，各个学校开设武术课蔚然成风，不仅从各个武术社团中聘请武术教师，还从民间习武之人中直接聘选教师。

民国时期，武术发展的另一个特点是组织化，当时最有影响的有两个团体：一个是精武体育会，另一个是中央国术馆。

精武体育会的前身是霍元甲创办的"精武体操会"。霍元甲病逝后，精武体操学校先后更名为"精武体操会"和"精武体育会"，简称"精武会"。精武会以"提倡武术，研究体育，铸造强毅之国民"为办会宗旨，其可贵的爱国精神拥有强大的号召力，发展了很多会员。抗日战争爆发后，精武会还积极参加抗日运动。精武会的成立及其发展，很好地促进了武术的普及和传播。精武会开展的如兵操、文化课程、音乐、足球、网球、标枪、溜冰等新的内容，也体现了近代武术与西方体育的自觉融合，为中国武术的发展开辟了新路。

在当时有影响的武术团体除精武会外，还有中央国术馆。中央国术馆原名国术研究院，是由张之江筹办的，1928年，"国术研究院"改名为"中央国术馆"，隶属国民政府，由财政部拨给经费。国术馆采用"一会三处"（即理事会、教务处、编审处、总务处）的建制，以"提倡中国武术，增进全民健康"为宗旨，主要进行武术教学活动。当时许多著名的武术人物如武当高振东、少林王子平等都担任过国术馆的教员。同时，国术馆还举行"全国国术考试"，仿照古代武举考试制度选拔武术人才，但实际上，国术馆存在期间总共只举行过两次国术考试。国术馆设立的编审处出版了许多武术著作，如《青萍剑图说》《查拳图说》《少林武当考》等。另外，国术馆于1929年创立了中国第一部武术专业杂志《国术周刊》，发表了大量的武术研究论文，促进了武术自身的发展。中央国术馆还积极地把中国武术推向世界，国术馆成立之初，相关负责人便组织学员到日本考察，与日本柔道比试，大扬国威。1936年组织南洋旅行团，赴东南亚一带表演，掀起武术热潮。1936年国术馆组团赴柏林，在第十一届奥运会上进行表演，大获成功，为国家争了光。

旧的事物消亡，在其基础上发展出新的东西，这是再正常不过的事了。应该看到，武术失去了它原来的技击价值，转化为新的体育项目，这是社会生产力发展的结果，是事物发展的必然规律，是武术自身的进步。

八、弘扬武术，健身强国

中华人民共和国成立后，武术的发展进入了一个新的转型时期，武术在涅槃中重生，随着时代的进步，中华武术开始了新的征程。

早在1949年10月举行的中华全国体育总会（后称中华全国体育总会第一届全国代表大会）筹备会议上，朱德同志就提出"要广泛地采用民间原有的许多形式"。第一次全国民族形式体育表演及竞赛大会在天津举行。会上，武术家们共表演了少林、武当、八卦、太极等130多种武术项目，展现了中华人民共和国成立初期武术的最高水平。会议上通过的《中华人民共和国竞赛制度规定（草案）》中把武术列为表演项目，定期举行。在此基础上，中华人民共和国的武术蓬勃开展起来。

召开的全国武术工作会议上，总结了中华人民共和国成立以来武术的开展经验，制定了新时期武术发展的各项政策和任务。之后，国家又连续出台了各种新的政策和指示，对武术的发展前途提出了前瞻性构想，作出了战略部署。在国家的关怀和支持下，武术事业得到复苏与发展，开始了新的一页。

中国武术分布范围广，研习人数多，为了方便统一规划、统一管理，中华人民共和国成立了很多武术组织：民族体育研究会、国家体委武术研究院、国家体委武术运动管理中心等。在国家体委的统一管理下，省市各级又成立了很多武术协会，使武术发展更有组织性。除了国家正式成立的武术组织外，群众也自动、自觉组织了各种武术社团，在武术新的进程中发挥了积极作用。

同时，随着中国武术越来越为世界所认识，各级政府还成立了国际性的武术组织。国际武术联合会在北京成立，它的成立揭开了中国武术国际化的序幕。此外，世界各大洲也成立了武术组织，如在意大利成立的欧洲武术联盟、在阿根廷成立的南美洲武术功夫联合会、在日本成立的亚洲武术联合会、在扎伊尔成立的非洲武术组织等。

国务院学位办公室正式批准武术作为一门体育学科有权授予博士学位，上海体育学院成为中国首个武术博士学位授予点。国家开始实行中国武术段位制，为武术的发展谱写了新的篇章。

中国武术从尘封的历史中走来，历经周折，百转千回。回溯历史，在中国武术上千年的发展演进过程中，借助中国人民的智慧，武术形成了独特的民族风格和特点，蕴涵着深邃的哲学思想和道德观念，融入悠久的历史文化，成为中华民族的文化瑰宝。在今天，中国武术得到了全面繁荣发展。相信在充满希望的明天，武术也一定会以其独特的价值，凭借多彩的身姿，走出一条更加光辉灿烂的道路。

吐故纳新，生生不息，这是宇宙间一切事物的基本规律，中国武术也不例外。倘若中国武术几百年来一成不变，那只能说明它已经僵滞，生命力已经萎缩。正是竞争和淘汰为中华武术注入了无限的活力，它必将在竞争与淘汰之中永葆其不朽的青春，以其特有的中国气派而雄踞于世界搏击之林。

第三节 武德至上的行武之道

武林历来崇尚武德，失去武德，功夫再高也为江湖所不耻。从武术真正形成的那一天起，崇武尚德、尊师重道、仁义为先就成了习武者千年不变的戒律和规矩。人们至今之所以喜爱武术，崇拜侠义英雄，与习武大德的传承与弘扬有直接的关系。假如缺失这一优良传统，武术将不再是武术，而演变成暴力。

武术一向重礼仪、讲道德，"尚武崇德"。"未曾习武先学礼，未曾习武先习德"，中国传统武术中始终把武德列为习武的先决条件，诸如尊师爱友、互教互学、以武会友、切磋技艺、讲礼守信、见义勇为、不恃强凌弱等，包含了深刻广泛的道德内容。激烈的攻防技术和人生修行结合起来，是中国武术传统道德观念的体现。在社会的发展中，武德的标准和规范虽不尽相同，但是尚武崇德之风却是千古不变之理。

一、尚武崇德

武德是尚武与崇德的统一。"尚武崇德"是中华武术文化最具鲜明的特色，中华武术繁衍传承数千年而不衰，其传统生命力就是"武以德立"。

习武之人要继承和发扬武林前辈们刻苦钻研武功、舍身保家卫国、行侠仗义、惩恶扬善、弘扬武林道义的高贵品质；继承和发扬强身自卫的中华民族武术精神，在面对自然灾害和入侵之敌时勇往直前、不屈不挠、彰显出中华儿女坚韧不拔、奋发向上的民族气节。没有武德道义修养的习武之人只会成为破坏国家安定、祸害百姓安宁、为害一方的山贼草寇、地痞恶霸，必灭亡之。

武术以"德"为基、以术为本，注重"武德"和加强"武德"的修养是习武之人应当遵守的道德规范和行为准则。中华武术历来主张"练武强身、习武自卫"，自卫、强身即是练武的宗旨，亦是练武的"德操"，这是中华武术赖以传承和发扬光大的根本保证，是中华民族武术精神的道德品质，千百年来，中国武术界把"崇尚武德"作为一种民族的优秀传统，不断发扬光大。

我国著名武术家孙禄堂曾提出："所谓武德，应包括两个内容：一为手德，一为口德。现代人则将武德概括为口德、手德、心德和公德四方面。其中口德，即不以语言伤他人，不议论别人的武功好坏。"提倡"严禁排斥别派言行，团结同道，互助互帮，共同提高技术、水平"等要求。

另外，武林多主张"不可轻显其技"，要求谨守儒家"有若无，实若虚"的训言，强调谦逊。据《少林拳术秘诀》记载："昔张全一先生与一贯禅师，相与往来二十余年，各怀神技而皆深藏不露。后因他友言及，始各道其平生。"这样的事情虽然未必值得提倡，但从其中却仍能见到一种使人敬佩的精神。

崇尚武德具有鲜明的时代特征。武德的产生与武术的发生、发展是相伴随的。武德的发展大致可以分为四个时期。

萌芽时期：以原始人的劳动和斗争为前提，产生了武术的萌芽，也孕育了武德。

形成时期：以武德教育和武德标准的出现为特征。左丘明在《左传·宣公十二年》中对武德内容进行了明确规定，武德有七："禁暴、戢兵、保大、定功、安民、和众、丰财者也。"这是我国最早的具有条款性的武德标准。

发展时期：武德长期发展于封建社会，带有深刻的时代烙印，大多以尊师重道、孝悌仁义、扶危济贫、除暴安民等为信条。但也必须承认，旧时武术界的门户之见、骄矜保守、江湖义气等落后思想便产生于此。应该说带有典型的封建性、离散性和狭隘性。

提高时期：中华人民共和国成立后，武术得到了健康的发展，武德也开始注入时代的新内容。在武术发展的过程中，各门各派均定有自己的"门规"和"戒约"，有"三不传""五不传""十不传"；有"五戒约""八戒约""十戒律"及"要诀""禁忌"等，虽然这些清规戒律有多寡之分，但其内涵却集中表现了绝大多数武术练习者精神与信念的社会基础伦理，突出的是中国传统的儒学思想。

二、尊师重道

尊师，即尊重师长，一般指晚辈对长辈的俗成礼仪，从学校和武术界来讲，泛指学生对老师、徒弟对师傅的固定礼节。中国自古就是礼仪之邦，尊师重道是我国传统的优良美德。尊师观念已经家喻户晓，深入人们的心中，成为中华民族独具的文化传统。直至近现代一些尊师的礼俗仍然在社会各阶层、各行业广为流传，并构成那些行业的行规礼俗的一部分。

武术界讲究师徒间、朋友间的礼仪。最早的《少林十禁约》其开篇即为"一禁叛师"，说明"师徒如父子"的亲缘关系的重要性。从不同门派的要求看，武术界的师承关系是以"家长制"和"互专制"两种形式并存的。

武术界尊师重道的传统习俗，在许多拳种流派中一直沿袭至今。他们十分看重拜师仪式,认为只有通过拜师仪式,才能成为老师真正的弟子,才能学到真正的功夫。老师把举行过拜师仪式的学生称为"入师弟子或入室弟子",没有拜师的学生只是"记名弟子"。因此,不论是老师,还是学生,都把拜师仪式看作是非常隆重和严肃的事情。

举行拜师仪式非常中规中矩。老师接过学生呈上来的拜师帖,宣布愿意收此学生为徒,并向学生介绍本门的门规戒律,要求学生严格遵照执行。有的老师把这些门规戒律事先写好,拜师时交与学生。同时,老师向学生还礼,赠予学生礼物。这些礼物一般为武术器械和服装鞋袜等。

举行完上述仪式程序后要以老师的名义请参加这次拜师仪式的所有人员吃饭,意思是请武林界的各位同仁认识自己新收的徒弟,并且请诸位以后对自己的徒弟要多加关照。

举行过拜师仪式就等于入师,就要遵循"一日为师,终身为父"的规矩。老师对待爱徒要像对待自己的亲生儿子一样,精心传授技艺;学生要把老师当作自己的父亲一样来尊重和侍奉,把老师的妻子称为"师娘"。春节、端午节和中秋节三个节日,老师和师娘的生日都要以时令果品敬献老师,老师家里有什么事情需要帮忙,要主动去帮忙。

学生取得了什么成绩都要及时向老师汇报、送礼。如果老师故去,就要为老师送终,参加为老师举行的一系列丧葬礼仪,每年还要去祭拜老师亡灵,以表达对老师的哀思。

三、仁义为先

中国武术的格斗技术,体现出深奥的东方文明,它除了深藏着东方哲理外,同时蕴涵着丰富的民族传统伦理,也是举世武林所没有的。武技研究的是制敌取胜之技法理论,要格斗搏击,自然就意味着暴力、流血和伤人,甚至杀人。但是中国武术却有着鲜明的伦理特色,处处表现出我们这个仁义之国、礼仪之邦的民族特征。形成它重传统、重经验、尊师爱徒的人伦观念,最鲜明的体现就是"武德"。

武德体现在许多拳派的门规戒律中,少林《拳经拳法备要》中强调"道勿滥传"，应传"贤良之人。"《少林短打十戒》中更强调："强横不义者不传，强横则为乱，无义者则负恩。"《峨眉枪法·戒谨篇》中说："不知者不与言，不仁者不与传，谈元授道，贵乎择人。"甚至点穴法的创造也是仁者精神的体现。少林秘典《罗汉行功短打》中说，点穴法的创造是"圣人不得已而用之"，是为了使人"心神昏迷，手脚不能动，一救而苏，不致伤人……有志者细心学之，方不负主人一片婆心也"。中国武术的伦理思想在儒家仁义精神的基础上融汇了禅宗佛学的"持戒""化解"的慈悲胸怀，又以道家的"不争""静"等修身养性来调处，深刻地反映了中华民族善良、诚信、热爱和平的美德。

中华民族的优良品德，一贯为武林界所尊崇，并且身体力行。如现代太极拳名师王培生所著的《三才门乾坤戊己功功谱》中"行功准则纲要"第一条所访"练武者应遵守武德……若能做到心胸坦白，光明正大，方可德艺兼修，以说身正则艺正，艺无德不立"。总之，武术也要讲德才兼备，否则必入歧途。

四、择徒有方

武林技术倘若落入不轨之徒手中，自然极有可能会做出各种损人害人之事，所以中国武术各门各派授徒时无例外地均严于择人。《少林十戒约》（宗法第一时期）第九条云："凡俗家弟子，不可轻以技术相授，以免贻害于世，违佛氏之本质。如深知其人，性情纯良，而又无强悍暴狠之行为，始可一传衣钵……此吾宗之第一要义。"《少林十戒约》（宗法第二时期）第七条云："传授门徒，宜慎重选择，如确系朴厚忠义之士，始可以技术相传，唯自己平生之得力专门手法，非相习久而最深者，不可轻与相授。吾宗之主旨，更宜择人而语，切勿忽视。"

《永春白鹤拳·拳谱》云："不信者不教，无礼者不教。"[①] 而传统内家拳

[①]永春白鹤拳是古老的中国拳术之一，属于南拳。仿生象形白鹤脚，鹤舞长空展英豪。练武健身功效大，攻防技击价值高；内涵朴实而丰富，拳理辩证又精妙。以鹤为形，以形为拳，取象于名，冠称以雅。

的代表武当派则有五不传：即骨柔质钝者不传；心险者不传；好斗者不传；狂酒者不传；轻露者不传。《昆吾剑箴言》中规定得更具体，规定了十种人不传："人品不端者不传、不忠孝者不传、人无恒者不传、不知珍贵者不传、文武不就者不传、借此求财者不传、俗气入骨者不传、市井人不传、拳脚行不传。何也？恐有玷昆吾之高尚也。"没有合适的传人，甚至"宁可失传，也不轻传"。《昆吾剑箴言》指出："可传之人不传，失人；不可传之人而传，失剑。"

为徒者常挟资远游，以访心仪已久的名师；为师者则择徒甚严，非得其人而不传。黄百家在《内家拳法》中所记的："有五不传：心险者、好斗者、狂酒者、轻露者、骨柔质钝者。"其中前四条都涉及了人的品质。司马迁在《报任安书》中说："仆诚已著此书，藏之名山，传之其人。""传之其人"既有对所传之人应有必要的才学能力的要求，更有对所传之人的人品道德的要求，这是中国人非常重视的一种美德。

"认人不真，宁失人不失剑"。授艺之前，武林传统是先教以武德，树立根本。苌家拳《初学条目》便规定："学拳宜以德行为先，方是正人君子。学拳宜以涵养为本，举动间要心平气和，善气迎人。"《永春白鹤拳·拳谱》则讲习拳要持四善："善修其身；善正其心；善慎其行；善守其德。"在这种思想的长期熏陶下，武林人多效仿古代仁者作风与为人。历史上很多的著名武术家终生道德情操亦值得称道，堪为师表。至于武林败类，轻者逐出师门，重者废去其艺或受到惩处。

五、舍己从人

"舍己从人"一语来自《尚书·大禹谟》，这是舜帝向大禹宣扬尧帝的大德时说的话，"见利思义"源于《左传·昭公二十年》，原话是"居利思义，在约思纯"，见到利益钱财，要想是否合乎正义；在生活贫困、经济匮乏之时也要保持纯洁真诚人格。这里不是空洞的道德说教，而是在实践中的要义，这一点可以从武林中的尚德崇德中得以体现。武术的伦理道德不只体现在门规总论中，而且许多原则都在具体的技法中有机地融汇着，如太极推手有两条原则:"见利思义"和"舍己从人"。从技击上讲是太极拳理的核心要义,而将这八个字作为人生修为,岂不也是包含至深最大的道理吗?太极拳在推手中体味"见利思义",不只会证实人际关系中这一至理。推手实战中的失招者,往往是"见利"而"忘义",忘记了太极推手不丢不顶的拳理要义,而被引进打空,导致失败。人生中许多"多行不义必自毙者",不都是从见利忘义开始的吗?两千多年前中华文化的典籍中就有告诫,而太极拳的技击中做了形象的表现,可谓深刻。

"舍己从人"也是王宗岳的《太极拳论》中的重要论点。真正做到舍己从人,才能把握太极拳技击术的精髓,是"牵动四两拨千斤"、以柔克刚的不二法门。武术搏击是对抗性技术,"舍己从人"看来是与对抗不相容的,然而世界上一切事物正反相成的道理、阴阳相互转化的规律,却是真理。太极拳的"四两"拨"千斤"正是在舍己从人的原理指导下借劲使劲地技击妙招。如果把"四两"和"千斤"做对抗理解,自然"四两"是绝对胜不了"千斤"的,这里重要的是"牵动"二字。其实这里的"四两"与"千斤"都是比喻,根本要义是"舍己从人"。

"见利思义"和"舍己从人"在现代社会不也是成功者的高尚品格吗?不少有权有财者的倾覆,差不多都是见利忘义的结果。

六、然诺必诚

人们常把重"然诺"作为一种武德,"今游侠,其行虽不轨乎正义,然其言必信,其行必果,已诺必诚",其中所阐述的正是武侠们的然诺精神。《史记·游侠列传》中说:"而布衣之徒,设取予然诺,千里诵义。"从中可以看出,重然诺是中国传统道德中的美德。"言必信,行必果",语出《论语·子路》,孔子在评价"士"的品质时说:"言必信,行必果,硁硁然小人哉!抑亦可以为次矣。"即是说话有信用,办事果断,这种人只不过是小人,但也可以算是三等的"士"了的意思。在《论语·学而》中孔子又说:"与朋友交而不信乎?"可见所谓"信",所谓"诺必诚",在中国古代同样是人们共同的道德准则,而不是"武德"特有的内容。所以说,然诺必诚虽然是一种

"武德",但却并不是习武者所专有的。

第四节 锄强扶弱的侠义文化

侠,是武德精神的浓缩,也是练习武术的终极目的。侠义文化始终贯穿在中国武术发展的历史中,是始终被代代武林中人奉为圭臬的武术规则。习武人都深知并遵循这一规则:无论何时,尚武崇德的侠义精神都不能丢。

一、豪爽过人

武侠是中国特有的一种社会、文化、历史现象,它承载了传统伦理和道德取向。从某种意义上来说,它已渗透到中国人的灵魂之中,已成为中国文化精神的独特组成部分。

武侠,顾名思义,有武有侠,以武行侠。武即武力、武术,侠即行侠仗义。"武"反映出了人们习武并用武力、武术征服社会、获得认可的一种渴望;"侠"则体现了人们对完美社会道德伦理的期盼。"武"的最高境界是"神武不杀","侠"的最高境界是"欲除天下不平事"。"侠"是目的,"武"是手段,两者的终极目的都是建立一个理想的世界。自司马迁的《史记》单列"游侠列传"开始,中国就有了崇尚游侠的传统。"游侠"之风形成于春秋战国时期,推崇的是平等交游、知恩图报及为义死节的精神价值,司马迁赞其曰:"其言必信,其行必果,已诺必诚,不爱其躯,赴士之厄困。"游侠的"不矜其能,羞伐其德"的品质精神也一直为武术家所传扬,成为武德。游侠皆尚武,即为武侠。

《吕氏春秋》中有一则鲁莽勇士的故事:齐国有两个勇士[①]。一天,两人不期而遇,于是坐在一起喝酒。喝了一会儿,两人似乎都有些醉意,于是一人提出,要去买肉下酒,另一人止住他,说你我身上有的是肉,还买什么肉。

[①]《吕氏春秋》是战国末期吕不韦重要的巨著,公元前239年左右完成,当时正是秦国统一六国的前夕。其书"基本上以道家为宗,取各家之长而弃其短,所以能成一家之言"。

于是两人抽出刀来,在自己身上割肉下酒,至死而止。

这两个勇士给人的感觉,一是悲壮,二是鲁莽,这大概是中国历史上最早的武侠形象,尽管有点夸张,却十分生动地反映出这类人物的风貌:他们性格豪爽,有着过人的勇敢,视死如归。

南朝的王筠曾写过一首名为《侠客篇》的诗,诗曰:

> 侠客趋名利,剑气坐相矜。
> 黄金涂鞘尾,白玉饰钩膺。
> 晨驰逸广陌,日暮返平陵。
> 举鞭向赵李,与君方代兴。

诗中的游侠,仗剑南北,来去迅速,装饰豪华,意气风发,无疑诗人对这个侠客的精神是极为心仪的。

古代武侠并没有很高的社会地位,他们在做出惊世之举以前,多是混迹于市井中的无名小民。如战国时的朱亥是魏国都城大梁"市井鼓刀屠者",聂政以屠狗为生,荆轲是一介游民。他们的抱负不同世俗,平时的言行举止也不同于常人,虽然社会地位低下,然而自尊自强,卓然傲立,平交王侯,不为权贵所屈。如信陵君曾多次邀请朱亥,朱亥却置之不理。

由于武侠可以承担重大使命,而且这些使命常关系到君王的身家性命、社稷国祚,权贵就是利用他们重气节轻性命的品质,降尊折节,对这些人礼遇有加,结为心腹。如战国四大公子(齐孟尝君、赵平原君、魏信陵君、楚春申君)养必死之士,以供他们政治上的需要;吴公子光善待要离、专诸,以便让他们为自己登上王位行刺;魏国严仲子交结聂政以刺丞相;燕太子丹为行刺秦王,尊荆轲为上卿,以山珍海味、车骑美女相待,而且每天亲自登门拜访。一旦武侠感到自己得到尊重和信任,便为知己者去赴汤蹈火,必要时不惜一死,以报知遇之恩。中国历史上有许多这样的武侠以生命为代价,为报"知己"的事迹在历史上写下了惊心动魄的篇章。

春秋战国时的武侠,对后人产生了深刻的影响,他们的人格品质为后世所颂扬,为人们所景仰,他们的言行举止成为无数后人模仿的榜样,"风萧萧兮易水寒，壮士一去兮不复还"，成为千古绝唱。

二、文武双全

　　文武双全是中国古人的人格理想，文人以武学为好，武人以儒侠为尊。中国历史上出色的武术家往往也是出色的诗人和文学家，而以文学著名的士人往往也是武术"练家子"，或者对武术有着浓厚的兴趣。这种文武交融的现象在历史上屡见不鲜。

　　唐代诗人李白，有"诗仙"之称。李白早年爱好的是学剑求道，他曾经在成都青城山和道士学剑，又在山东齐州领过道教的道箓，也就是正式成为道教的弟子。魏颢的《李翰林集·序》中就说李白"少任侠，曾手刃数人"。李白的诗也有许多是以剑为题材的，如"击筑饮美酒，剑歌易水湄"（《少年行》），"万里横戈探虎穴，三怀拔剑舞龙泉"（《送羽林陶将军》），"诗因鼓吹发，酒为剑歌雄"（《在水军宴韦司马楼船观妓》），"醉来脱宝剑，旅憩高堂眠"（《冬夜醉宿龙门觉起言志》）。

　　南宋的岳飞是历史上的抗金名将。岳飞是一位杰出的军事家，可他的文学功底也相当不错，我们可以从他写的《满江红》中看出，无论是他的辞章还是语境都达到很高的境界，绝不是一般水平能够写出来的。同时岳飞的书法成就也很高，从他所留下的作品《前后出师表》中可以看出，他的草书铁画银钩，酣畅沉雄，便转流行，任笔挥就，浑然天成，艺术成就是相当高的。

　　南宋还有一位著名的词人辛弃疾，在中国文学史上他与苏东坡齐名，历史上称为"苏辛词"，其词风格豪放，语境瑰奇。辛弃疾武艺十分高强，所以他创作的词许多都是描写战争和武功的，如《破阵子·为陈同甫赋壮词以寄之》："醉里挑灯看剑，梦回吹角连营。八百里分麾下炙，五十弦翻塞外声。沙场秋点兵。马作的卢飞快，弓如霹雳弦惊。了却君王天下事，赢得生前身后名。可怜白发生！"

　　词中用许多具体的形象写出了战场的壮阔，并透露了词人对战场情思的留恋和回味。这种壮阔的战场背景及豪迈而悲壮的情思，如果没有实际生活经历是不可能写得出来的。

三、仗剑行侠

中国的侠客自古以来就与剑结下了不解之缘。仗剑行侠,伸张正义,正是中国侠义精神的体现。这从古代文人的作品中可以看出。

李白在《侠客行》中写道:"赵客缦胡缨,吴钩霜雪明。银鞍照白马,飒沓如流星。十步杀一人,千里不留行。事了拂衣去,深藏身与名。闲过信陵饮,脱剑膝前横。将炙啖朱亥,持觞劝侯嬴。三杯吐然诺,五岳倒为轻……千秋二壮士,烜赫大梁城。纵死侠骨香,不惭世上英……"

这"侠骨香"三个字,给了后世多少侠者以精神鼓舞。尤其值得称道的,在他的诗作中,把侠者救弱扶倾、反抗强暴、为知己者死的精神,升华到反对强权、维护正义的思想高度上。一句"脱剑膝前横"则是把侠客那种高大威猛的形象刻画得淋漓尽致。

李白在《东海有勇妇》中,描写了一位满怀忠义、持剑为夫雪恨的女侠:"学剑越处子,超腾若流星。捐躯报夫仇,万死不顾生。白刃耀素雪,苍天感精诚。十步两跳跃,三呼一交兵……"

杜甫诗中亦有许多吟剑之作,如"舞剑过人绝,鸣弓射兽能,铦锋行惬顺,猛噬失蹻腾……"

杜甫写剑吟侠之作虽不及李白多,但他的一首《观公孙大娘弟子舞剑器行》却彪炳千古,在中国武术史和艺术史上留下了珍贵的一页。

他还专为这首诗写了一个颇为详细的序:

大历二年(公元 767 年)十月十九日,夔府别驾元持宅,见临颍李十二娘舞剑器,壮其蔚跂。问其所师,曰:"余公孙大娘弟子也。"开元三载(公元 715 年),余尚童稚,记于郾城观公孙氏,舞剑器浑脱,浏漓顿挫,独出冠时。自高头宜春梨园二伎坊内人洎外供奉,晓是舞者,圣文神武皇帝初,公孙一人而已。玉貌锦衣,况余白首,今兹弟子,亦非盛颜。既辨其由来,知波澜莫二。抚事慷慨,聊为《剑器行》。昔者吴人张旭,善草书贴,数常于邺县见公孙大娘舞西河剑器,自此草书长进。豪荡感激,即公孙可知矣。

从上述这些诗词中的侠与剑的叙述,可以看出,侠与剑似乎已经成了一个不可分割的整体,仗剑行侠,已经成了古代侠客形象的代表。

四、侠隐精神

侠者中最受欢迎、传颂最为广泛的还是那些有奇技异能而不以技恃强者。如段成式在《酉阳杂俎》中曾记述了一位兰陵老人的故事[①]:

唐时黎干做京兆尹,在曲江池画龙求雨。当他带着衙役赶到时,围观的群众纷纷让路,唯独一老人站在街头不避。黎干大怒,一怒之下杖责了老人二十棒,奇怪的是杖落在老人身上却似打在皮鼓上,老人也不求饶,也不喊痛,杖后扬长而去。黎干明白遇到了异人,便派手下跟踪。当晚,黎干便前往老人的住所兰陵巷拜访,见面即拜伏于地,先自责有眼不识泰山,后为自己的杖责辩解:"在下做京兆尹,若不得百姓尊敬,就要坏了规矩。老丈义士,千万不要因白天之事怪罪,否则就非义士之心了。"

他这番话倒说服了老人,老人拿出酒菜款待黎干。夜深,谈到养生之术,老人言辞精奥,黎干又敬又惧。老人说:"老夫有一小技,在大人面前献丑。"于是入内更衣,发结红带,身披紫衣,手持长剑短剑七柄,"舞于中庭,迭跃挥霍,批光电激,或横若掣帛,旋若救火"。有一口二尺余的短剑,剑锋时时欲刺黎干衣襟,吓得黎干"叩头股栗",拜伏曰:"今后性命,皆丈人所赐,请准随侍左右。"老人却说:"君骨相无道气,不能传我术!"掉手而入。黎干回到府衙后,气色如病,照镜才发现胡须被老人用剑削去了寸余,衣袖也被划破了。第二天,黎干再去兰陵里寻访,老人已不知去向了。

这个故事从身为京兆尹的黎干对老人的前倨后恭,可以看出当时人们对武林侠客的惊惧。这兰陵老人在舞剑时削黎干之须而使其不觉,取其性命则易如反掌。中国人崇拜奇异技能,又崇拜隐士风度,这位兰陵老人可谓是善艺而会隐者。在这个故事中,还讲了黎干与兰陵老人谈养生术的情节。可以看出中国武术具有表演性、特技性和养生性融为一体的特色,同时也反映了

[①] 该作品有前卷20卷,续集10卷。这本书的性质,据作者自序,"固役不耻者,抑志怪小说之书也"。所记有仙佛鬼怪、人事以至动物、植物、酒食、寺庙等,分类编录,一部分内容属志怪传奇类,另一部分记载各地与异域珍异之物,与晋张华《博物志》相类。

中国人重视和崇尚"隐侠"的倾向。

康骈《剧谈录》中也记述了一个类似"隐侠"的故事：军士张季弘力大，能捉驴四足过溪。一次外出，闻听有一新媳妇，悍泼欺凌婆婆，张军士怒，上前教训她。那新媳妇矢口辩解，一边说一边用手指在石头上画着，好像是漫不经心，毫不用力，那石头上却画出了数寸深的条痕，军士吓得"汗落神骇"。

这些异技奇能却藏而不露的隐侠，确实堪称"传奇人物"。

五、富情于武

随着武林侠客的出现，武侠文学也随之出现了。

司马迁在《史记·游侠列传》中记载了西汉初期的二十多个游侠，其中对郭解的描述较为详尽生动，其次是朱家、田仲、剧孟等人。于是，郭解、朱家等人就成了中国历史上最早出现在文人笔下的侠客形象。《游侠列传》中描述郭解的那一部分很像一篇完整的短篇小说，对后来的武侠小说起了某种奠基作用。但严格来说，《史记》属于历史传记，还不能算是纯粹的文学作品。此外，《游侠列传》着力渲染的是郭解等人的侠义之道，而丝毫没有提及他们自身的武功。从这一点来说，《游侠列传》与后来的武侠小说又有很大的区别。

中国真正的武侠小说出现在唐代中晚期，均为短篇，史称"唐人传奇"，流传至今的有十余篇，如《聂隐娘》《红线》《昆仑奴》《虬髯客传》等。唐人传奇为其后的武侠小说提供了一套写作模式。例如，神出鬼没、匪夷所思的神奇武功，侠义行为与神怪方术的相互结合，侠义之道与尽忠观念的合二而一，佛教的轮回意识与道家的羽化思想的相辅相成等，这些构成了中国古代武侠小说的基本特征。

到了宋代，话本大量涌现，短篇小说趋于繁荣，而武侠小说却是颇受冷落。这种情况与时代风气有关，因为唐人恢宏、锐进，盛行尚武之风，而宋人文柔、弱靡，耽溺游宴之乐。

明初，长篇小说《水浒传》问世，标志着中国武侠小说走向成熟。行侠与武技的结合，对武技侠道的工笔重彩的描绘，成为《水浒传》的一大特色。《水浒传》把血性男儿之间的江湖义气写到极致，让此后的所有作家望之兴叹：《水浒传》的撼人之处在于对义气的张扬，其传神之笔则多是对打斗场面的描绘。《水浒传》之所以不朽，实得益于此。

到了清初，先后出现了《水浒后传》《隋唐演义》《说岳全传》等长篇小说，它们都明显受到《水浒传》的影响。后至晚清，长篇武侠小说再度繁荣，比较著名的有《三侠五义》《儿女英雄传》《小五义》《七侠五义》《绿牡丹》等。另有《施公案》等"公案小说"，其中多有描写侠客者。

第二章 太极拳的起源与发展

第一节 太极拳起源于温县陈家沟

中国武术史学家唐豪研究证实:"太极拳最早传习于河南省温县陈家沟陈姓家族中,创编人为陈王廷。"

陈家沟,位于温县县城正东五公里的清风岭上,此处六百年前称常阳村。陈家沟所属的温县,历史悠久,人杰地灵。夏代称温国,周初为大司寇苏忿生的封邑,春秋始设县,一直是古代政治、经济、文化荟萃之地。

陈王廷,陈家沟陈氏第九世,文武兼备,是一位很有创见的武术家。《陈氏家乘》中记载:"陈奏庭,名王廷。明庠生,清入武庠,精太极拳。"明末清初(1600—1680年)陈家沟陈氏第九代人,明文庠生,清武庠生。祖父陈思贵,陕西狄道县(今甘肃省内)典史。父陈抚民,曾任征士郎,均好拳习武。陈王廷由于出身小官宦家庭,从小习文练武,武功纯厚,拳术练入化境。

根据陈家沟陈氏家谱记载和陈家沟村民的口头传承,结合中外历法查实,陈王廷的诞生日是公历纪年1600年4月15日,星期六,即明朝万历二十八年四月十五,也即庚子年庚辰月丙午日,即三月初三,是北帝诞生日。北帝全称是北方真武玄天上帝,民间又有玄天、玄天上帝、武大帝、真武大帝、北极大帝、北极佑圣真君、开天大帝、元武神等尊称,俗称上帝公、上帝爷或帝爷公,其为统理北方、统领所有水族(故兼水神)之道教民间神祇,又称黑帝,原是二十八宿中北方玄武七宿的总称。玄武共有斗、牛、女、虚、危、室、壁七宿,其形如龟蛇,其中有斗宿。道家重视斗星崇拜,称"南斗注生,北斗注死",凡是人从投胎之日起,就从南斗过渡到北斗。因为人之生命寿夭均由北斗主其事，所以人们都将北帝奉为长寿神，祈求延生长寿，都要奉祀真武大帝。由于陈王廷诞生日与北帝诞生日为同一天，民间即认为陈王廷为长寿神下凡。

据《太极拳辞典》中《太极拳》词目载：太极拳的文化内涵，来源主要有三个方面：第一，吸收了明代各家拳法之长，特别是吸取了戚继光的三十二势长拳；第二，结合了古代导引、吐纳之术，如太极拳讲究意念引导，气沉丹田，讲究心静体松，重在内壮，被称为"内功拳"之一；第三，运用了中国古代的阴阳学说和中医经络学说，如陈式太极拳要求按经络通路，螺旋缠绕，以意行气，通任督二脉，练带脉、冲脉；各式传统太极拳也皆以阴阳五行学说，来概括和解释拳法中各种矛盾变化。

太极拳诞生于温县陈家沟，既是历史的偶然，也是历史的必然。这与陈家沟所处的地理位置、陈王廷所处的历史环境都密切相关。

陈家沟与汴（开封）洛（阳）两大古都隔黄河相望，这一带是河洛文化的发祥地，被称为中华民族文化的摇篮。这一带过去是中华民族的人文始祖经常活动的地方。陈家沟村南，隔黄河相望的邙山中，有个山包被人们称作"伏羲台"。相传当年伏羲在这里登台俯瞰黄河与洛水相交，构思孕育了太极图。

自伏羲以后，炎、黄二帝在此践行统一中华民族的伟业；尧、舜、禹等也率民在这里农耕治患，开创古代文明；夏、商、周时期，这里成为中华民族政治、经济、文化活动的中心地区。《史记·郑世家》称当时这里"和集周民，周民皆说，河洛之间，人便思之"。

太极文化在黄河流域这一带流传得极为广泛。隋文帝开皇二年（582年），在黄河洛水交汇的岸边，建起了羲圣祠；元代的曹铎，在羲圣祠侧又建起了河洛书院；就连当时人口不足千人的陈家沟村，明清时期，在众信徒的支持下，也在村西的一片高地上，建起了一所颇具规模的玉皇庙，成了黄河两岸温、武、巩、荥等几个县市小有名气的道教圣地。

温县西北部的沁阳市有座神农山，那里有着许多关于太极文化的古老传说。那里发现有原始人工雕琢的太极图，还有几座不知何年建起的伏羲殿、太极殿。伏羲创太极图、画八卦，在这一带是家喻户晓的故事。这些浓郁的地方文化，连同在洛阳、开封这两个数朝古都一带盛行的中医文化，后来一并成了诞生于明末清初的太极拳的重要的文化基因。

陈家沟所处的一带，历史上属于兵家必争之地。在冷兵器时代，这里屡次发生如武王伐纣，牧野之战，楚汉相争，虎牢关刘、关、张三英战吕布，朱元璋血洗怀庆等战争。特殊的地理位置造就了这一带浓郁的尚武风气。这些氛围为招招式式皆具备独到的武术技击功能的太极拳的诞生奠定了社会基础。

出生于武术世家的陈王廷，自幼受中原一带文化的熏陶，擅长拳法，文武兼备，青年时披坚执锐，在豫、鲁、晋一带走镖征战，负有盛名。后来，随着明末清初时局的动荡，陈王廷曾在开封应考武举，因考官不公失去入举机会而惹出命案，遭到官府追杀。加上明朝覆灭后中原被异族占领，时局动荡，冷酷的现实使他万念俱灰，自感报国无门，郁郁而不得志。

晚年，陈王廷隐居乡里，以《黄庭经》为伴，潜心收集、研究民间武术。在家传一百零八式长拳和自己青年时创编的太极养生功的基础上，根据太极文化的阴阳转换之理、《黄庭经》等导引吐纳之术及中医的经络学说，将戚继光等众家武术之长融汇合成，加上自己平生习武所悟，创编了太极拳。

因此，太极拳的产生，应该同时具备这样几个方面的条件：创拳人必须有出类拔萃的武功基础；精太极文化之理，结合气功的导引吐纳术；洞晓《黄庭经》的养生秘诀；集百家拳术之长，通中医阴阳五行及经络之说；具备丰厚的文化功底和充足的研究时间，缺一不可。

第二节　陈王廷有家传武功基础

元朝末年，元朝的统治者为了维护其统治，实行残酷的政治压迫和经济剥削，给人民群众带来了深重的灾难，更引发了元末农民大起义。安徽凤阳人朱元璋率众投奔红巾军，攻占集庆，并于1367年派兵北伐，强渡黄河，统一了中国。传说镇守在河南怀庆府的元将铁穆耳堵住朱元璋的北伐部队，双方在黄河北岸怀庆府属地交锋，一连打了多日，难分胜负。朱元璋心中十分恼火，便把火气迁怒于怀庆百姓身上。他称帝后，山西的一批皇杠在怀庆府温县境内耿庄附近一座桥上遇劫，几个溃逃的明兵向上禀报，说是被怀庆府百姓打劫。朱元璋闻讯大怒，又记起他在怀庆境内受到元将铁穆耳拼死抵抗的老账，认为怀庆府内没良民，遂密令明将常遇春率兵血洗怀庆府，在怀庆府所辖的沁阳、温县、孟州市、武陟县等地先后三次实行残酷的血腥屠杀，致使方圆数百里人烟几绝，万顷良田荒芜。

明洪武五年（1372年），朱元璋下令由山西省洪洞县向怀庆府属地移民。移民中有一青年名叫陈卜，祖籍本在山西泽州东土河村，时因家乡连年遭灾，逃荒到洪洞，与妻儿一起被裹入移民队伍带入怀庆府境内，在温县城东北10公里处落了脚，将此村取名为陈卜庄。

由于陈卜庄地势低洼，常受涝灾，明洪武七年，陈卜合家迁往常阳村。此村位于陈卜庄东南的古清风岭上，南临黄河，北靠一岭，旱涝保收。

陈氏始祖陈卜全家定居清风岭上的常阳村后，勤劳耕作，兴家立业，为了保卫桑梓不受地方匪盗危害，精通拳械的陈卜在村中设立武学社，传授子孙习拳练武。陈卜及其后代六世同居，计有二世陈刚、三世陈琳、四世陈景元、五世陈堂、六世陈宗礼等人到七世陈思齐、陈思孔、陈思怀三兄弟时开始分家立业。陈思齐传于第八世陈守身，又传于第九世陈我读、陈我讲、陈我诵、陈我漠兄弟四人，再由陈我讲传于第十世陈汝信；陈氏另一支由七世陈思怀传于八世陈抚民，由陈抚民传于第九世陈奏乾与陈奏庭二人，陈奏庭即陈王廷。

因常阳村西有柿沟，东有赵沟，北有正北沟，三面环沟，随着陈氏家族人丁繁衍，常阳村易名为陈家沟。

当时陈卜所练之拳为陈氏家传一百零八式通臂长拳。具体招式名称如懒扎衣立势高强，丢下腿出步单鞭，七星拳手足相顾，探马势太祖高传。当头炮势冲人怕，中单鞭谁敢当先。跨虎势挪移发脚，拗步势手足活便。兽头势如牌挨近，抛架子短当休延。孤身炮打一个翻花舞袖，拗鸾肘上连着左右红拳。玉女穿梭倒骑龙，连珠炮打的是猛将雄兵。猿猴看果谁敢偷，铁甲将军也难走。高四平迎风脚套子，小红拳火焰攒心。斩手炮打一个凤鸾藏肘，窝里炮打一个井栏直入。庇身拳吊打指裆势，剪臁踢膝。金鸡独立，朝阳击鼓。护心拳专降快腿，拈肘势逼退英雄。喝一声小擒拿休走，拿鹰捉兔。硬开弓下扎势闪惊巧取，倒扎势谁人敢攻。朝阳手遮身防腿，一条鞭打进不忙。悬脚势诱彼轻进，骑马势冲来敢当，一霎步往里就踩，抹眉红盖世无双，下海擒龙，上山伏虎。野马分鬃，张飞擂鼓。雁翅势穿庄一腿，劈来脚势入步连心。雀地龙按下，朝天蹬立起。鸡子解胸，白鹤亮翅。黑虎拦路，胡僧托钵。燕子衔泥，二龙戏珠，赛过神枪。邱刘势左搬右掌，鬼蹴脚扑前扫后。霸王举鼎，韩信埋伏。左山势右山势，前冲后冲。观音献掌，童子拜佛。翻身过海，回头指路。敬德跳涧，单鞭救主。青龙舞爪，恶马提铃。六封四闭，金刚捣碓。下四平，秦王拔剑。存孝打虎，钟馗仗剑。佛顶珠，反堂庄，望门攒，掩手肱拳。下压手，上一步封闭捉拿。推山二掌，罗汉降龙。左转红拳左跨马，右转红拳右跨马，左搭袖，右搭袖。回头搂膝拗步插一掌，转身三请客，掩手肱拳双架梁。丹凤朝阳，回头高四平。金鸡晒膀，托天叉。左搭眉，右搭眉，天王降妖。上一步铁翻竿，下一步子胥拖鞭。苍龙摆尾，仙人摘乳，回头一炮拗弯肘。跺子二红仙人捧盘。夜叉探海，刘海捕蝉。烈女捧金盒，直符送书。回头闪通臂窝里炮，收回去双龙抹马。急回头智远看瓜，自转两拳护膝。当场按下满天星，谁敢与吾比并。

从陈氏家传一百零八式通臂长拳中，我们可以找到许多在太极拳中熟悉的名称，如懒扎衣、七星拳、探马势、当头炮、单鞭、跨虎、拗步、寿头势、拗弯肘、玉女穿梭、倒骑龙、小红拳、庇身拳、指裆、金鸡独立、护心拳、小擒拿、伏虎、野马分鬃、雀地龙、白鹤亮翅、六封四闭、金刚捣碓、掩手肱拳、搂膝拗步、闪通臂等都能说明陈王廷在造拳时从家传长拳中汲取了不少精华之处，甚至是以家传长拳为基础。

第三节 太极文化成为太极拳的灵魂

"太极"一词，最早见于《庄子·大宗师》[①]："夫道……在太极之先而不

[①] 本文是《庄子》一书中的一篇，《庄子》的思想包含着朴素辩证法因素，主要思想是"天道无为"。"宗"指敬仰、尊崇，"大宗师"的意思是最值得敬仰、尊崇的老师。谁可以称作这样的老师呢？那就是"达于道之人"。

为高，在太极之下而不为深……"

《系辞》说："易有太极，是生两仪，两仪生四象，四象生八卦。"太者，大也。太、大二字常常通用；极，指极力，尽头，极点，系无限之义。《系辞》中的"太极"是至高无上的存在，指原始宇宙。简言之，天地混沌开辟之前的状态，就是太极。

"太极文化"的精髓主要是阴阳文化，它根据时间由昼与夜交替、生命有生即有死、人类由男与女构成和天空有日也有月等客观现象指出，世界由阴与阳组成。阴阳相衍相生，也称相交相克，属"矛盾"斗争统一的关系。

易学认为，自然界一切事物的运动，无一不是阴阳对立统一。人的生命运动，其本身就是阴阳对立双方，在不断地矛盾运动中取得统一的过程。

两种对应的东西，无限和谐地共处于一个圆中，此消彼长，此长彼消。太极阴阳双鱼图绝妙地、形象地表现出阴与阳和谐统一的关系。

在河南开封市的延庆观内，屋脊上画有一个阴阳鱼状的图形，这便是当今流行的赫赫有名的太极图。这个太极阁的图像，是在圆圈内画着两条阴阳鱼，一边从大到小，另一边从小到大，头尾交接形成妙合而凝的状态。太极图的创作，能通天人之极，尽宇宙之妙。它将哲学、自然科学、社会科学和思维科学融为一体；将天地万物的生成和演化的道理，用最简易的图像表达出来。由于太极图既动且变，简单、明白又内含深邃之哲理，因此，它与中国古代的自然科学，诸如天文、气象、历法、医学、养生学等，互相渗透并长期地互相影响着，被人们称为"天下第一图"，是中国文化史、哲学史上的瑰宝。

太极图是怎么形成的？按《系辞传》记载：太极图最早出现在黄河、洛水之间。伏羲氏发现了这种刻在玉石上的古老太极图，加上个人仰观俯察的各种体会，才画出现今的太极图。

太极图到底是怎样绘出来的，又是经何人之手使它流传下来？各种说法不一，但有一点可以肯定，就是太极图源于道教，本作为修炼内丹之用。它原来的图式就是《道藏》第196册《上方大洞真无妙经图》中的《太极先天图》。后由北宋儒家《易》学大师陈抟刻在华山石壁上称为《无极图》，几经传授，最后由朱熹刊印在《周易本义》一书之前而流传下来。

温县地处河洛太极文化发祥之地，陈家沟在黄河之北，与河洛交汇处近在咫尺，隔河相望便是伏羲画卦台和大王庙。据记载，陈王廷曾到登封玉带山，说明他经常在黄河南岸活动，饱受太极文化的浸淫，深得太极奥秘，为他造拳提供了充足的理论基础。而太极拳就顺从阴阳变化之理，在一招一式的动作中，阴中含阳，阳中含阴，阴阳互变，相辅相生。

第四节 结合气功的导引吐纳术

中国气功历史悠久，源远流长，是中华民族传统文化的瑰宝。导引是中国古代道家发明的一种养生术，主要是通过呼吸仰俯、手足屈伸的形体运动，使人体各部血液精气流通无阻，从而促进身体的健康。

导引在太极拳中的应用即把意与形相结合，使心脏生理正常，从而引导血气于周身畅通。中国道家认为：心为神之居，主掌血脉运行，对人体各个脏腑均有重要的调节作用，是人类生命活动的主宰，是人身上最重要的脏器，位于五官之首。五脏主藏精气论中以心藏脉、肺藏气、脾藏营、肝藏血、肾藏精；五神脏论中以心藏神、肺藏魄、脾藏意、肝藏魂、肾藏志，人体全身的血液依赖于心脏的推动作用才可以输送到全身各个部位。

因此，陈王廷在创造太极拳时，把始祖陈卜所传授下来的一百单八势长拳等拳术与导引相结合，在周身放松的状态下，使形体的运动符合并且能够促进血液的循环；演练太极拳可使心气旺盛，心血充盈，脉道通利，心主血脉的一切功能正常发挥，血液在脉管内正常运行，起到练拳养生的作用。

吐纳，也是中国道家发明的一种养生术。吐，即从口中吐出，意为呼气；纳，即收入，意为吸气，由鼻孔而入；吐纳术就是呼吸之术，通过口吐浊气，鼻吸清气。吐故纳新，服食养身，使形神相亲，表里如一。

肺脏主掌呼吸之气，呼吸功能是人体重要的功能之一，人体在一生之中，需要不停地进行新陈代谢。在新陈代谢过程中，需要消耗大量的清新之气（即氧气），产生出大量的浑浊之气（即二氧化碳），吸进氧气，排出二氧化碳全靠肺的呼吸、吐纳功能。

太极拳把拳术招式的形体运动与吐故纳新相结合，首先，保证形体运动不能妨碍肺脏呼吸运动，以保障肺脏机能正常发挥，新陈代谢自然进行。其次，通过拳术招式的形体运动来促进人体内部宗气的形成。所谓宗气，也叫大气，是相对先天元气而论的后天之气，是人的生命根本。宗气的功能就是推动肺的呼吸和心血在脉管内的运动。宗气主要是由肺脏吸入的清气与脾胃所化生的水谷精微之气相结合而成，集聚于胸中，称作上气海，是全身之气运动流行的本始。最后，通过拳术招式的形体运动来促进人体宗气的分布，在心脏、肺脏的协同下，将上气海中之宗气通过血脉分别送入全身各个脏腑组织器官，达到全身表里上下、肌肤内脏，发挥其滋润营养之作用。

　　早在原始社会里，人们对自然界中出现的一些现象无法做出正确的判断和解释，因而产生了早期的宗教信仰——图腾崇拜，认为每个氏族都与某种动物有着某种关系，如熊、虎、鹿及鸟类等，所以把这些动物作为该氏族的保护和象征，即图腾。相传黄帝同蚩尤和炎帝作战时，曾教熊、罴、貔、貅、䝙、虎参加作战，这实际是以六种野兽命名的六个氏族，黄帝即为有熊氏族。商朝曾把他们的祖先说成是由帝喾的妻子吞了玄鸟（燕子）蛋而生出来的。这些都反映了当时人们对动物的崇拜。

　　随着社会的进步和人们认识水平的不断提高，作为原始的动物崇拜已为人类创造的新的神祇所取代，但是人们对动物的崇拜心理并没有完全消失，他们对熊、虎的威武勇猛；鹤、雁的凌空翱翔等羡慕不已，因而对这些动物的体态和动作加以模仿，希望自己也能像熊、虎一样的强健，像鹤、雁一样的灵秀。

　　春秋战国时期，仿生动作由过去单一的模拟提高为"吹呴呼吸，吐故纳新，熊经鸟伸"，把锻炼肌肉骨骼的躯体运动与锻炼内脏器官的呼吸运动结合起来，从而使之更加完善，形成了导引的先驱。三国以后，导引图和导引的专著不断出现，术式也逐渐增多。晋代，见于记载的已有龙导、虎引、熊经、龟咽、燕飞、蛇曲、鸟伸、天挽、地仰、猿据、兔惊等十余种术式，其中有九种是以仿生的形式出现的。隋代医学家巢元方著的《诸病源候论》中，也载有二百六十多种导引的术式、操练方法和应用，其中有龙行气、蛇行气、龟行气、鸾行气、雁行气、蛤蟆行气等。隋唐以后，产生了太极功、八段锦等练功方法，其中包含着许多仿生动作。如大鹏展翅、孔雀开屏、白鹤亮翅、大象活腰、红龙探爪等。

中国气功学的主要经典是《黄庭经》，现存的《黄庭经》有《太上黄庭外景玉经》《太上黄庭内景玉经》，它是修炼内丹的必读要籍。

何谓黄庭？梁丘子注："黄者，中央之色；庭者，四方之中也。外指事，即天中地中人中；内指事，即脑中心中脾中，故曰黄庭。内者，心也；景者，象也。外象喻即日月星辰云霞之象也，内象喻即血肉筋骨脏腑之象也。心居身内，存观一体之象也，故曰内景也。"黄庭之学的精义主要有三个方面：一是《黄庭经》的长生久视之道，注重五脏六腑，固精炼气。因此强调存思五脏六腑之神，广及八景二十四真；二是阐述黄庭三宫及三丹田与养生的密切关系；三是存思黄庭，炼养内丹，还以积精累气为宗旨，持行不息为要诀。

魏华存，字贤安，山东任城人，生于三国曹魏嘉平四年四月初一，其父魏舒曾任浚仪令，后任将军钟毓长史，相国参军，宜阳、荥阳太守，冀州刺史，左、右仆射，加右光禄大夫，仪同三司领司徒，深得晋文帝司马昭器重。她沉浸于学问的研究，常服胡麻丸、茯苓散，味纳气液，摄生夷静，亲戚往来一无所见，很想与茂林佳木为伍，同麋鹿山鸟和鸣，以山水弋钓为乐事，对自己的终身大事从未考虑，虽求婚者众，均遭拒绝，直到24岁才在父母的强迫下和南阳刘文婚配。刘文，字幼彦，祖籍南阳，为汉高祖刘邦后裔。后出任河内郡修武县令。魏华存随夫在河内郡修武县衙内居住，她对动荡不安的社会极度不满，但自己又无力回天。加之本来就"幼而好道，志慕神仙"，于是毅然拜王褒为师，从道修炼，得道后住在阳洛山的一个山洞里修身养性。她以自己的学识和辛劳一生积累的强身、长寿、治疗疾病的经验和方法写成了《黄庭经》一书。

阳洛山在沁阳县城西北，距陈家沟不足百里，且一马平川，往来方便。陈王廷经常出没于阳洛山中，研习道家的养生功法，尤其钟爱于《黄庭经》一书，在其《述怀》词中写道："叹当年，披坚执锐，扫荡群氛，几次颠险！蒙恩赐，枉徒然，到而今，年老残喘。只落得《黄庭》一卷随身伴，闲来时造拳，忙来时耕田，趁余闲，教下些弟子儿孙，成龙成虎任方便……"由此可见，到了老年的陈王廷已经对世间繁杂琐事一概不感兴趣了，唯一钟情的便是对他造拳产生过很大帮助作用的《黄庭经》。

第五节　集百家拳术之长

温县地处中原腹地，各种武术在此相会交流，为太极拳的诞生创造了良好的环境。仅从明代万历十六年刊行的戚继光著《纪效新书》一书中就可以找到许多确凿的依据来证实。

《纪效新书》十八卷，是明代杰出的军事家戚继光撰写的一部兵书，也是我国古代军事学典籍中的名著。戚继光出身将门，17岁以世荫袭职登州卫指挥佥事，开始了戎马生活。一生南平倭寇，北御鞑靼，身经百战，屡建奇功，最终，至58岁因政治上失意而解甲归乡，61岁病逝。

《纪效新书》是一部重要的古代武术典籍。戚继光针对倭寇的武技优势和惯于"人自为战"的特点，创编了以"长短兵迭用"为主要特点的"鸳鸯阵"，再根据"鸳鸯阵"的作战要求，训练士卒掌握真正用于军阵的战斗技艺。为此，他一反往古兵书常例，在《纪效新书》中收集了不少武术内容。

戚继光在《纪效新书》第十四卷拳经捷要篇的开篇语中讲道："此艺不甚预于兵，能有余力，则亦武门所当习。但众之不能强者，亦听其所便耳。于是以此为诸篇之末，第十四。"

接着，戚继光在拳法概论中做了以下论述：拳法似无预于大战之技，然活动手足，惯勤肢体，此为初学入艺之门也，故存于后以备一家。学拳要身法活便，手法便利，脚法轻固，进退得宜，腿可飞腾。而其妙也，颠翻倒插；而其猛也，披劈横拳；而其快也，活着朝天；而其柔也，知当斜闪。故择其拳之善者三十二势，势势相承。遇敌制胜，变化无穷。微妙莫测，幽焉冥焉，人不得而窥者谓之神。俗云："拳打不知。"是迅雷不及掩耳，所谓"不招不架，只是一下，犯了招架，就有十下"。博记广学，多算而胜。古今拳家，宋太祖有三十二势长拳，又有六步拳、猴拳、化拳。各势各有所称，而实大同小异。至今之温家七十二行拳，三十六合锁，二十四弃探马，八闪翻，十二短，此亦善之善者也。吕红八下虽刚，未及绵张短打。山东李半天之腿，鹰爪王之拿，千跌张之跌，张伯敬之打，少林寺之棍，与青田棍法相兼，杨式枪法与巴子拳棍,皆今之有名者。虽各有所长,然传有上而无下,有下而无上,就可以胜于人,此不过偏于一隅。若以各家拳法兼而习之,正如常山蛇阵法,击首则尾应,击尾则首应,击其身而首尾呼应,此谓上下周全,无有不胜。

于是,戚继光汇集百家拳术之长,创编了三十二势的戚家拳,即《拳经三十二势》。《拳经三十二势》图文并茂,每一势文字皆以四句诗语叙述,言简意赅。

懒扎衣出门架子,变下势霎步单鞭。对敌若无胆向先,空自眼明手便。
金鸡独立颠起,装腿横拳相兼,抢背卧牛双倒,遭者叫苦连天。
探马传自太祖,诸势可降可变,进攻退闪弱生强,接短拳之至善。
拗单鞭黄花紧进,披挑腿左右难防,抢步上前连劈揭,沉香势推倒泰山。
七星拳手足相顾,挨步逼上下提笼。饶君手快脚如风,我自有搅冲劈重。
倒骑龙诈输佯走,诱追人遂我回冲。恁伊力猛硬来攻,怎当我连珠炮动。
悬脚虚饵彼轻进,二换腿决不轻饶。赶上一掌满天星,谁敢再来比并。
邱刘势左搬右掌,劈来脚入步连心。挪更拳法探马均,打人一招命尽。
下插势专降快腿,得进步搅靠无别。钩脚锁臂不容离,上惊下取一跌。
埋伏势窝弓待虎,犯圈套寸步难移!就机连发几腿,他受打必定昏危。
抛架子抢步披挂,补上腿哪怕他识。右横左采快如飞,架一掌不知天地。
拈肘势防他弄腿,我截短须认高低。劈打推压要皆依,切勿手脚忙急。
一霎步随机应变,左右腿冲敌连珠。恁伊势固手风雷,怎当我闪惊巧取。
擒拿势封脚套子,左右压一如四平。直来拳逢我投活,恁快腿不得通融。
中四平势实推固,硬攻进快腿难来。双手逼他单手,短打以熟为乖。
伏虎势侧身弄腿,但来凑我前撑,看他立站不稳,后扫一跌分明。
高四平身法活便,左右短出入如飞。逼敌人手足无措,恁我便脚踢拳捶。
倒插势不与招架,靠腿快讨他之赢,背弓进步莫迟停,打如谷声相应。
井栏四平直进,剪臁踢膝当头。滚穿劈靠抹一钩,铁样将军也走。
鬼脚抢人先着,补前扫转上红拳。背弓颠补披揭起,穿心肘靠妙难传。
指裆势是个丁法,他难进我好向前。踢膝滚蹲上面,急回步颠短红拳。
兽头势如牌挨近,恁快脚遇我慌忙。低惊高取他难防,接短披红冲上。

神拳当面插下，进步火焰攒心，遇巧就拿就跌，举手不得留情。
一条鞭横直披砍，两进腿当面伤人。不怕他力粗胆大，我巧好打神通。
雀地龙下盘腿法，前揭起后进红拳。他退我虽颠补，冲来短当休延。
朝阳手偏身防腿，无缝锁逼退豪英。倒阵势弹他一脚，好教师也丧声名。
雁翅侧身挨近，快腿走不留停，追上穿庄一腿，要加剪劈推红。
跨虎势挪移发脚，要腿去不使他知。左右跟扫一连施，失手剪刀分易。
拗弯肘出步颠剁，搬下掌摘打其心。拿鹰捉兔硬开弓，手脚必须相应。
当头炮势冲人怕，进步虎直撺两拳。他退闪我又颠踹，不跌倒他也茫然。
顺弯肘靠身搬打，滚快他难遮拦。复外绞刷回拴肚，搭一跌谁敢争前。
旗鼓势左右压进，近他手横劈双行。绞靠跌人人识得，虎抱头要躲无门。

综观戚继光的《拳经三十二势》套路，我们可以找到许多在太极拳中熟悉的名称，如懒扎衣、金鸡独立、探马势、单鞭、七星拳、倒骑龙、擒拿、伏虎、指裆、兽头势、雀地龙、跨虎、拗弯肘、当头炮、顺弯肘等。由此不难看出，其中有不少招式不仅与陈氏家传一百零八势通臂长拳的拳法相同，而且与太极拳的招式名称相同，这绝不是偶然的巧合，而是存在一种上下相承的必然关系。戚继光在拳法概论中所说的"温家七十二行拳，三十六合锁"也极有可能就是对流传于温县一带的原陈氏家传一百零八势通臂长拳的另一种叫法。这些都能说明陈王廷在造拳时从戚家拳中也汲取了不少精华之处，集聚了百家拳术之长。

第六节 中医阴阳及经络学说

陈王廷创编太极拳的另一独到之处就是把拳术与中国古老的阴阳五行及经络学说相结合。阴阳五行学说是我国古代的哲学思想，具有唯物论和辩证法的内容，是古人认识事物和掌握事物发展规律的一种思想方法和理论工具。阴阳学说认为世界是由物质构成的，物质又分为相互对立统一的阴阳两个方面，物质世界在阴阳两方面的相互作用下才能滋生发展和变化；五行学说认为，木、火、土、金、水是构成物质世界不可缺少的最基本的五种物质，由于这五种物质之间的相互滋生、相互制约的运动变化,才构成了物质世界的复杂性和多变性。古代医学家将阴阳五行学说引用到医学领域,用以阐明人体的生理功能和病理变化,并用以指导临床的诊断与治疗,成为中医理论体系的一个重要组成部分,对中医理论体系的形成和发展起到重要的作用。

阴阳的概念,大体有三:一是《老子·四十二章》说:"万物负阴而抱阳。"《素问·阴阳应象大论》说:"阴阳者,天地之道也。万物之纲纪,变化之父母,生杀之本始,神明之府也。"指出阴阳是自然界万事万物发生、发展变化的根本规律,是对自然界一切相互关联的事物和现象对立双方的概括,含有对立统一、一分为二的概念。正如张景岳在解释《内经》中阴阳的概念时指出的:"道者,阴阳之理也。阴阳者,一分为二也。"(《类经·阴阳类》)二是阴阳代表着事物的两种不同属性。事物既可一分为二,分属于阴阳,但何者属阴,何者属阳?一般规律是:凡温热的、明亮的、上升的、在外的、运动的、兴奋的、亢进的等,都属阳;反之,寒冷的、晦暗的、下降的、在内的、静止的、抑制的、衰退的等,都属阴。可见确定事物的阴阳属性,不是随意的,而是根据其不同特征。三是事物的阴阳属性并不是绝对的,而是相对的。这种相对性,一是事物的阴阳属性,在一定的条件下可以互相转化(参见下面阴阳的转化);二是阴阳之中,可以再分阴阳,如白昼为阳,黑夜为阴;白昼中的上午为阳中之阳,下午为阳中之阴;黑夜的前半夜为阴中之阴,后半夜为阴中之阳。人体脏腑中的五脏属阴,六腑属阳;五脏中的心又可分为心阴、心阳;六腑中的胃又分为胃阴、胃阳等。这种阴阳之中再分阴阳的现象,在自然界中是无穷无尽的,所以《素问·阴阳离合论》说:"阴阳者,数之可十,推之可百;数之可千,推之可万;万之大,不可胜数,然其要一也。"

阴阳学说的基本内容主要有四:一是阴阳对立。阴阳对立是指自然界中一切相互联系的事物或现象,都存在着相互对立的阴阳两个方面,如上与下、动与静、热与寒等。这两个方面并不是平平静静、毫不相干地共处于一个统一体中,而是互相斗争、互相制约着的,通过互相斗争又取得了新的统一和平衡。二是阴阳互根。阴阳互根是说阴阳两个方面相互依存、相互作用,任何一方都不能脱离另一方而单独存在,各以对方作为自己存在的前提。如上为阳、下为阴，没有上的阳，就无所谓下的阴；当然没有下的阴，也就没有上的阳。三是阴阳消长。阴阳消长是说阴阳双方不是处于静止不变的状态，而是处于"阴长阳消"或"阴消阳长"的运动变化之中，以此维持事物的相对平衡，并推动事物的向前发展。如气候变化：从冬天到夏天，寒冷之气渐消，温热之气渐增，为"阴消阳长"的过程；从夏天到冬天，温热之气渐消，寒冷之气渐增，为"阴长阳消"的过程。四是阴阳转化。阴阳转化是指事物的阴阳两个方面在一定的条件下，可以向自己的对立面转化，即阴转化为阳，阳转化为阴，因而事物的性质也就发生了根本的改变。如果说"阴阳消长"是一个量变的过程，则"阴阳转化"便是一个质变的过程。阴阳的转化，虽然也可发生突变，但多数是有一个由量变到质变的发展过程，且一般都表现在事物变化的"物极"阶段，即"物极必反"。

中国古代中医经络学说主要是论述人体经络系统的生理功能、病理变化及经络与脏腑之间的相互关系的学说，是中国古代医学理论体系的重要组成部分。经络是运行全身气血，联络肺腑肢节，沟通表里、上下、内外，调节体内各部分功能活动的通路；是经脉、络脉及其连属组织的总称；是人体特有的组织结构和联络系统。其中，经脉是人体经络系统的纵行干线；络，有网络之意，是人体脉络的大小分支，纵横交错，网络全身，无处不至。人体的经络系统主要包括十二正经、奇经八脉、十二经别、别络、孙络、浮络、十二经筋、十二皮部等部分，起着决死生、处百病、调虚实的重大作用，但是绝不可不通。经络系统通过有规律的循环和错综复杂的联络交会，把人体的五脏六腑、四肢百骸、五官九窍、皮肉筋脉等组织器官联结成一个统一的有机整体，从而保证人体生命活动的正常进行。

陈王廷创造太极拳把拳术与经络学说相结合，主要取决于人体经络系统所具备的四大功能：其一，把拳术与经络系统的联络作用相结合；其二，把拳术与经络系统的运输作用相结合；其三，把拳术与经络系统的感应传导作用相结合；其四，把拳术与经络系统的调节作用相结合。

人体的经络系统不仅具有联络作用、运输作用和感应传导作用，同时它还能够保持人体各部机能活动的平衡与协调。陈王廷将经络系统的调节作用应用于太极拳术之中，依靠经络的平衡与协调作用对身体各部位进行灵活调节，变幻虚实，以虚诱敌，引实落空，避其实而击其虚，从而克敌制胜。

拳术与经络系统的结合，使太极拳术独创了顺应经络变化的缠绕螺旋运动方式而滋生的缠丝劲、旋转发力，增大出拳发劲的威力，令人难以提防。

第七节　丰厚的文化功底

《陈氏家乘》载：陈奏庭，名王廷，明庠生，清入武庠，精太极拳……公际乱世，扫荡群氛，不可胜记，然皆散亡，祇遗长短句一首。其词云：叹当年，披坚执锐，扫荡群氛，几次颠险。蒙恩赐，罔徒然，到而今，年老残喘，只落得《黄庭》一卷随身伴，闷来时造拳，忙来时耕田，趁余闲，教下些弟子儿孙，成龙成虎任方便。欠官粮早晚，要私债即还，骄谄勿用，忍让为先。人人道我憨，人人道我颠，常洗耳，不弹冠。笑杀那万户诸侯，兢兢业业，不如俺心中常舒泰，名利总不贪。参透机关，识彼邯郸，陶情于渔水，盘桓乎山川，兴也无干，废也无干。若得个世境安康、恬淡如常，不悔不求，哪管他世态炎凉，成也无关，败也无关。不是神仙谁是神仙？

在陈王廷创编太极拳的拳势名称中，很多都保留着中国象形文化的特点，并结合了儒、道、释（佛）三家的练功形象和理论。

归纳起来有以下四种类型：一是以佛教中"金刚"命名的拳势。"金刚"指的是佛前的侍从力士，守护在寺院门前穿堂的两边，一边两位，合称"四大金刚"，若要拜见真佛，先要见金刚，其中一位名韦驮的手持金刚杵（古印度时代的一种兵器）做捣碓状，陈王廷借"金刚捣碓"隐喻后来的学拳者要先练就金刚不坏身，逐渐修炼成真佛。二是以内气和劲别命名的拳势是依据动作中内劲的运行路线和定势时的内劲而得名，如六封四闭拳势，是指内劲要求以（左）六成封、（右）四成闭分配于双臂；闪通背拳势，是指该拳势在运动中使体内的气机三次通达其背；尤其是上步七星拳势（"七星"是道家练气中丹田所在处，位于人体两乳正中脐中穴内），要求气机在"七星"位内潜转运行。三是以禽兽扑戏、搏斗的象形姿态而命名的拳势，如白鹤亮翅、野马分鬃、金鸡独立、雀地龙、白猿献果等。四是以肢体运动姿势而命名的拳势，如懒扎衣、单鞭、搂膝拗步、初收、再收、掩手红拳、披身捶、背折靠、双推手、三换掌、肘底捶、倒捻红、退步压肘、云手、左右擦脚、左右蹬一跟、翻身二起脚、击地捶、护心拳、旋风脚、小擒拿、抱头推山、前招、后招、双震脚、摆莲跌岔、十字摆莲、指裆捶、退步跨虎、当头炮等。

第三章 从太极拳术到太极拳文化

第一节 太极拳术的相关原理

关于太极拳的起源,最早有许多相关的神话传说,有南北朝的韩拱月、程灵洗说,有唐代的许宣平、李道子说,比较多的说法是张三丰说,但年代、人物又有不同版本。尽管众说纷纭,但无不凝结着几千年中华文明的精华。正如公认最权威、最简洁概括太极拳真谛的论述——王宗岳的《太极拳论》中所说:"太极者,无极而生,动静之机,阴阳之母也。动之则分,静之则合。"这一理论岂是哪朝哪代、哪门哪派的太极拳所能独享的?而这理论是从哪里来的?其与太极功夫实练又有何关联?

宋代理学家周敦颐在宇宙起源理论中明确指出:"无极而太极。太极动而生阳,动极而静;静而生阴,静极复动。一动一静,互为其根。分阴分阳,两仪立焉。阳变阴合,而生水、火、木、金、土,五气顺布,四时行焉。五行,一阴阳也;阴阳,一太极也;太极,本无极也。"这里明确指出了无极、太极、阴阳、五行的关系,也是太极拳内功的基本元素。

而王宗岳所说的"虽变化万端,而理为一贯"中的"理"到底是什么理?"一贯"又贯到何时?下面我们尝试做些解析。

一、关于"零"的道理(万物起源说)

这里所说的零,不过是一个符号,代表古人对这一类事物的众多表述。而这恰恰是太极拳术习练中的必经之路,既然绕不过去,那就索性正视它,揭开它神秘的面纱,使这一既古老又现代的命题更多地造福大众。

第三章 从太极拳术到太极拳文化

"零"代表的是哪些概念？从《太极拳论》这一名篇看，提到"太极者，无极而生"，老拳谱也不乏"有无相生"等说法。说明在太极之前，在"有"之前，还有一种称为"无极""无""空"的现象。

关于万物起源说，是中华古代文明的精髓，要想寻找这一根源，必须从古代典籍出发，进而可以发现，这一观点并不是孤立存在的。太极拳产生于古人对天、地、人起源的认识，也就是老子所说："天下万物生于有，有生于无。"（《老子》）魏晋时期的玄学也延续了老子的思想。

天下万物，皆以有为生，有之所始，以无为本。将欲全有，必反与无也。（王弼：《老子道德经注》）这也为太极拳理所言"意重则滞，气重则阻"说明了缘由。

道者，无之称也，无不通也，无不由也。况之曰道，寂然无体，不可为象。（邢昺：《论语》疏卷七引王弼《论语释疑》）从而引申出"太虚即气"的自然观。"道"是看不见、摸不着的无状之物，但又是天地万物生成为有形之物的宇宙原始物质，所以说"道"不是真空，而是妙有。

面对众多的说法和名称，我们暂时将其称为"零"。一方面简化称谓，另一方面将太极拳内功的基本功形象化，称为"零"状态。以后的功夫都要在松、散、通、空的过程中，从零开始。先做到松、静、自然，清空体内及精神上的一切阻滞障碍、一切沉积僵化，使"神""意""气"轻松往来，自由组合，形成强大能量。

钱学森认为，人这个巨系统在宇宙这个超巨系统中有交往，这里边又有三个小层次，其中，一个是宇观的（人在宇宙中的关系称为宇观的人天观），讲宇宙之所以是今天这个样子，是有它的道理的，宇宙如果不是今天这个样子，就不会有人的出现，人的存在和宇宙的规律有密切关系，这是宇观的人天观，在西方有人称此为"人择原理"。

这一观点与中国古代的天人观极为相似，也正是这种古今一致的宇宙观，奠定了太极拳的理论基础。特别是太极拳内功，一定要符合"人体小宇宙"的特点和规律，才能打开思想的闸门，不再自我封闭，迈进天人合一的大门之内。

无极状态是通向太极大道的必经之路，没有练出无极状态时，练的都不是太极功。有的属于纯阴，全身像面条一样软；有的属于纯阳，浑身像钢铁一样硬，虽然练出来也很辛苦，有时在使用时还很有效，但那并不是太极功的范畴，所以，希望走上太极之路的拳友，必须耐得住性子，从"零"开始，坚持不懈，百折不挠，走出阴阳相济的真感觉来。

无极状态也有低、中、高不同层次、阶段、程度的区别。在"招熟"阶段尽量掌控于拳架的运行，能保持多久就保持多久，断了再接续上即可。在"懂劲"阶段，不仅要保持自身的无极状态，还要掌握对手的无极状态与太极状态，并随机应变。"阶级神明"的阶段则需要将双方的太极状态转化为无极状态，真正做到"用意不用力"和"不争"。

无极状态在高层次的自身修炼中，除了精神层次的提升，还要与大自然相通，成为大自然的"接收器"，以区别于大自然的"捕捉器"。接收必须在松、散、通、空的基础上才能进行，全身由内至外，躯体、精神都要自然松开，具备接收大自然信息、物质的条件，人与大自然相融相合，有助于吐故纳新，深层养生，在技击阶段，还可助内功一臂之力。无极状态首先有利于全身的整劲，"零"状态如同全身似一个圆球，可大可小，全身一致，没有面，全是点，所以，方向性灵活，对方难以掌控。

要进入无极状态，"意重"是一大障碍。大家都知道"无意之中是真意"，但很难理解在应用中的作用，也有人觉得这不过是一种说法而已。实际上，这句话与"意重则滞"是相配的，说明了"意"也不能多，一旦"意"多了，就与劲力多了一样，会阻碍无极状态的形成。困难的是，也不能一点意都没有，最好是在有意无意之间。

二、关于"一"的道理（"气"与"理"）

与上节的"零"相同，"一"也只不过是个符号，是相对于"零"——无极、空、虚、没有、道等概念而言的太极、有、中、气、德等概念。尽管"一"的说法不一定很严谨，但对于学习太极拳内功的初学者来说，是理顺思路，尽早入门的铺路石。虽然我们使用了更简单易懂的数码，而古人早就把这个概念用汉字的"一"来概括了，正所谓"道生一"。古人也有"阴阳未判，一气混元"之说，阴用则阴，阳用则阳，反复循环。但是，从古至今，关于"一"这个字的说法，解释又很多，容易引起混淆。我们把从"零"而生的物质现象、练功状态简称为"一"，仅仅特指这一领域的特定事物，切勿任意延伸。

既然"一"涉及"有"，有的是什么呢？具体到太极拳来说，就是内气、内功，也就是"神""意""气"的化合。太极拳界内所说的"有了"，指的就是感觉到了对方"神""意""气"的化合，是经过松、散、通、空产生的内功，也称"术"。所谓内气，与吐纳术涉及的氧气和二氧化碳不同，指的是生命本原之气。内气人人都有，但多数人意识不到其存在，任其自生自灭。太极拳术就是通过意识，反作用于内气，使之调节人体功能状态，产生养生、健身等功效。

太极拳谱的相关理论，最著名的莫过于王宗岳的《太极拳论》："太极者，无极而生，动静之机，阴阳之母也。"有关"太极"的说法很多，自古以来层出不穷，而与太极拳相关的最精辟的要数这一句。不仅说出了"太极"的起源、属性、特征，也说出了"太极"作为这一拳种名称的原因和意义，显示了此拳的核心练法。

这不仅是宇宙的大道理，也是人身的大道理，更是太极拳的大道理。特别是内功，如果没有这句话的指引，进步是很困难的。所以，太极拳虽推广的面大，但得到高层次功夫的人却少，这也是其中原因之一。

太极拳为什么首先要弄清太极是什么，它与无极的关系是什么？就是因为"人身小宇宙，宇宙大人身"的道理，这是中医理论的沃土，千百年来的中华文明即植根于此。佛教关于"一花一世界，一叶一菩提"的真谛也来源于此。连一花一叶都与"无极而太极"有关，更何况人这样复杂的生命结构。

正是类似的思想，奠定了宋代理学的基础——"以本体言之，则有是理，然后有是气；而理之所以行，又必因气以为质也"。（朱熹：《孟子或问》）

"自下推上去，五行只是二气，二气又只是一理；自上推而下来，只是此一个理，万物分之以为体，万物之中又各具一理。所谓乾道变化，各正性命，然总又只是一个理。"（黎靖德：《朱子语类》）这里说的五行是指金、木、水、火、土，这些物质世界的基本元素又无不源于阴、阳二气，而阴、阳二气,又来自无极生太极这一个理。

"有此理,便有此天地;若无此理,便亦无天地,无人无物,都无该载了。"(黎靖德:《朱子语类》)

由此可见,太极拳论也是遵循了这样一个理,正是出于这个理,命名为太极拳。宋代理学家朱熹说:"太极,理也;阴阳,气也;气之所以能动静者,理为之宰也。"(《太极图注》)

"总天地万物之理,便是太极。自太极之万物化生,只是一个道理。非是先有此而后有彼。"(黎靖德:《朱子语类》)

"夫形之所恃者,气也;气之所依者,形也。气全即形全,气竭则形毙。"(《嵩山太无先生气经》)这指出了气足形丰的道理。

了解太极之理以后,便出现了它与拳的关系,这就是万物萌发于气的理论。朱熹说:"盖气则能凝结造作……只此气凝聚处,理便在其中。"(黎靖德:《朱子语类》)

朱子还说:"所知觉者是理,理不离知觉,知觉不离理。"(黎靖德:《朱子语类》)"所觉者心之理也,能觉者气之灵也。"(黎靖德:《朱子语类》)这为太极拳作为知觉运动开启了智慧的大门。

所有难以入门的拳友,困惑之处均在于知觉感受不灵敏,其根源还在于不知道应该感受什么。因此,思想的转变是步入太极内功殿堂的关键,如果意识上形成了相反的观念,不相信太极内功,初练者用蛮力抗衡,确实难以证实内功的强大作用。但这绝掩盖不了太极文化千百年来蕴藏的光芒,会有越来越多的有志者踏上漫漫的求索之路,使之发扬光大。

关于无极而太极的论述纷繁复杂,我们这里仅用"零"和"一"来表示无极而太极,可能存在许多不足与疏漏,希望大家共同探讨。

太极拳所有招、术、势、法,都是由此引申开去,所有难点、玄奥,只要弄清了这句话,也就迎刃而解了。

太极拳理论源远流长,是伏羲、老子等对宇宙之源的解读。所谓无极,也称为"道""虚""空""无"等,道无形无象、无边无际、无处不在、无始无终,但却不是真空,而是妙有。因此,无极化生太极。太极,我们称为"一",也称"中""气""有""德"等,名称不同,说的是一个事物,就是万物的起源。我们认为，古人虽不能科学界定"气"这一物质，但已掌握了它的一些特点：

第一，"气"，亦阴亦阳的矛盾统一性，物质既合又分，相互转化。

第二，"气"，天地万物中均有存在，包括人体，是万物唯一相通之物，所谓天人合一，合的就是这种物质。

第三，"气"具有渐变的特征。变是必然，不变是偶然，所以有一生二、二生三、三生万物，以及太极生两仪、两仪生四象、四象生八卦等说法，从而衍化无穷。

第四，"气"，其大无外、其小无内，可用神、意导引。

第五，"气"具有强大的传导性、渗透性、阻滞性和与相类物质的相融性。

这些发现，可见诸历史上许多哲学、宗教、医学、武术之类的典籍中。这些认识，很大程度上是由学者自身对内气的运化、感受、体验而来的，并推演到"人身小宇宙，宇宙大人身"的理论体系中。捕捉到这一物质的客观存在，并加以总结，可实际运用于社会、自然各领域中。

特别是太极拳的体用合一，正如宋书铭在《太极歌》中所说："太极原生无极中，混元一气感斯通。先天逆运随机变，万象包罗易理中。"正是本着"万物一气是根本"的原理，太极拳从人体基元练起，一切招数变化都本着内气的动向和规律而为，因此，才会出现仅凭印象、表面现象而无法理解的问题。

关于天地万物起始的一系列道理，也可以称为"理"。在这个"理"的原则指导下，我们很容易明白世间的一切都是变化的、发展的，所以，"虽变化万端，理为一贯"。

清代陈鑫的《太极拳推原解》说："斯人父母天地，莫非太极阴阳之气酝酿而生。天地固此理，三教归一亦此理，即宇宙之万事万物，又何莫非此理！况拳之一艺，焉能外此理而另有一理？此拳之所以以'太极'名也。"[三教是指儒家（亦称儒教）、佛教、道教]

他又说："耍手亦是以理为主，以气行之……"（陈鑫：《太极拳经论》）

这个"理"，几千年来各领域用词不同、说法不一，其实说的都是一个事，就是世界的起源问题。在这个基础上，才引发出一系列理论和学说。

太极拳理论也是一样，只要牢牢抓住"理"的根本，由此阐发的任何说法都是可以理解的。坚持用"理"指导实践，也可取得切切实实的效果，有效调动自身的潜能服务于自身，发挥其强大功能，提升人的身心整体素质。

清末《太极拳经论》说："自古混沌之后，一画初开，一阴阳而已。天地此阴阳，万物亦此阴阳，惟圣人能保此阴阳，以理御气，以气行理，施之于人伦、日用之间，以至仰不愧天，俯不怍人，而为天地之至人。"阴阳的本体就是太极，源于无极，是万物之始。

太极具有阴阳的属性。这与《太极拳论》中所说的道理是一致的。人与万物具有统一的来源，太极是人先天生命之源，人利用这种源泉的方法，是依据其特性——"理"，来调动自身的此种物质，一般称为"气"，用来养生与行拳。

所以，《太极拳论》中又说："耍手亦是以理为主，以气行之，其用功与圣贤同。"并一再强调太极拳推手、技击用的都是这一根本，"虽变化万端，而理惟一贯"。（王宗岳：《太极拳论》）

与此相同的还有宋谱《太极歌》："太极原生无极中，混元一气感斯通。先天逆运随机变，万象包罗易理中。"这也明确说明了太极为何物，通过什么途径可以得到它，而太极的特性就是变化无穷。知道这些，对于学习太极拳很有益处。因为，太极拳在学习与使用中，无论如何不能离开"知己之功"和"知彼之功"。而如果不知道练的是什么，既难以得到知己之功，又难以掌握知彼之功。

所以，宋谱《四性归原歌》说："世人不知己之性，何能得知人之性？物性亦如人之性，至如天地亦此性。我赖天地以存身，天地赖我以致局。若能先求知我性，天地授我偏独灵。"这里所说的"性"，也就是前面提到的人类的本源，如果不知道这个，知彼之功又从何而来？个人要依靠天地之气而生存，天地之气要靠人来调整，只有认识到这一点，学拳才能得天独厚。

与"一"相关的一些习拳术语，在此加以简要说明。何谓拳术？清代陈鑫在《太极拳推原解》中说："拳者，权也，所以权物而知其轻重者也。"这是权衡的意思。他又说："一阴一阳之谓拳，其妙处全在互为其根。"因此，拳术也就是权衡方法，权衡的是自身与对手的阴阳平衡，所用的是内功，即神意气化合，也可以理解为对"一"的权衡。

何谓"神"？《淮南子·精神训》中说："夫精神者，所受于天也，而形体者，所禀于地也。"《淮南子·厚道训》又说："夫形者，生之舍也；气者，生之充也；神者，生之制也。一失位，则三者伤矣。"

陈鑫的《太极拳权论》说："盖有行之运动，未若无形之为愈；而无形之运动。尤不若不运动自运动者为神。运动至此，亦神乎运动矣！"（转引自《中华传统文化大观》）

这里指出了无形与自运动者的运动就是"神"的运动。在虚灵状态中，感觉、识别各种信息是"神"的功能，从而清晰地描绘出用意来导气要有分寸，"意重则滞"。

何谓"意"？意识是人的头脑对于客观物质世界的反映，是感觉、思维等各种心理过程的总和。人的意识不仅反映客观世界，并且能反过来作用于客观世界，应对各种信息的能力是意的功能，神意相合产生意识（反射弧）。

著名科学家钱学森说："是人类不是其他生物创造了这个世界，而人类的特点就是具有意识，意识又能作用于人体本身，是'意识反馈'。"他还认为，人的功能状态都是亚稳态，是可以调节的，那么调节的手段是什么？

第一个手段，与外界的物质交换。如药物、饮食、呼吸、高压氧都可以治病，物质交换的范围是非常广的。第二个手段，不是物质交换，而是信息交换与平衡。外界的信息可以是声波或电磁波，无非就是这二者，当然是很复杂的……第三种手段，就是人脑所产生的意识。意识是人体最高层次的运动，它可以返回来作用于较低的层次。因此，意识也是调节人体功能态的一个手段，这非常重要！（刘晓河：《中华奇功》）

何谓"气"？古人云："凡人之生也，天出其精，地出其形，合此以为人。"（《管子·内业》）这里所谓"精"即指"气"中精华。故《管子》说："精者，气之精华也。"也就是说，人同世界万物一样，是"气"或气之精华所生成的。

中国古代关于"万物一气是根本"的原理，见之于许多哲学、医学、宗教典籍中，展现了历史长河中有关宇宙万物来源的思想。有关论述用词不一，但说的都是一个事物，即太极源于无极，产生了阴阳、天、地、人，以及四象、八卦所有有形与无形的事物。

根据这一原理，太极拳内功所练的正是这种本源之气，它存在于一切物质之中，在人体之中一般称为中和之气、内气、元气等。

庄子说："人之生，气之聚也，聚则为生，散则为死。"作为个体，气的聚、散可以决定生死。

关于精、气、神，道教的比喻是："人身所藏之精，譬如油；人身之气，譬如火；其光亮，譬如神。油量足则火盛，火盛则亮度大，反之，则油干火熄而光灭。"（转引自曲黎敏：《现代人的病因》）因此，健康的心态、生活、运动方式等，是保证精满、气旺、神全的要素和源头。

《黄帝内经》讲了养生的三大法宝，第一是养"精"，第二是养"气"①，第三是养"神"。（张其咸：《养生大道》）《黄帝内经》概括，生命的根本在于阴阳平衡，实际上也是"气"的平衡，而气又来源于精，表现于神，所以生命的根本就是"精""气""神"，这三者是密不可分的。《黄帝内经》还把人看作天地万物中的一员，所以叫"人身小天地，天地大人身"，或者"人身小宇宙，宇宙大人身"，即使不能做到人与自然融为一体，起码也要以不破坏大自然为准则。

古人虽然早就感知到了太极的存在与效力，却说不清、道不明，这对人至关重要的东西，又该如何利用？中国古人的智慧解决了这一难题。说不清的先搁置起来不说，可利用的先利用起来再说。无形无象不好掌握，那就先用有形有象的方法来导引，如引导术、气功、五禽戏、八段锦、拳术、吐纳术、易筋经等。

在太极拳习练者中，能够感知、调动内气的已不在少数，这些理论对于他们来说是可以理解的，但对于初学者或尚未入门者来说，就很抽象难懂，因此不易掌握。

根据国外一些科技报告，当今世界尖端科学正在探索宇宙物质起源，包

---

① 《黄帝内经》分《灵枢》《素问》两部分，是中国最早的医学典籍，传统医学四大经典著作之一（其余三者为《难经》《伤寒杂病论》《神农本草经》）。

括人类的形成，在已知的研究成果中，玻色子是与中国古代所说的"气""道""太极"最为契合的东西。当然，证明其同一性尚需大量艰苦的科学验证。如果我们借用这一粒子解释太极拳原理，会使一些彷徨不前的拳友加快理解、接受并应用这一原理，步入内功大门之内，我们也不妨做一下这方面的尝试。

"一"是生命的基本元素，存在于人体本身，经过有效锻炼可使其旺盛、充盈，如加以意念引导，会起到运化机体内部各系统的功效，还会外化，具有不同程度的技击表现。

清、静状态中可得到这个气、养这个气，可称"能量"，越纯能量越大、越细微，穿透能量越强，人身得到的只是混元一气，想要得到纯真之气，难上难！气为何物？（是无极，还是太极？）

"零"包括"气"，"一"也包括"气"，对于"气"，到底是"零"还是"一"？对此可能会产生疑问。从道家理论看，"零"指的是产生天地万物的原始物质，存在于大自然中，是妙有。而我们今天所练的人体中和之气应属于"一"，是实有。

我们知道了太极是人的本源，拳术是利用这种物质疏通、运行人的所有循环系统，从而强化这本源。在技击用法中要根据双方对阴阳平衡的了解和掌控，再去运用招式。高层次的招，不是形体的招，而是内功的用法。了解了这些就明白了本书的宗旨，以及太极拳术的真谛。

三、关于"二"的道理（阴阳说）

太极拳的内功入门阶段，简单说就是要掌握"零""一""二"，前面讲了"零"（无极、空、道、虚），也讲了"一"（太极、有、"神""意""气"的化合），这里涉及的就是阴阳（虚实、动静、开合等）。阴阳包含了世间所有可以对立统一的事物，并且具有辩证关系。比如，正反、上下、前后、进退、多少、虚实、开合和动静等。

《黄帝内经》说道："人生有形，不离阴阳。"太极拳术一方面是寻求内功，另一方面就是掌握阴阳平衡，也可以说，拳术中所有的弊病都来源于不懂无极、太极与阴阳（阴阳失衡）。因此，在无极生太极以后，主要练的就是控制阴阳、不仅要调理自己的阴阳，拳术中的阴阳，还要理顺与对手之间的阴阳关系。

具体到内功来说，懂阴阳的关键在于"动静之机"，从无极而太极的过程明了以后，才能进一步理解"动静之机"，因为，动静之机就产生、存在于有无之间。无极是空，是虚，是静，在产生太极时才出现了有，出现了实，出现了动。因此，有无相生，就是动静之机，也是太极拳要从静态的自然功法——"太极"，过渡到动态的自然功法——"拳"的根本宗旨。

以上可以看出，为什么对于太极拳的掌握来自两个方面，一方面是太极原理，了解这一原理，有助于掌握静功，也就是对"神""意""气"的理解和掌握。另一方面是动功，也就是在静功的基础上实现动态的自然与平衡，在遇到对手时仍能保持那种状态，并不断提升它的纯洁度。

太极拳谱的相关理论有很多，王宗岳在《太极拳论》中说："每见数年纯功，不能运化者，率皆自为人制，双重之病未悟耳。欲避此病，须知阴阳。黏即是走，走即是黏。阴不离阳，阳不离阴。阴阳相济，方为懂劲。"这里所谓的阴阳，不是静态的阴阳之分，而是在技击过程中阴阳变化、相互转化的过程，是动态的阴阳，也是太极体的阴阳，即内功的阴阳。如果仅有形体的阴阳，还不属于太极拳术的范畴。

武禹襄在《太极拳论要解》中强调："切记一动无有不动，一静无有不静。视静犹动，视动犹静。"指的也都是内功产生以后的动静，即共分四种形态：①内外相合之动；②内外相合之静；③内动外静；④内静外动。这就说明，动静之分合是有层次的。内外要有区别，特别是在知彼之功阶段更为突出。只有将内外、动静区分开来，并通过内功落实到自身的知觉当中，才能懂得什么是黏，什么是走，什么是阴阳相济。

因为"黏"与"走"指的都是内功，是"神""意""气"运化过程与感受，可以由个人意志进行调配，这一调配方式就是拳术，调配的客体就是太极。所以，无论用何种语言和词汇来形容太极，太极说的都是一件事、一个理，即"万物一气是根本"。

在太极拳内功技法中，就可以看到"元气无形，以制有形"的内气外放现象。从而，也可以反过来探寻这一表象产生的根源，练好太极拳。

陈长兴在《用武要言》中说："静以待动，动以处静，然后可言拳术也。"作为总体概括的阴阳二字，在具体用法上可拆分成动静、开合、虚实等，每个人可根据自己的体验和需要去认识阴阳，使阴阳具体化，便容易掌握其规律了。

由于有了无极生太极的源头，产生了太极生两仪的理论，并延展了阴阳这一无所不在的对立统一论，从而才能明白"动之则分，静之则合。无过不及，随曲就伸"的内涵，也才能懂得"黏即是走，走即是黏。阴不离阳，阳不离阴。阴阳相济，方为懂劲"的根源。

实践中，练拳架有无内功的界定很重要，困惑的根源来自"练的不是一个东西"。因此，了解练的是什么，将决定最终的层次与效果。"练形生精"也是一个不可忽视的阶段，但如果只徘徊于这个阶段，将不可能上升到"练精化气""练气养神""练神还虚""练虚合道"各层面，也就无法实现刚柔的极致。

还有一个误解，认为"刚"才能实战，"柔"不能实战。这种观点仍是基于形与力的运用，但太极拳术的"柔"不是形与力的柔，因而二者并不是一个要领，太极拳术的刚柔是一个事物的两个方面，也就是"神""意""气"化合的阴阳相济，是内功的实用方法。这种化合不以自主意愿变幻刚柔，而是以对方的来力方式、程度，自动顺应对方的变化而产生的变化。由于练法比较特殊，得道之人层次不一，宣传力度不够，暂时还不能被社会广泛接受和认可。

但是，这是中华几千年来遗留下来的宝贵文化财富，人人都有责任、义务加以保护、发扬。同时，有助于真正培养以武交友、提高素质、增进健康的一代，使自强不息、厚德载物的精神财富流传下去，以适应中华民族整体腾飞的态势。

太极拳在套路练法上讲究连绵不断，在内功练法上要求松散通空，这也是一个从低层次到高层次的过程。

根据多年体验，我们认为，太极拳内功是由简入繁，再由繁入简的过程。无论是初级的，还是高级的"简"，都离不开对"零""一""二"的认识与体悟。因此，虽然初学于"人化"阶段，对"零""一""二"的掌握和运用不可同日而语，但如果不从最根本的道理和原理入手，是很难进入内功殿堂的。

四、"绵绵不断"的道理（循环之道）

中国古代思想史不仅重视有、无、阴阳说，还推崇循环之道。

荀子认为："始则终，终则始，若环之无端也，舍是而天下以衰矣……始则终，终则始，与天地同理。"社会与自然都离不开循环的规律。

邵雍认为："是以万物皆反生，阴生阳，阳复生阴，阴复生阳，阳复生阴，是以循环无穷也。"（邵雍：《皇极经世书》）

张载认为："若阴阳之气，则循环迭至。"（张载：《正蒙》）

朱熹认为："程子云：'动静无端，阴阳无始。'……说道有，有无底在前，说道无，有底在前，是循环物事。"（黎靖德：《朱子语类》）

罗钦顺认为："盖通天地，亘古今，无非一气而已。气本一也，而一动一静，一往一来，一阖一辟，一升一降，循环无已。"（罗钦顺：《困知记》）

黄宗羲认为："夫大化之流行，只有一气充周无间……循环无端，所谓生生之谓易也。"（黄宗羲：《黄梨洲文集·与友人论学书》）

可以看出先人所论道理相似，千百年来绵延至今，是有传承脉络的。

所以，古人重视的不仅是无为，寂然不动，也重视事物的动态现象。《系辞下》说："爻也者，效天下之动者也。""刚柔相推，变在其中矣。""刚柔者，立本者也。"从太极拳谱中，都可以找到这些理论的影子。

太极拳讲究绵绵不断，循环往复，周而复始，形断意不断，意断神可接。一方面是以练习过程中，培养接续、充盈的"神""意""气"的化合；另一方面是在技击实践中，谁断谁就给了对手可乘之机，所以，断手与丢手都是弊病。

太极拳内功，就是通过松、静、自然，达到内气、内劲的循环往复。不断地循环，以至成为日常习惯，如同天地循环一般，不去招灾惹祸、损害健康。太极拳练到一定程度，会在一些涉及健康的问题上产生明智选择。如在饮食方面，以往想吃什么吃什么，想喝什么喝什么，想进食多大量就进食多大量。有了功夫以后，再遇损害内脏的饮食，会有不适感。在饮食起居方面，也会自行调整，特别疲惫时，会用松、静、自然缓解紧张情绪，用内功运行舒展劳损的躯体，知道了这些规律，并且推己及人，自然知道"人身小宇宙，宇宙大人身"的道理，并且终身遵循这个道理。能否顺应循环之道，就成了太极拳能否达到高层次的准则，也是区别内功阶段的标准，到了这一层次，"神""意""气"的化合应该非常自然地随呼吸的节律循环，也就是到了"气遍周身不稍滞"的状态，如古代的"吐纳术""导引术"，可以说，如此才是真正做到了"道法自然"。

内功与呼吸的配合如有不自然、不轻松，就表示还没有进入这一层次，而在练的过程中，在初、中级阶段不主张配合呼吸。因为如果刻意追求，不但达不到目的，反而会拖了后腿。那种配合是水到渠成的结果，是"无意之中是真意"的状态。所以，循环之道看似简单，真正做到并不容易。

这里说的循环是调动内气在体内的运动，开始是大圈，促使其在体内周流，最终在静止之时仍能感受到气血充盈周流的舒适与畅快。

人体的循环之道是自然形成并自然运转的，非外力所为，但是，如果人的循环之道不通畅，局部阻滞，就会引起疾病，需要人为的力量在内部加以疏通，这就是内气。内功用于养生的作用和目的，同时也进一步强化了技击功夫的通路与方法。

在"零"状态和"一"状态可以长久保持、运用自如之后，便可进入循环状态。从太极图来看，将其动态化、绝对运动化便是循环状态，因为这种变化可以是千变万化、无穷尽的，也可以表现于形态大小上，即其大无外，其小无内；还可以表现在方向上，无论任何方向的转动，如横圈、竖圈、斜圈；向前、向后、向左、向右、向上、向下等，所转的角度完全根据对方的动向而定，对方不动时，可以主动出击，看他反应而定。

不变是相对的，变是绝对的，这也是太极拳动中静、静中动的核心理念，更是在各种情况下——环境、条件、体质、状态、年龄等都能练习的根本原因。

简单地说，循环之道就是使"零"和"一"按照"二"的规律运动，生生不息，循环往复，也就是让静止的"零"和"一"加入动的元素，生成"三"，进而"三生万物"。

第二节　太极拳文化的源流

一、道家的相关论述

道家的有关理论主要有以下几个方面：第一，关于"道"，关于"气"；第二，关于万物起源；第三，关于无极、太极、阴阳；第四，柔弱胜刚强，归根曰静；第五，无为而治。

看似不同的理论，实则相互关联，正如《太极拳论》所说："理为一贯。"这个道理就是万物起源于"道""气"，或称无极而太极，而无为、柔弱之说，也是根据"道"和"气"的特性而来的，并非其他意义上的诠释。阴阳则是所有事物的规律，具有对立统一的性质，可以衍化无穷。因此，掌握太极拳的基本理论对于以后的实练有着至关重要的作用，可以说是牵一发而动全身的关系。

许多成功人士都把自己的成绩，归结为站在巨人的肩膀上，如何才能站在巨人的肩膀上呢？就是要了解巨人的思想，吸收巨人的成果，应用到自己的事业中去。我们查阅中华文化宝库，追溯太极拳理论脉络，就是方便大家认识巨人，最终每个拳友要把营养吸收到自己身上，促进自己的功夫成长、服务个人、光大传统文明。

这些古代圣贤之书，往往被束之高阁，被戴上神秘光环，不接地气，更难以直接服务于大众。其实，圣贤的理论也来源于生活实践，上升为理论之后，仍然应该服务于民间，惠及所有人。我们把一部分圣贤之说与太极拳理论联系起来，就是想请这些圣贤走下圣坛，来到百姓中间，为每一个人的健康、幸福、快乐服务；不仅为中华民族，也为全人类所熟知，使那光艳照人的智慧发挥更大的作用。

《道德经论兵要义述》中说，老子形容"道"："'道之为物，惟恍惟惚。

惚兮恍兮，其中有象；恍兮惚兮，其中有物'。言太始之气，因有成形之谓。"既肯定了道的物质性，又说明了它难以捕捉、虚无缥缈的特点。

正是由于吸收了古代的有关道、无极、太极、阴阳等学说，才产生了太极拳原理。因此，杨谱在《太极阴阳颠倒例解》中说："明此阴阳颠倒之理，则可与言道；知道不可须臾离，则可与言人；能以人弘道，知道不远人，则可与言天地同体。上天、下地，人在其中矣。"也就是说，知道了阴阳相互转化的道理，才能相互论"道"；明白了"道"是人不可或缺的，才能谈论人；能够传道，了解"道"就在每个人身上，便可以与他谈论天、地、人，知天、地、人都起源于"道"了。

太极拳不仅是个拳种，也是传承古老文化的载体，而且，这些传统文化就蕴含在拳术的实践中，了解其中一贯的"理"，提升就快些。

万物起源同"道"与"气"的学说是分不开的。中国古代关于"万物一气是根本"的原理，可以见诸许多古籍中。汉代道书《太平经》[①]说："天地者，元气之所生，万物之所自焉。""元气有三名：太阳、太阴、中和；形体有三名：天、地、人。"指出形成人的元气与形成天地的元气同为一物，并说："元气无形，以制有形。"

道教典籍《河上公章句》说："言当湛然安静，故能长存不亡。"（《无源》）这与今天的"生命在于静止"的观点颇为相似。

"言能安静者，是谓复还性命使不死也……复命使不死，乃道之所常行也。"（《归根》）这里的性命指的是元气，不死是不任意损耗，留意涵养的意思，这也是修道之人的日常行为。

"人精神好安静，驰骋呼吸，精神散亡。"（《检欲》）它指安静包括呼吸上的静。

"人生含和气，抱精神，故柔弱也；人死和气竭，精神亡，故坚强也。"它指内气柔和与刚烈的结果对比。

[①]《太平经》内容博大，涉及天地、阴阳、五行、十支、灾异、神仙等。《太平经》重新构筑了早期道教的"天人合一"思想；以阴阳五行学说勾勒了一个理想社会图景，提出了一套"无为而无不为"统治术；提出了修道的教徒的修身养性术；提出了财产共有、自食其力的善恶报应观念，指出只有人们信修正道，方可断除灾异而得道成仙；也反映了平均主义和平等理想的朴素民本思想。

关于万物起源的学说，道家是较早提出来的。《道德经》中说："天下有始，以为天下母。既得其母，以知其子；既知其子复守其母，没身不殆。塞其兑，闭其门，终身不勤；开其兑，济其事，终身不救。见小曰明，守柔曰强。用其光，复归其明，无遗身殃；是为袭常。"

这里说的"始"，具体指"道""大"或"无"，是天下万物的起源。知道了万物起源的根本，才能理解它的衍化物的特性。具体到太极拳来说，知道太极产生于无极，必须先要稳定住无极状态，才能产生太极功，并一劳永逸。

"塞其兑"是指堵住缺口孔窍的意思，则终生不会忧患，这里的"勤"是愁苦、忧患之意，其与后一句也可在拳术中视为"开"。

"见小曰明"指发现微观世界的强大是明理的表现，当今对微波、光波、激光等物质的认识便如此；"守柔曰强"更常直接用于太极拳谱及教学之中；"用其光"就是坚守万物之源的本体，则不会产生灾祸，这是承袭了道的最高原则。

老子指出，寻根求源是认识事物，找到规律、本质的关键，如此才能智慧、光明、强大，抵抗灾祸，他还说："天下万物生于有，有生于无。"

引申到太极拳术中，"母"是"零"状态，"子"是"一"状态，或称无极与太极；或称"空"与"有"；或称开与合；或称虚与实；或称静与动，指的都是从"零"到"一"，又复归于"零"的转化过程，循环往复，生生不息，既是练的方法，也是用的方法。

道家修为最首要的是"致虚极，守静笃"。这里讲的是要首先做到"零"。如果没有进入这种状态，一切都谈不到。"归根曰静，静曰复命，复命曰常，知常曰明"。无中生有，又复归于无，生生不息，构成阴阳相济的循环态势，产生了动静相生的生命规律。这里展示了最难修炼的原因：在"得"到了之后，要不断回归到"舍"，不舍不得。也就是"反者道之动，弱者道之用"的道理，此理原本就不易被人接受，要真正做到更难。

很多拳友在"有""德""感受到"了以后，舍不得扔，以至无法提升，也就是"不知常，妄作凶"。老子几千年前就指出了方向。

《外经微言》中说①："至道之精，窈窈冥冥；至道之极，昏昏默默。无视无听，抱神以静，形将自正。必静必清，无劳汝形，无摇汝精，无思虑营营，乃可长生。目无所见，耳无所闻，心无所知，汝神将守形，形乃长生。慎汝内，闭汝外，多知为败。"这是将老子的学说更为具体化，并且指出空无的状态是最高境界。

这就是太极拳谱所讲的：大动不如小动，小动不如不动，不动不如心动。先要做到舍，才能进入无极状态。无形无象并不是指形体，而是指内动、内功及其外化现象。

二、儒家的相关论述

由于太极一词源于道家，因此，许多人认为太极拳的理论是道家的理论，其实儒家对于太极拳文化也是大有贡献的。

儒家与道家的不同之处在于：儒家不是创造性地论述天、地、人的起源和关系，但认可并切实地诠释了道家的理论。仅就太极拳文化而言，儒家对《太极拳谱》中涉及的许多艰深的观点都早有相应看法，很多观念可以从儒家经典中找到依据、渊源。儒家观点涉及以下几个方面：第一，关于"知""觉"的诠释和说法；第二，关于"气"的诠释和说法；第三，关于"权"的诠释和说法；第四，关于"中"的诠释和说法；第五，关于"心""心术"的诠释和说法；第六，关于"性"的诠释和说法；第七，关于"善"的诠释和说法。

上述词汇都是太极拳理论中常用的，知道其出处及所指，对进一步学习和理解太极文化大有益处。

关于"知"与"觉"的说法如下：孟子曰："天之生此民也，使先知觉后知，使先觉觉后觉也。予，天民之先觉者也，予将以斯道觉斯民也。非予

---

①《外经微言》是1980年整理古医籍过程中发现的。该书现藏于天津市卫生职工医学院图书馆。本书前无序，后无跋，封皮残缺，印章亦已模糊难辨。卷首有"岐伯天师传，山阴陈士铎号远公又号朱华子述"字样，其书末朱题"嘉庆二十年静乐堂书"，其笔体与正文稍异，疑或后人所加。经有关专家鉴定为清代精抄本。经查阅多种图书目录，均未见记载《外经微言》一书，后查《山阴县志》方知陈士铎确有此书行世。

觉之，而谁也？思天下之民，匹夫匹妇有不被尧舜之泽者，若己推而内之沟中。"关于太极拳谱中有关"知觉运动"的理论根源，从中可见一斑。太极拳谱《八门五步用功法》说："必先明'知觉运动'四字之本由，知觉运动得之后，而后方能懂劲；由懂劲后，自能阶及神明矣！"

关于"心""性"的说法如：孟子曰："仁，人心也，义，人路也。舍其路而弗由，放其心而不知求，哀哉！"这里所说的"仁""义"与"无极""太极"近似。

"学问之道无他，求其放心而已矣。"（《八门五步用功法》）若放不下心，则无法"舍己从人"。古人对"心"的认识，与当今对"气"的认识近似。

孟子曰："尽其心者，知其性也。知其性，则知天矣。存其心，养其性，所以事天也。夭寿不二，修身以俟之，所以立命也。"（《孟子·尽心上》）这里讲的是"天人合一"的道理和路径，心、性、天都指万物起源。

关于"气"的说法如《孟子·公孙丑上》曰："告子曰：'不得于言，勿求于心；不得于心，勿求于气。'不得于心，勿求于气，可；不得于言，勿求于心，不可。夫志，气之帅也，气，体之充也。夫志至焉，气次焉，故曰：持其志，无暴其气。"这段话是说：没有理论依据，不要盲目追求心法；没有心法，不要随便运气。没有心法不随便运气，可以；没有理论不追求心法，不可以。因为意志是气的统帅，气充满体内，所以，以意导气，要用意来制约气。

武禹襄在《太极拳解》中说："身虽动，心贵静；气须敛，神宜舒。心为令，气为旗，神为主帅，身为驱使。"这也说明了"气"与精神、躯体的关系。他还说："志壹则动气，气壹则动志也。今夫蹶者趋者，是气也，而反动其心。"（《太极拳解》）精神与气的互动，在于运用太极功，而今大家追求的是用气来反作用于精神。

武禹襄在《十三势行功要解》中说："以心行气，务令沉着，乃能收敛入骨，所谓'命意源头在腰隙'也。"这里端正了精神与气的关系，确立了以意导气的练法。

《孟子》中说："敢问何谓浩然之气？"曰："难言也。其为气也，至大至刚，以直养而无害，则塞于天地之间。其为气也，配义与道；无是，馁也。是集义所生者，非义袭而取之也。行有不慊于心，则馁矣。"如何解释气有些困难，它是无限大又无限强劲的，充斥于天地之间。作为气，如果没有，勇气便没有了。气是汇积太极而产生，并非勉强用力而产生的。运用时如果不充盈，也就没有用处了。清代武禹襄在《四字秘诀》中也说："气以直养而无害，劲以曲蓄而有余。"

"仁者如射，射者正己而后发；发而不中，不怨胜己者，反求诸己而已矣。"（《孟子·公孙丑上》）有功夫的人先求自己具备发功条件，如果发放不利，不怪对方，反而要怪自己。

关于"神"的说法如：关于"神"的涵养，管子说："虚其欲，神将入舍；扫除不洁，神乃留处。"（《管子·心术上》）说明了为什么除了身体的松静，还要求精神的松弛；清除欲望等于给"神"腾出空间。

关于"中""定"的说法如：儒家极为倡导的"中庸"之道，即是拳法的重要一环。

郑曼青大师说："中即时中，定无常定……不偏之谓中，不易之谓庸。"这里诠释了"中"与"定"的含义。

《十三势歌》曰："尾闾中正神贯顶。"

这里的"中"不仅指中间、中正，更不光指形，还有中庸、适中和立中的意思，更多指的是内里、内功。

关于"权"的说法如：朱熹："权不离正，正自有权，二者初非二物也。"（朱熹：《朱子全书》）对于"拳"为何又称"权"，可以一目了然，权衡的目的是中正安舒，此目的与此感觉是一回事。

关于"善"的说法如：孟子说："水信无分于东西，无分于上下乎？人性之善也，犹水之就下也。人无有不善，水无有不下。今夫水，搏而跃之，可使过颡；激而行之，可使在山。是岂水之性哉？其势则然也。人之可使为不善，其性亦犹是也。"（《孟子·告子上》）太极功夫虽崇尚"上善若水"，但随"势"仍有激越之举。

"大舜有大焉，善与人同，舍己从人，乐取于人以为善。"（《孟子·公孙丑上》）古人把"大"也当作"德"讲，"德"也是"道"的体现，有道之人以懂得对方之道为正确方法。

李亦畬在《走架打手行功要言》中说："欲要引进落空，四两拨千斤，先要知己知彼；欲要知己知彼，先要舍己从人。"虽然这里舍己从人的含义有所不同，但知彼功夫来源于舍己从人，它们是一致的。

孟子曰："人有不为也，而后可以有为。"（《孟子·离娄下》）从此可以看到内功练法的宗旨，也可理解老子所说"无为而无不为"的含义。

对于孟子的话，也有许多种诠释的版本，如"可欲之谓善，有诸己之谓信；充实之谓美，充实而光辉之谓大，大而化之之谓圣，圣而不可知之之谓神"。各学科、门派自有道理可言。但对于太极内功来说，"善"则是初涉内功的欲望及感受；"信"则是推己及人的阶段，即自己有感觉了，或说处于懂劲阶段；"充实"则在前面基础之上强化感受，并充盈至身体末梢，也就是感觉到舒适，各循环系统特别是经络通畅。进而产生内功外化现象，也就是所谓的"光辉"，到了"大而化之"的阶段，就进入了"空"的过程，"大"在古代也称"太"，这时才进入真正的太极内功巩固期。"圣"与"神"都是"阶及神明"的境界。目前能做到的人虽然罕见，但前辈留下的影像片段，前人留下的文字记录，还是可以令我们略见一斑，同时，也给我们指明了一条前进的光明大道。

我们无意否定其他释读，因为我们没有涉猎那些学科和领域，仅仅以一孔之见，以亲身感受说明先哲的观点，在太极拳的诠释上也是非常贴切的。

练到高层，双方就处于思想层面上的较量，再往上走，则思量皆空。当然，这种较量也需要物质能量方面的支撑。

为什么先要做到"零""一""二"？因为太极功同世间所有事物一样，也具有道生一、一生二的规律，如果没有从"零"做起，就产生不了"一""二"，所生出来的也就是另外的或阴或阳的方式，而没有阴阳相济，也就没有建在此原理之上的五门、八步和各种招式。

太极功的应用可粗可细，初级阶段可以不理会过细，只要牢牢把握方向即可，到了高级阶段，应该越练越细。如同阴阳鱼中还有阴眼、阳眼，而在各自的眼中，也还是一个阴阳鱼，鱼眼一环套一环，无限小、无限大，体现着其小无内、其大无外的实际应用。

为什么不把"三"列为一个题目？因为我们只是从太极拳实练的角度去看"三"，也就是老子所说的"万物负阴而抱阳，冲气以为和"。我们认为："二"（阴阳）加"一"（中和之气）即是"三"，一切练法都在"三"的前提下展开。但这不代表广义地对"三"的解释，所以不列为专门一题，只在此一笔带过，给后人留下更大展现空间。

三、佛教的相关论述

佛教中对于修为的具体方法讲得很多，主要是指引入、进入"零"状态的路径，与太极拳谱中所讲的"空""无""无极""虚""静"等都是一致的。

佛教说："众生修止，先取至静，不起思念，静极便觉。"（《圆觉经》）是说修炼源于身心俱静，不能有任何私欲杂念，才能感知自性。如"先取至静，以静慧心""无碍清净慧，皆依禅定生"（《圆觉经》）。

可以看出，静是共同追求的状态，是一切进步的根基，达不到静的境界，提高是很困难的。相反，"由寂静故，十方世界诸如来心，于中显现，如镜中像。"（《圆觉经》）因为达到静的最高境界，大千世界对于婴儿般的心，自然呈现其原貌。

"何名禅定？外离相为禅，内不乱为定。外若著相，内心即乱；外若离相，心即不乱。本性自净自定，只为见境，思境即乱。若见诸境，心不乱者，是真定也。"（《坛经》）禅定是指外表看不出情绪，定是指心绪不乱。有情绪，心就不定。这段话是说不要受外界事物的干扰。

这里说的"佛"都不是加外形的偶像，而是自身对于"零""一""二"的知觉、感觉和运觉。有了这些，也就可以与大自然沟通，进入天人合一的境界。

为什么一定强调"神""意""气"的化合，而不单独各自突出"神""意""气"呢？在实践与学习中，我们意识到仅强化其中之一是不行的。首先说"气"，老拳谱有"在气则滞""意重则滞"之说。说明"气""意"虽然重要，但偏重了哪一方面都成不了功夫。根据中医原理，精神如同油点燃产生的光,是身体里的重要能量,这种能量粒子在穿越气场时,可能会形成质量,再由意念引导方向,集中于一点,才会产生内功外化的现象。当然,未加证明之前,也可以在练习中兼顾三者,不偏废其中之一,避免前功尽弃。另外,精神的旺盛必须有物质作为基础,即平时的饮食起居,应该平衡、合理、油足、火旺,光才能强,否则,只能是油枯灯灭,再追求功夫也于事无补。

　　内练的方法很多,使得后人有些不知所措。无论形式怎样,内功的产生一定要在"自然"的基础之上,一定以自身舒适的感觉为准,一切勉强、刻意的追求都会离真正的内功渐行渐远。如果已经练偏,应该马上回到"自然"这条路上来。比如,"气沉丹田"一般列为首要条件,但不是将气生拉硬拽,强憋、强努、强顶,著气如石。而应全身松静,心肾相交,神意关照,在丹田内自然而然生成"神""意""气"的化合,其存于丹田,舒缓自如,下腹自然松软,随呼吸收胀绵长,逐渐充盈圆满。将这样形成"神""意""气"的化合由意念虚引至百会穴,只此一点提升全身,全身即可彻底松弛,只内气充沛,无需任何力点、支点、硬点。

　　太极拳术既可"极柔软",又能"极坚刚",这是这一拳种的最大特色,也是最难以理解和掌握之处,原因就在于不知道是什么东西可以做到兼顾这两点。因为,练形、练力都可以不同程度体现刚柔,但绝对达不到"极",而且,这两种练法要体现刚柔,必须分化为两股劲,而太极拳只练一种劲,便自然可以达到"刚柔相济"。

　　修身养性更是三教一致的推崇。不仅要做到全身归"零",而且意念也要归"零",如佛教说:"知见一切法,心不染着,是为无念。"(《坛经》)

　　"于诸境上,心不染,曰无念;于自念上,常离诸境,不于境上生心"。这是指不要借助任何方法,只求内心清静。"无念者,于念而无念"。这是指从有意念到无意念,精神也要空。"一切般若智,皆从自性而生,不从外入"。功法是自身本有的,不是体外来的。自性是指最微细的万物之源,与道家说的"气"相似。"菩提般若之智,世人本自有之。只缘心迷,不能自悟""佛向性中作,莫向身外求。自性迷即是众生,自性觉即是佛""菩提只向心觅,何劳向外求玄""此事须从自性中起。于一切时,念念自净其心,自修其行"

"本性自净自定,自求解脱,自成佛道"。以上这些都是修炼的真谛。

慧能大师说:"自性无非、无痴、无乱,念念般若观照,常离法相,自由自在,纵横尽得,有何可立?自性自悟,顿悟顿修,亦无渐次,所以不立一切法,诸法寂灭,有何次第?"也就是说,自性无意识、无情绪,可以离开躯体,控制不了。长期或立刻悟解都可以,没有先学先悟的次序,也没有如何能悟的缘由和方法。

太极拳内功修炼到高层,也处于舒适自得、无形无象、全体透空的状态。到这时,便无须遵守初级、中级的所有方法、方式,自由自在,处于"一身舒适万法宗"的状态。

佛教认为,"见自性"是一个自悟、顿悟的过程。没有先来后到,只是一种感觉和感知,与太极拳倡导的知觉运动有异曲同工之妙。

"见性之人,立亦得,不立亦得;去来自由,无滞无碍。应用随作,应语随答。普见化身,不离自性,即得自在神通,游戏三昧,是名见性"。自悟的人没有形态限制,怎样都能利用自性增长能力。

佛教的禅定是:"妙湛圆寂,体用如如。五阴本空,六尘非有。不出不入,不定不乱。禅性无住,离住禅寂。禅性无生,离生禅想。心如虚空,亦无虚空之量。"禅是一种悟,没有规矩,也不执着于某种想法,实际上与太极拳的无极状态一致。

慧能法师说:"明与无明,凡夫见二;智者了达,其性无二。无二之性,即是实性。实性者,处凡愚而不减,在圣贤而不增;住烦恼而不乱,居禅定而不寂。不断不常,不来不去,不在中间,及其内外,不生不灭,性相如如,常住不迁,名之曰道。"这与道家所说的道,虽然认知角度不同、描述不同,但都是一个东西。因为这是物质的起源,也是人类的起源,人人都有,是一种客观存在,并不会因看得见或看不见而有所增减,没有时间、空间的限制。这是从佛教的角度说明了道的性质和特点。

四、《孙子兵法》的相关论述

孙武是春秋时代的军事战略家,他所著的《孙子兵法》把握住了战争的一般性规律。同时，很好地总结吸收了道家的智慧，将自然、社会融入策略中，全盘思考。作为武术，太极拳吸收了不少兵法理论，与《孙子兵法》相似的是，共同汲取了道家的原理。兵法与拳法在技战术方面的高明之处，均来源于对宇宙的宏观规律的遵守。孙子在《计篇》中说："故经之以五事，校之以计，而索其情：一曰道，二曰天，三曰地，四曰将，五曰法。"并且认为道是上下一致的思想根源，"道者，令民与上同意者也"，与传统对"道"的主导作用的看法相同，"人法地，地法天，天法道，道法自然"，以此作为全盘考量的基础，必然会得出符合规律的决策。

与太极拳术的特点一致，《孙子兵法》虽为兵法，也以柔为上，故有"百战百胜，非善之善者也；不战而屈人之兵，善之善者也。"（《谋攻篇》）"贵柔"与"无为"的思想都来自道家，而其理论根源又都产生于万物起源的规律。从"兵法"的语言和主旨来看，不难发现太极拳的发展脉络与传承规律，这也正是本书引用先哲著述的原因之一。

作为一项武术门类，太极拳仅有术没有招式是起不到技击作用的。但是，高层次的技击一定是建立在术的基础上的战略战术。无论《孙子兵法》与道家理论谁先谁后，太极拳的实用战术中确有许多与《孙子兵法》相近、相合之处。

如关于以无形攻有形的观点；以集中攻分散的观点；攻其虚弱，见缝插针的观点；避实就虚的观点；因势利导的观点等，都与太极拳的技法原则近似。王宗岳在《十三势歌》中说："静中触动动犹静，因敌变化示神奇。"《太极拳论》也有"无过不及，随曲就伸""动急则急应，动缓则缓随"之说，这些在战略上都体现了"本是舍己从人""借力使力"的宗旨。虽然道理如此，但要真正把握好形势、火候、分寸、时机，又不上当受骗，落入陷阱，则需要足够的经验与长期摸索。

汪永泉大师在教授执笔之功时，许多方法都与兵法相合，他说："招也是无形的，它必须'实中求虚，以虚带实'。凡与对方一接手，就要听懂他的'神''意''气'的动向和根源，还要在对方的身体中给自己的术找出通畅的道路，使'神''意''气'得到舒展，畅通无阻，这样就无坚不摧，无路不通。"无论兵法还是拳术，都以阴阳相济作为要旨，也可以说，辩证的原理无处不在。

两者共通之处还在于灵活多变、不碰硬。汪永泉大师所说"发劲时，要找空隙打，不能打实处"，就是这种精神的最好体现。

在《孙子兵法》中，孙子不但指出了聚合力的重要，也分析了分化力的重要，特别是"故形人而我无形"，正应了《太极拳论》中"人不知我，我独知人"的论述。从整体看，孙子反对硬碰硬的方法，一再提出避实就虚策略。同时，他也主张遵循阴阳之理，"作之而知动静之理，形之而知死生之地，角之而知有余不足之处"（《虚实篇》）。

正如陈长兴在《用武要言》中所说："总要知己知彼，随机应变。"

《孙子兵法》中说道："知己知彼，百战不殆；不知彼而知己，一胜一负；不知彼不知己，每战必殆。"这是《孙子兵法》中人尽皆知的普遍法则。太极拳术也将知己之功与知彼之功看作技击范畴的关键点。

为什么知己知彼至关重要？因为"欲要引进落空，四两拨千斤，先要知己知彼"。也可以说，太极拳术的根本就在于知己知彼。这里的知己知彼不仅是概念上的认知，还要求体认，也就是汪永泉大师所教导的"知己之功"和"知彼之功"。怎样才能做到呢？"欲要知己知彼，先要舍己从人"，从此也可以了解到《太极拳论》的要点究竟是何意。"本是舍己从人，多误舍近求远"。李亦畬还说："平日走架，是知己功夫，一动势，先问自己：周身合上数项不合？少有不合，即速改换……打手，是知人功夫。动静固是知人，仍是问己。"表面看，拳术不过是个人功夫，兵法乃是纵观全局。其实，拳术中也有掌握全局的内容，如果观点和用法稍有差错，结局与布阵失误也是一样的，因此，可以说太极拳是以小见大的兵法。虽然拳术以不争为手段，养生为目的，但在技击中，哲理能体现出功夫的层次，也可以将遗失的传统武术精华恢复起来。

《孙子兵法》的形成，与五行学说和八卦理论有着不可分割的联系。孙子在《虚实篇》中说："故五行无常胜，四时无常位，日有短长，月有死生。"这与太极拳术中的五行、八卦组成十三势有所不同，但在技击的理论体系中，始终贯穿着五行、八卦的哲理。虽然具体情况可以变化万端，但它们都奉行了辩证看待事物的原则。

从这里也可以更好地理解《太极拳论》中"无过不及，随曲就伸""动急则急应，动缓则缓随""左重则左虚，右重则右杳，仰之则弥高，俯之则弥深。进之则愈长，退之则愈促""本是舍己从人，多误舍近求远"这些经典论述的深意，与拳谱中"因敌变化示神奇"说的是一个道理。

陈长兴在《用武要言》中说："拳术如战术，击其无备，袭其不意；乘击而袭，乘袭而击。虚而实之，实而虚之；避实击虚，取本求末。"这些战略战术都与《孙子兵法》的战略思想相同，从而也可以看出，二者不约而同地认同了"天理"，遵循了阴阳互动的规律，从根本上掌握了因敌制胜的法则，举一反三，从而形成有心无形的独到、灵活的战略战术。

五、王阳明的相关论述

关于王阳明的龙场悟道，在其克勤克俭、充满磨难的一生经历中，可算是浓墨重彩的一笔。同时，王阳明创立心学，形成了一些独到的理论。

(一) 求人不如求己

王阳明在龙场最大的收获是：悟出了天理自在人心，以前追求圣人之道，而现在"始知圣人之道，悟性自足，向之求理于事物者，误也"。他揭示了人人皆可为圣贤的道理，这与佛教"见自性"的说法殊途同归。同时，这也为太极拳的无极状态和"阶及神明"的说法奠定了基础。王阳明认为，这种原本就存在于每个人身心的，就是"道"，就是天理，是"致良知"。平日的修炼，就是去掉后天累积的不正，达到生命境界的提升，"存天理去人欲"。心体光明，成为道心。王阳明说："心一也，未杂于人谓之道心；杂以人，谓之人心。人心之得其正者即道心，道心之失其正者即人心，初非有二心也。"（王阳明：《传习录上》）王阳明不仅悟出了道心的理论，而且将其应用于实践，不仅自己悟道，还将体会教给学生，融儒、释、道学说于一体，形成了自己独特的思想体系。

与朱熹的理论不同，王阳明认为，心与理不是密不可分的关系，心与理应为一体，"此心无私欲之蔽，即是天理"。（王阳明：《传习录上》）因此他认为，天、帝、命、性和心是同一个东西，只是从不同角度去看而已。王阳明所说的"心"，指的是万物生生不息的源泉。他说："元也者，在天为生物之仁，而在人则为心。"（王阳明：《五经臆说》）而天、帝、命、性也都指万物之源。他还说："所谓汝心，亦不专是那一团血肉。若是那一团血肉，如今已死的人，那一团血肉还在，缘何不能视听言动？所谓汝心，却是那能视听言动的，这个便是性，便是天理，有这个性才能生。"（王阳明：《传习录上》）在这里，他进一步阐述了心不是物质之心的道理，相当于道家所说的"气"。有此，便有生命；无此，便无生命，正如他所举例的刚死的尸体，这从一个侧面印证了太极内功所练为何物。

（二）知行合一

知行合一的"知"，既是"知道""知识"的"知"，又是"感知""知觉"的"知"，也就是太极拳谱中所说的"知觉运动"的"知"。在这里，"知"与"行"不是独立的两个行为概念，对太极拳而言应该指的是无极状态，是基于"万物一气是根本"之上的内功修为。说法虽有不同，但指的是一个事物。

正如庄子所说："大惑者，终身不解；大愚者，终身不灵。"这里的"解"与"灵"指的也应该是太极的原理与内功。所以，在太极拳术的掌握过程中，要有"解"有"灵"。"知行合一"也可以解释为"解"与"灵"。

王阳明一再强调的"知行合一"，在不同范畴有多种诠释，我们在这里只诠释与太极内功修为有关的含义。他说的"自悟性体""若有可即"，都与拳术的"功夫无息法自修"相吻合，也与佛教最高修为"见自性"一致，都是在构筑强化自身的小宇宙。所谓"一念发动处""欲行之心""必说个知"，指的都是拳谱所言"意在先""以意导气""意气君来骨肉臣""心为令、气为旗、神为主帅""先在心，后在身""始而意动，既而劲动""气未到而意已吞""全体大用意为主，体松气固神要凝"等。虽然意识与行动有先后，但是那仅仅是为了讲解清楚，在内功实践中，二者几乎是同步的，起码不能分开练。

对于内功来说，知与行、意与气、心与神、心与身、意与劲等都是一个事物的两个面,所谓"合一"是不可分的,合在一起才是那种效果,分开就成了另外的事物。因此,必须合一才行。

王阳明所说的"知"是"知天地之化育",也就是拳谱中所说的"太极者,无极而生,动静之机,阴阳之母也"。因此,太极孕育了地球及人类,并衍化出"人身小宇宙",以及天人合一、天人为一的"天理"。而天理则是行的根本,是体验"有"的基础。

(三) 实践出真知

王阳明说:"人须在事上磨炼,方立得住,方能静亦定,动亦定。"他还用形象的语言描述了初学者和后人们的弊病:"初学时心猿意马,栓缚不定,其所思虑多是'人欲'一边,故且教之静坐息思虑。久之,俟其心意稍定,只悬空静守如槁木死灰,亦无用,须教他省察克治。""省察克治"与《太极拳论》所言:"默识揣摩,渐至从心所欲"的含义相同,是实践内功运行、体验动静相宜、阴阳相济。

王阳明的论述可理解为批评了只能在静态保持功夫的人,认为仅仅是内气的稳定不等于已形成了整装待发的内功。原来所说的,未发的是"中",太极拳修炼难道不是追求"中"的功夫?他又说,只要不理会人为的欲念,只追求"有无相生"的天理,那才是功夫,无论动静都要遵循此理。如果只依恋静功,许多毛病去不掉,遇到外力还会反复。只要守住天理的规律,又怎么能静不下来?但能静下来,却未必能守住天理的规律。

王阳明所讲的心、性,与拳术心法是一致的。他首先指出,他讲的心,与人心不同,是道心。道心即天理,人心即人欲,二者不并立。所以要求去人欲,存天理,也就是不要用物质世界的想法去干扰天理,应坚守天人合一之心,"心外无事,心外无理"。集中全部精力"从心上做功夫,其道甚广……若素行合于神明,何怕之有?"这与佛教高层的"不二"法规非常相似,而道心正是形体、内气的主宰。

(四) 格物致知

在理解了"天理"之后,通过实践得到的知觉,便称为致良知。致良知只能用意识来感知，用今天的话来讲应该就是无极状态，是"神""意""气"的化合，那种感知掺不得半点虚假，只要依那真实的感知去做，正确的便存在，不正确的便失去。而且越练越多，所以又稳当又快乐。这就是"格物的真诀，致知的实功"，对于太极内功而言，也可以解释为格物即"神""意""气"的化合过程，致知便是感知到它的存在，并加以引导。

所以，能够达到正确目的的，称为善，也就是道心产生的结果。遇到干扰后出现了变化，失去了好的感觉，这就是不善，是否正确，自己的道心可以明白。这里的善是"上善若水"的"善"。

用当今拳术来讲，将"善"的感觉变化了称为"丢"，如果丢了，还要重新捡拾回来。用什么来恢复原状呢？王阳明的观点是：用诚意。我们理解所谓诚意，便是集中精力、排除干扰、全体松空、回到零状态、重新化合"神""意""气"。致知、格物、诚意，总归是一个意思，就是教人如何存天理，灭人欲。

王阳明通过承续前人的学说，亲身体验对后人加以教诲、启发，确实在特有的历史时期起到承前启后的作用。由此也可以清晰地看到清代拳谱的源头与流变。

所以不仅要"知"，还要"行"。具体到拳术中，首先要领会"虚领顶劲，气沉丹田，不偏不倚，忽隐忽现"的含义和目的，通过内练，达到静中动的状态。

上述要领也分层次，初练时，领到百会穴，可能没什么感觉，坚持下来，全身的"神""意""气"化合都能提升时，全身自然松透，实现良性循环。

《太极拳论》中的这一段话比较通俗易懂，只是不知内功的人，不知道说的是什么。对于学过内功并掌握的人就很简单，因为，这个过程是他亲身经历过的，此中的独到方法是"省察克治"，也就是始终强调的"去人欲"，即排除一切干扰。静守不等于发呆，还要循天理而动，也就是内动，打通大周天，或称"零""一""二"的运动，即"有无相生"、分阴阳，除去病根，自然舒畅。

《太极拳经谱》说："至诚运动，擒纵由余，天机活泼，浩气流行。"致知、格物是基础，诚意则是排除一切干扰，聚精会神，是保持住前期成果的关键。而且，一旦全心全意投入内练进程，内功也就自然会上升到一个较高层次，前进的道路也畅通无阻了，往后就有了实用的资本，可以练心法，也可以内外相合，进入懂劲至神明阶段了。

（五）终生坚持"存天理、灭人欲"

到了这一阶段，即进入巩固、提高层面，也是最难坚持的阶段，很多人半途而废。仅做到松、散、通、空还不够，不能如王阳明所说"只悬空静守，如槁木死灰，亦无用"，还要"无时而可间"，"神""意"都要在头脑里不断大扫除，直扫到私心杂念"永不复起"。只有到了这一步，内练的干扰才会去除。

他所说的"德性"不仅包括伦理、品质方面的修为，而且包括对于"道"的践行与理解。并且，儒、释、道、武、医五家秉承的，都没有脱离天地万物起源的根本和道理。另外，王阳明还特别突出了自身修为的功能，指出如果自身没有遵循大宇宙的规律，练出小宇宙的运行之道，那么，对于大宇宙的理解也是不深刻的。

太极拳理论沿袭了这一观点，实践了这一学说。虽然在社会生活中，对于其实用性和效果不如有些拳种来得快捷和实效明显，因而很难扩大其影响面，或倍受轻视、误解，这都不会阻碍太极拳术的存在与发展。不可否认，能练到太极拳高层功夫的人目前还很少。这种拳术提高慢、理解难、推广窄，像隔空发力之类的功夫还不被社会普遍认同，但是，太极拳术不是争强斗狠的招式，也不是立竿见影的速度与力量的较量，更不是以输赢为目的的比拼。

太极拳源于太极文化，是筑基于"人体小宇宙"之上的健身、防身术，目的是和谐养生、健康长寿。正如拳谱《十三势歌》所云："详推用意终何在，益寿延年不老春！"至于练到高层自然具备的"弹簧力""四两拨千斤""一羽不能加，蝇虫不能落"之势，以及"耄耋能御众之形"，都没有主动战斗的特征；而"以柔弱制刚强""无为而无不为"，是通过自身保持并坚持的一种内功状态而自然产生的效果。但正是这样的特征，让人难以理解，从而阻碍了许多人尝试的步伐。

（六）中定在于守心

关于太极拳术，王阳明并没有明确讲解，但他龙场悟道的体验，从侧面说明了太极拳术的基本原理和修为方法。他说："凡人情好易而恶难，其闻亦自有私意气习缠蔽，在识破后，自然不见其难矣。古之人至有出万死而乐为之者，亦见得耳。向时未见得向里面意思，此功夫自无可讲处。"里面的意思应指内功。

王阳明在贵州龙场悟道的内容，可以追溯到道家、儒家、佛教的核心原理，他的致知、格物、诚意、正心、修身都是儒家经典《大学》中的内容。因此可以说，他是将道家理论与儒家实践主张结合起来的最好典范。

太极拳又名"十三势"，其中的"定势"是最为重要的。王阳明明确指出了"定"的核心，即"静亦定，动亦定"。如何能做到这两点呢？那就是在实践中磨炼。所谓拳术，也有"心法"之称，就是以此为出发点和衡量点。由此可以看出，功夫高深与否和胜负的关键，都在于"心动与不动"之间，也就是"中定"的层次问题。而中定的练法，就在于"守心"。

除了勇猛顽强的精神之外，还要清楚正确认识致良知的重要性，不受杂念干扰，自能"不动真体"，没有任何力量可以阻挡。

（七）内气外放会不会伤身

在提问涉及内功外泄是否会有损失的时候，王阳明否认了这种想法。他说："不可谓出为亡，人为存。若论本体，元是无出无入的。若论出入，则其思虑运用是出，然主宰常昭昭在此，何出之有？既无所出，何人之有？"在他看来，本体没有变化，由此产生的内功又怎么会失去呢？既然没有出，又怎么会有入呢？而没有离开"有无相生"的天理，所有运化都在体内。除非离开了这个天理，那才叫"放"，才叫亡。他又说，所谓出入不过是思想的动静而已。动静没有终止，又怎么会有去处呢？

陈长兴在《太极拳十大要论》中说："天地间，未有一往而不返者，亦未常有直而无曲者矣。盖物有对待，势有回还，古今不易之理也。"明确地解释了循环之理。

关于内功外化会不会伤身的问题，目前不少人仍存有这方面的疑惑。如同发电机发出来的电一样，只要机器主体不被破坏，电没有出入存亡的问题，重要的是如何保护电机本身，不要运转失衡，自己燃烧掉或毁坏，还要规避外来的打击和侵扰。

我们认为，内气外放存在不同阶段，与每个个体的体质和功力有关。特别是初级阶段，内气尚不充盈，而且不知天人合一的功夫，全凭自身那一点宝贵的内气养生与练功，如果频繁外放，肯定会损伤元气。但是，一般习练者初试内气外放的成功、兴奋感、成就感和趣味性正浓，有些人欲罢不能，此时应尽量控制内气外放。可能有人会问：我好不容易练出来了，你不让用，如何验证？如何发展？如何提高？此时对练双方应采取喂手的方式，相互提高，而不要用直劲、猛力，这样容易使初学者跟随效仿，过度发放，伤己伤人。到了中级阶段，一般拳友会自行爱护、珍惜内气，适当控制，这也很有必要。高层阶段与中层阶段的分界点是"天人合一"，也就是能否利用大自然中的外气，实现真正的内外相合。至此，外化的内气可以及时补充，但也要谨慎行事为好。

我们为什么要把王阳明的思想单独作为一节来论述？不仅因为他所在的年代起到承上启下的作用，还因为他集儒、释、道各家理论，通过自身舍生忘死的修为体验，得出独到见解，很值得现在的练功者学习、借鉴。

第三节　太极拳文化与当代尖端科学

一、太极拳文化的现实意义何在

那些远古的思想体系和当代尖端科学研究成果，对于我们每一个普通人又有什么实际意义呢？

当今，已有越来越多的人意识到健康的重要性，健康与生活质量和幸福感密切相连。但是，医药上的进步只能惠及一部分人。在养生理念被人们广泛接受的今天，很多人选择了各种体育运动来强身健体，其中不少人选择习练太极拳。但是，在习练过程中，还存在一些误区，阻挡着人们追求高层次养生的步伐。其中，包括对太极理论的认知困惑，还有对内功外化现象的不理解。对实证科学及证据的认可，是社会进步的表现，但对未知世界的否定、抹杀是不科学的。目前的科学虽然还不能完全解释所有未知现象，但科学前进的趋势已经拉开了科学解读的序幕，可以使人窥探到人体的奥秘，从而带动更多人加入这个行列里来。

根据国外媒体的报道，我们了解到，在世界科学向新领域迈进之际，许多科学家都在追寻物质起源的真面目，现在发现的希格斯玻色子（以下简称玻色子）又称上帝粒子，为我们深入研究太极拳理论开启了一扇大门。而太极拳内功的外化现象及理论，如同一把开启太极拳奥秘之门的钥匙，为我们今后的探索打下了良好基础。

我们并不想将玻色子与"气"画等号，只是想借助这一验证过的、看得见的、与"气"有相似功能和作用的物质，帮助在"气"的问题上纠结的朋友增强信心，调整彷徨心态，早日练成太极内功。

构成物质的粒子有20多种，如光子、电子、质子等，玻色子只是其中一种。玻色子被发现虽然晚于那些粒子，但却是形成物质和生命的重要一环。

玻色子的发现，为太极拳术及内功内气提供了一个诠释的途径。以往多用"气"来诠释拳术内功练的是什么，总让人有种难以相信、难以认可的感觉，很多拳友因为不明就里而放弃、终止、停滞了高层功夫的习练。

虽然我们无法证实玻色子就是"气"，玻色子场就是"气场"，但玻色子的特征与古人所谈"气""太极"的特征有许多共通之处。

首先，"气""太极"是看不见、摸不着又确实存在的，玻色子在一般状态下也是如此。其次，"气""太极"是生成万物之根本，玻色子也因其同样特点被称为"上帝粒子"。同时，与玻色子一样，"气""太极"有穿透性，在某种情况下可以穿透物体、生物体，不受阻挡。

世界一切物质、动物都包含有这种粒子。因此，如果从这个角度看，天人合一，合的就是这种物质。既然人身上也有这种物质，太极拳的内功练的就是这种物质的强化运动，因此，确认这种物质的客观存在和本质、性质、特点，就显得格外重要。

至于中国古人是怎么知道或许有这种物质存在的（虽然尚不知其名），一般认为缘于"人体小宇宙，天地大宇宙"，人体与天体有许多共通之处、可以相互印证的意识。无论理论来源如何，"气""太极"的作用都是真实存在的。

目前，我们能够得到的最完整的太极拳理论就是《太极拳谱》。而《太极拳谱》中的理论根源又来自何处？为什么明明是武术，却要从"无极""太极""阴阳"讲起？为什么说中华文明儒、释、道、武、医同属一脉？它们共同的理论根源又是什么？

带着这些问题，我们查阅了大量古今文献，虽属九牛一毛，但也可以证明太极拳理论是传统文化一脉相承的一部分，有着深厚的哲学、天文学、医学、宗教学等底蕴，具备明显的传承脉络，包含着丰富的文化内涵。

而这一文化又植根于宇宙起源于生命科学，与人体结构紧密相关。因此，太极文化必然成为指导实践的理论基础。虽然它有些繁杂艰深，但为这门功夫提供了丰厚的沃土，置身其中，便可获得无尽的营养，使未来的太极拳发展更加灿烂辉煌。

"太极"的作用可能很多，仅就与太极拳有关的作用看，大致有以下几种：第一，有疏导血液、体液，疏通经络的作用。太极拳是一项合乎人体生理规律的健身运动，动作有连贯均匀、圆活自然等特点，在松静集中、阴阳转化、均匀呼吸中进行，对人体的神经系统、呼吸系统、消化系统等起着全面的调理作用；第二，有通出体外，形成冲击力的作用；第三，有接通对练另一方，感知对方太极动向的作用；第四，有连接大气中同等物质，在一定前提条件下，形成强大气场的作用。

对太极拳内功进一步开展研究，其前景将是非常广阔的。

二、为什么古老文化与现代文化可以接轨

很多媒体上都报道了一条消息：西方科学家证实了希格斯玻色子的存在。早在20世纪60年代初，著名物理学家希格斯就预言有这样一种存在，所以科学界将这种物质以他的名字命名。虽然我们不了解这一学科，但这种物质的一个特征很令我们振奋：它是万物的起源。这与几千年前中国道家所说的

"气"是万物起源如出一辙，让人不由得联想到，玻色子是否与"气"有一定联系，甚或这两种说法指的都是同一种物质呢？如果是这样，对我们以后在太极拳术方面的研究和实践都是有重要指导作用的。

尽管我们还没有物理学方面的科学论据，但我们希望与有关方面联合起来，开展进一步的探讨。目前，我们只能提供一些设想。

中华文化的传统学说，如何与当代最尖端的科学发现联系在一起呢？

第一，希格斯玻色子被认为是研究物质起源的重要元素，而中华文明认为"道""大"或"气"是物质起源。上述粒子是让基本粒子获得质量的宇宙物质。正如老子几千年前概括的那样："道生一，一生二，二生三，三生万物。"没有它，就没有分子、没有行星、没有人，更没有物质阴阳属性和状态等。

第二，我们虽然不能仅凭物质起源说就认定希格斯玻色子就是中国古人所指的"道"或"气"，但它们在不同时期以不同方式被认为同为物质起源的事实却是值得研究的。

可能有人会认为，太极拳与现代科学是风马牛不相及的事。但是，任何一种古老文化的传承都要在发展中延续下去，如同中药也要分析化学、生物成分，也要借鉴西药的形式一样，太极拳内功如果没有科学解释和分析，也是很难普及的，而这一中华文明的优秀成果，就只有极少数的参悟者能够体味了。

太极拳内功难就难在"只可意会，不可言传"。这使内功看起来虚无缥缈，学员很难理解，完全靠个人默想参悟，更觉得不着边际。从太极拳爱好者、习练者的总体看，真正得道之人与之完全不成正比。所以，科学性对太极拳的普及至关重要。

针对古代文献、拳谱不易理解、认知的情况，我们尝试把"道""虚""气""中""一"等术语看成玻色子。这一产生一切物质的某种粒子，与古代形容的"道""气"非常相似，最为相似的是它们的功能都是产生一切物质、包括人的源泉。

可能有人会问，既然"气"或"道"可能是玻色子，这与太极拳又有什么关系？

如果说"道""气"为无，太极就源于玻色子，太极来源于无极，本身具有阴阳的性质。如果用数字来比喻，"零"是无极，即"道""气""无"；"一"就是太极，即"神""有""中"；"二"则是阴阳。太极拳正是基于这个原理才要从"零"练起，练到空才能有"一"，从而分阴阳。如果不遵循这个物质起源的原理，太极拳的名称与目的又从何谈起？太极拳的真谛与练法又从何追寻？《太极拳论》的前几句——"太极者，无极而生，动静之机，阴阳之母也。动之则分，静之则合"又如何解释？

这本书虽然说的是"气"，但与以上一切说法都有密切关联，其实说的还是万物之源的问题。比较著名的论断是老子在《道德经》中所说："有物混成，先天地生，寂兮寥兮，独立而不改，周行而不殆，可以为天下母。吾不知其名，字之曰道，强为之名曰大。"

在道家看来，这种暂时称为"道""大"的物，也可称为"气"。我们大胆设想，它也可称为"玻色子""上帝粒子"等，名称不同，但说的是同一个事物。

关于这一事物的物质性，老子说："孔德之容，惟道是从。道之为物，惟恍惟惚。惚兮恍兮，其中有象；恍兮惚兮，其中有物。窈兮冥兮，其中有精；其精甚真，其中有信。自古及今，其名不去，以阅众甫。吾何以知众甫之状哉？以此。"这段话是指："大德"的德性，是一切按照"道"的规律从事。"道"这个物体，它是恍恍惚惚的，但在恍惚之中，仍然体察到有影像存在，在恍惚之中，有构成世界万物的本原体。它深远昏暗，其中却有构成生命的精气。其精气极为真纯，其中含有构成万物的确定信息。从古至今，其功能始终不变，以创生天地万物。我所知道万物初始之缘由，都是"道"所生成。

如果"道"是"零"，是无极，"德"则是"一"，是太极，"德"是"道"的体现，在太极拳理论中，也可以说是"神""意""气"的化合。古人虽然没有高科技，没有现代语言，但古人能感知、能体验这种事物的存在，并尽可能使用翔实的语言表达出来。

这种描述与后世对于"气"的描述是相似的，甚至与最新科学发现不谋而合。当然这还需要各学科的谨慎求证，最终得出结论。或许，在实证与实用上，可以如同中医药一般，中西结合，优势互补。

泰德·安德鲁斯是美国自然精神领域的著名学者，特别是他对于气场的研究，引起广泛关注。他认为："人类的气场就是一种环绕在身体周围的能量场。""气场的产生，要溯源到构成物质的原子。原子都是由质子和电子组成，它们遵循一定的规律，永恒不变地运动着。正如物理学中已经证明的一样，这是一种电磁能量运动，而且生命体比非生命体的这种运动更加活跃。因此，植物、动物以及人类的气场就更容易被观察到。"（泰德·安德鲁斯：《气场的秘密》）

这与"万物一气是根本"的理论非常相似，不仅说明了一切物质都有气场，生命体的气场更明显，而且说明了气场本身的物质性。"这种能量场被描述为电、磁、声、热、光等很多能量形式。"（泰德·安德鲁斯：《气场的秘密》）

既然气场是物质的，它就会直接、间接受到自然界影响。外界对于气场的影响有好的方面，即能增强气场；也有坏的方面，即能破坏和削弱气场；甚至导致灾祸的发生，如疾患、不适、事故和车祸等。因此，气场的研究，对人类具有深远意义。

对气场产生干扰的因素有很多，包括他人及非人的气场、星球的运行、各种污染、不良饮食起居等。所以，"气场是人体状况的一面镜子"。（泰德·安德鲁斯：《气场的秘密》）

原本对气场的深入研究，是人类迈向未来的重要一步，但是，"气场这个命题，不可避免地会挑战人们既有的价值观"。而且，有人认为世上根本不存在这回事，或认为这一现象是不可知的，更有甚者，无端扣些大帽子，使人对这一领域望而却步，噤若寒蝉。

与中国古老学说和太极拳术不谋而合的是西方有一句古老而神秘的格言是这样说的："思维带动一切能量。"这就从另一个方面印证了太极拳"意气君来骨肉臣""心为令、气为旗""先在心，后在身""彼无力，我亦无力，我意仍在先""以意使气，以气运形""凡此者皆是意，不在外面""意气须换得灵，乃有圆活之趣"等论述。它们都是在说思维、意识等无形现象对有形现象的主导作用。

英国科学家彼得·希格斯就是先发现弥漫于整个宇宙的看不见的场的存

在，才推断出以他名字命名的玻色子的存在。同样，对希格斯玻色子的证实也会促进对希格斯场的研究。正是这个场赋予它的粒子质量，直到它们最终组成了今天的宇宙成分。

正是这种粒子使原子、分子以及生命存在，否则，便没有分子，没有行星，没有人。由于它具有类似宗教中创世纪造物者——上帝的作用，媒体给它起了个使人好懂的名字：上帝粒子。

上帝粒子是构成宇宙多数物质的无形材料，宇宙所有物质中84%是由这种神秘物质构成的。因此，这一发现可被视为宇宙基因图谱的重要部分。

根本上述可知，本书中不是我们刻意回避介绍形象、好懂的招法，故弄玄虚，实在是不知道这原理，确实要舍近求远，在非太极功夫上白白浪费生命、精力，而难得太极真功。这种经验教训很多，令人痛心不已。

虽然道理有点玄妙，但并不难理解，而且必须用其指导实践才行，这就是本书不得不说清这一原理的原因及目的所在。由于我也处于探索阶段，失误在所难免，希望大家批评指正。

虽然现在还不知道"神""意""气"化合后所产生的能量是什么，但我们知道单靠其中一种现象是形不成这种能量的，正如宇宙目前的形态也是由三种不同的、看不见、摸不着的东西左右着。

三十多年前，国外天文学家发现宇宙中存在着暗物质，当时认为其占宇宙空间的90%~95%，暗物质具有的聚合作用形成了星系。这在当时被认为是臆想的观点，此后这个观点迅速成为天文学界的热门研究方向，并且进而发现了另外一种与其相反的能量，称为暗能量。这种能量正把宇宙撕拉开来，宇宙以加速的态势不断膨胀，而它的势头比聚合力强大得多。一般认为它占宇宙空间的72%，暗物质仅占23%，而我们能看到的物质只占5%。

在世间所有的矛盾关系中，一方的存在，是与另一方的对比而存在的，二者既是对立关系，又可以相互转化、相辅相成。老子说："天下皆知美之为美，斯恶已；皆知善之为善，斯不善已。故有无相生，难易相成，长短相形，高下相倾，音声相和，前后相随。"老子在这里讲了一个朴素的道理，指出矛盾性和对立统一性是普遍规律。

阴阳对立双方是在相互转化的运动中生存发展的。如同希格斯玻色子可以赋予其他粒子以质量,这些粒子通过希格斯场获得了越来越多的质量,"直到它们变成了夸克、轻子,与玻色子一起,最终组成了今天的宇宙成分"。

作为"小宇宙"的人体是否也包括暗物质与暗能量呢?如果有,过去的人是否已经认识到了它们的存在?这些都有赖于进一步的科学验证。但没有证明之前,并不妨碍我们利用这些物质与能量。

当代科学研究的成果,很快会被大众接受,如宇宙大爆炸说、人类基因说、物质起源说等。可又有多少人还记得老子 2500 多年前说过的话:"有物混成,先天地生,寂兮寥兮,独立而不改,周行而不殆,可以为天地母。吾不知其名,字之曰道,强为之名曰大。"

即便是还记得这番话的人,也会有一部分人会有这样的想法:老子的话没有科学实验的支持,不等于科学成果,这实在使人痛心之至。感受到这种物质的存在,并加以利用的人,更加迫切希望传承文化传统,在新的时代,使之能够发扬光大,起码不要被压抑打击。

三、怎样看待太极拳理论一脉相承

很多拳友可能会说:"我不学理论,照样能练出内功。"这是必须加以肯定的,也可以说,得到内功的途径很多,无论哪一种生效了,都是好的。

在几千年的历史长河中,太极理论及实践丰富多彩,衍化出多种练法,而且越来越精练。而传统练法,并没有因为层出不穷的新法而消失,反而在神州大地各个角落焕发着勃勃生机。其中包括各种各样的导引术,吐纳术,易筋经,五禽戏,大、小周天法,八段锦,太极拳及各种拳术、桩功、气功等。

虽然当初并没有科学的实证方法来验证某些理论,但如同中医的效应一般,中华武术及养生术也在几千年历史长河中起着至关重要的作用。而这些实践活动,都与天人合一、道法自然、宇宙起源的理论密不可分。

道家、儒家、佛教的学说中也包含许多太极方面的理论,有讲太极表象、起源、真谛的,也有讲练成途径的,还有分析练法对错的,以及实用方法等。这些都印证了太极拳理论不是孤立、偶然出现的,在其背后,有着许多科学原理与前人的经验体会。看看古人的总结，再从科学角度审视一下，对于今后广大群众练习太极拳内功，会有一定的益处。这些论据、论证，对于《太极拳谱》的深入解读，也有一定的帮助。

清代太极拳理论家王宗岳认为，太极拳分"招熟""懂劲""阶及神明"三个阶段。遗憾的是，真正见识到"阶及神明"功夫的人并不多，而且，对于内功技击的方法，效果只知其然，不知其所以然，故难以传播推广，造福大众。

因为我们切身体验到高层功夫的魅力，并有越来越多的拳友了解掌握了高层功夫的奥秘，才使这一中华文明的瑰宝拥有了进一步挖掘、开发的沃土。

高层次练法与用法之所以难以为广大人群接受，主要有以下几个原因：第一，高层功夫要配合内功的练习和运用，而内功看不见，说不清，所以不好掌握；第二，经过长期唯物论的科普宣传，人们习惯于承认实验、实证科学的成果，而内功涉及的内气、经络、穴位、意识和精神等要素，很难用实证科学来验证；第三，社会上惯有的抵触、怀疑的态度形成不良舆论，阻碍科学探索，干扰有关部门、领导的支持力度；第四，拳界自身不协调、不统一，难以形成强大的力量。

但是，只要认识到高层功夫的人，都不会放弃对它的保护、传承。不论有多大的困难，也要想方设法使其发扬光大。当前，能够有效推广的途径就是使之科学化。通过理论研究，把历史上的相关成果宣传开去；通过仪器试验，拿出令人信服的有力证据；通过引进、吸收国外最先进的科研成果，用于对目前还无法解释的现象的说明。结合各方面的成果，对高层功夫进行深度解读，为将来进一步地开拓进取，打下良好基础。

有了前面的一些说明，我们可以看到：太极拳理论源远流长，博大雄浑，不仅涵盖各大教派理论，有众多名家论述，而且一脉相承，流传至今。其基本理论的说法可能随时代发展有些变通，但宗旨与真谛始终如一。因此，如果不掌握这个原理与规律，就很难了解这一拳术的根基，如果不认识拳术的根基，又如何落实在实践中？

这个一以贯之的理论就是古代对物质起源的论述，以及延伸至"人体小宇宙"的观念，并以此指导人的养生和社会活动。

用太极拳术勾连起传统学说与当代最尖端科研成果，一方面使古老文明重新焕发青春，另一方面让太极拳术理论鲜活起来，富有生命力，使之有益于大家对拳术真谛的认识，提高练习层次，同时也为拓展高科技的实用性提供一些实践经验。

四、如何简要看待太极拳原理

根据我国古代对于"万物—气是根本"的理论，以及"道生一，一生二，二生三，三生万物"之说，四象、五行、八卦的衍化，结合西方尖端科学对玻色子场与其功能的描述，我们虽然不能马上复制西方花了几百亿美元才印证玻色子的设备，但古人给我们留下了丰富、宝贵的经验和思想财富，不能仅凭无法证实就妄自菲薄，否定传统理论的科学性，而要进一步深化研究。

我们并不想给生命起源画句号。关于生命起源的问题，目前还有许多科学家通过各种途径，在做着不同的研究，得出了不同的结论。比如，有彗星撞击地球，由此带来氨基酸，在天地自然孕育下形成脂肪酸，并与盐、水、阳光等复合，形成细胞膜，再通过分裂、生长过程，形成脱氧核糖核酸、蛋白质，并出现基因携带遗传信息，进化为各种生命体。

还有影子生物说，即在各种恶劣生存条件下，地球上无处不在孕育着土生土长的微生物，它们就是生命的起源。

对于太极拳术来说，其理论根本与"大宇宙"的道理也是相通的。如同人身为"小宇宙"一般，可以设想初级阶段通过松、散、通、空的练习，达到无的境界，让意识带动体内松沉劲下降至涌泉穴，轻劲上升至百会穴，熟练之后形成循环，并与呼吸自然配合，如同天地或太极图的阴阳鱼。在此环境中由意念、精神通过气场，化合为一种能量，可聚可散、可进可退、可内可外，在体内用于五脏六腑，各循环系统（血液、消化、淋巴等）及经络的疏通，在体外用于抵御风寒、暑热及力所能及的抗击。

我们利用了一些现代科学观念和词汇来诠释太极拳术，目的是让更多的年轻人读懂其精髓与真谛，使之一代代流传下去，发展开来，不浪费古人留下的这笔宝贵财产，也不漠视科学发现的指路明灯。

我们非常尊敬发现玻色子的科学家们，作为这一领域的先驱，他们开创了对于生命起源研究的广阔天地。

借助这股东风,对于太极拳术的研究,也是一种强有力的推动。虽然太极理论历史久远,但其中的一些要领在当今很难让大众接受,甚至一些内功外化现象还会招致一片质疑声。

当然,这也不能怪社会大众不理解,因为很多问题还没有研究、解释清楚。这种社会的不认可会影响政府的支持度,从而干扰对太极拳文化的研究进度,进一步加剧恶性循环,使这一中华文明的瑰丽宝藏长久掩埋,让人不能一睹其真容,也不能为更广大的民众所接受、服务。

因此,我们希望能尽微薄之力,在有限条件、范围内,尽量多地将内功之谜向世人介绍、解说,并进一步做相关记录与实验、验证。

另外,在验证时空倒转的实验中,国外科学家通过不同的光子测景仪,已经证实光子信号传递没有距离差,无论是短距离还是一光年,光子在没有移动变化的前提下,仍可对另外的光子产生影响。

中国人体科学学会于1987年5月成立,著名科学家钱学森对其倾注了大量的心血。在谈到人体科学研究时,他认为,人体是一个开放的巨系统,人体科学就是研究人和人在客观环境中所处功能的学问。

可以看出,对人的研究已不限于物质状态的认识,而是更加广阔、深远。

当时我国虽然在特定的历史条件下,尚不具备先进的科学仪器和充足的资金投入,似世人敬重的钱学森院士仍顶住各种压力,利用人体这一超精密仪器,结合化学物理试验,在内气与意识的关系及作用的领域,开创辉煌先河。这些成果也被外国科学家利用先进仪器测定,并有所突破。这些都将作为我们的榜样,激励一代又一代的有志者延续对这一领域的不懈探索。我们衷心希望在新一代领导人的推动下,在建设创新国家的伟大实践中,能够在人体科学,包括在太极拳理论上有新的更大突破!

第四章 太极拳的保护与振兴

第一节 太极拳的濒危状况

太极拳经过几百年的传承，逐步衍生出诸多流派。但回顾太极拳的发展史，它走过来的道路并不是平坦的。中华人民共和国成立前，由于战火频仍、灾荒连年，加之外族入侵，中华人民共和国成立后频繁的政治运动，都不同程度地抑制了太极拳的传承、传播和发展，致使太极拳几次濒临绝境，不但一些拳术套路、器械套路失传，保留下来的东西也有所弱化。改革开放后，太极拳进入了空前未有的大普及、大推广时期，但仍应清醒地看到，由于社会的发展，社会的价值取向逐渐商业化，太极拳的文化内涵受到了严重冲击，部分拳械套路濒临消亡，太极拳原创地环境及部分古迹、文物遭到破坏，给太极拳的普及、发展带来了不少难以解决的问题，太极拳的全面传承面临困境，如不及时采取有力措施，太极拳及其相关文化，将会重蹈历史的覆辙。

一、太极拳文化内涵受到冲击

太极拳创编时，它的基本内涵至少有四个：一是陈式家传武术和当时流行的其他一些武术的特点；二是太极文化；三是中医经络学说；四是道教的吐纳养生学说。

太极拳之所以有别于其他武术，一个很重要的原因，是因为它内涵丰富，博大精深，深深地植根于中国传统哲学、传统养生学、传统军事学、传统心理学、传统美学这片沃野之中，可谓中国几千年灿烂文化的历史产物。它的身上凝聚浩瀚的民族文化精华。但由于市场经济大潮的冲击，一些拳师出于实用主义的需要，急功近利，在教学过程中，弱化甚至抛弃太极拳这一文化内涵，致使有些学员出现以下问题：第一，重"形"轻"神"，对蕴含于太极拳之中的儒家、道家、佛家思想、易文化、河洛文化，以及古代哲学、养生学、军事学、心理学、美学、力学等丰富的文化内涵知之甚少，甚至一无所知，忘记太极拳处处讲究与人为善这一宗旨。第二，没从文化层面上去掌握和学习太极拳，只是注意外形美，将太极拳当作一种能锻炼身体的健美操，使太极拳所讲究的运动方式和阴阳五行的结合，以及一些静坐修炼的方法，相当一部分已经到了濒临失传的地步。第三，忘记或不知太极拳有别于其他武术门类，一个很重要的方面是德术并重，身心合修。个别习拳者以技术为本，不注重武德修养，甚至连《陈氏先辈门规戒律》都不知，胡作非为，引起人们非议，败坏了太极拳的名声。第四，由于急功近利，缺乏毅力，只热衷于学习一般套路，而不向精深方向发展者日众，更不要说锲而不舍，钻研高深功夫，久而久之，一些高深层次功夫，也会像已经消亡的"贴墙挂画""窜房越脊"一样，听起来像神话故事。第五，忘记或不知文武之间的关系，不知"有文事者必有武备""有武事者必有文备"，不深入钻研有关太极拳理论著作，有的甚至连陈鑫是谁都不知道等。

过去学习研究太极拳的高手，大都是将中医的经络学说和太极拳的武术招式结合在一起，使太极拳的缠丝劲在太极拳的内气运行中占到了主导地位，内气通过经络在身体各部位的畅通，对人们治疗疾病，起到了有效的作用。但现在大多数演练太极拳的人，不懂得太极拳中所蕴藏的中医文化，中医文化派生出的缠丝劲等在演练时的内气运行方式没有得到体现，中医文化的内涵逐渐在太极拳中消除。

"拳"，属于徒手的武术。创编者在创编太极拳时，重点突出了太极拳的技击作用，在冷兵器作战中，发挥过重要的作用。随着冷兵器时代的结束，人们从健身的角度出发去演练太极拳，取消了许多太极拳中体现武术精髓的套路动作，丢弃了太极拳的武术内涵，严重淡化了太极拳原生态的武术功能。

二、一些简化、弱化、变异的活动，对太极拳传承造成了冲击

目前流行于社会的各种简化太极拳，虽对太极拳的普及起到了一定的作用，但带来的负面影响却是太极拳文化的弱化。由于简化违背了经络运行规律，使之运动线路断阻，难以打通经络，严重影响锻炼效果，甚至有的人因违背经络运行的原理，练出了毛病。

再者，流行的太极舞、太极盘鼓、太极操等，本来和原创陈式太极拳功夫风马牛不相及，但因其中个别动作模仿了太极拳的招式，都打起了太极之名号。久而久之，只能冲击太极拳的普及和推广，有必要加强教育，让人们加以区别。

三、太极拳原创环境、氛围、空间遭到破坏

陈家沟以"沟"命名，村里原有三条沟，每条长约二里，历来是人们练武、读书的好地方，但现在其中两条已荡然无存，留下的一条也只剩300米长，生态环境受到了严重破坏；许多有关太极拳的遗迹，如历史名人陈王廷、陈长兴、陈有本、陈鑫等人的故居，有的面貌无存，有的破烂不堪，不利于太极拳的传承、普及、推广，急需保护和修复，以保留太极拳的原创环境、氛围和空间。

四、部分器械套路濒临消亡

太极器械是太极拳的重要组成部分，但由于种种原因，目前四枪对扎、八枪对扎、三杆对练、八杆对练，练者很少，已濒临消亡，急需采取保护措施。

五、太极拳史料和器具在散失

太极拳许多古代理论书籍、拳谱、拳经、秘籍等珍贵资料及碑、匾、器

械散落民间，由于保存条件有限，有的已残缺不全，急需组织人力、物力来收集、挖掘和整理。有的身怀绝技的传承人年事已高，其授拳经验、体会也急需帮助收集、整理。

六、应组织人力，研究太极拳推手规则

目前的推手规则，不能发挥太极拳文化内涵、攻防技巧，所以赛场上只能看到顶牛现象和几种简单功法，使观众感到枯燥乏味，如不迅速组织人力、物力，加强这方面的研究，从挖掘、整理太极拳推手最基本的技术着手，充分发挥太极推手的特点，太极推手这种武术史上具有划时代意义的创造性成就，将会逐渐弱化、消亡。

七、太极拳知识产权亟须保护

由于不断发生侵权行为，有关太极拳的书籍、光碟的版权及其他著作权，以太极拳、陈家沟命名的各种产品的商标，以及域名、文物，应尽快组织人力，进行注册登记，依靠相关法律进行保护。

正像上面所说，对太极拳这一"世界第一健身品牌"进行传承、普及、推广，使之保持原貌，不致消亡，仅仅依靠个人力量是不行的，需要投入大量人力、物力逐步实施，才能使太极拳这一古老拳种"永葆青春"，造福全人类。

第二节 太极拳的保护和推广

由于战乱、自然灾害、政治运动和市场经济冲击等原因，太极拳在坎坷中艰难发展，原有的许多套路，有的已经失传，有的濒临失传。为使太极拳健康发展，中华人民共和国成立以来，国家、省、市、县四级政府及有关部门曾采取一系列的措施，对太极拳这一珍贵的文化遗产进行了力所能及的保护。

一、国家对太极拳的保护及推广

全国民族形式体育表演及竞赛大会在天津举行，包括太极拳在内的武术成为这一大会的主要内容，这是中华人民共和国成立后的第一次武术表演，参加当时大会的有六大行政区、火车头体育协会共7个单位，汇集了汉族、满族、蒙古族、回族、维吾尔族、哈萨克族、塔塔尔族、苗族、傣族、朝鲜族10个民族的体育选手，有145名运动员做了332个项目的表演。太极拳这一蕴含丰富文化内涵的中华瑰宝在中华人民共和国第一次大型活动中首次亮相，并充分展示了传统太极拳的丰富多彩。

这次大会期间，政务院副总理兼体委主任贺龙在接见记者时对武术工作发表了重要讲话。他指出，民间流传的武术套路很多，如一座宝山我们需要做三件事：第一是要探明情况发掘出来；第二是要花力气淘洗、整理，要剔除违反科学的东西，打开人们的眼界，恢复它固有的健康形体，使它符合科学原理，让人们更易于掌握，达到增强体质的效果；第三是要提高拳艺。这不外两个办法：一是在现有的基础上开拓新境界，二是博采众长。贺龙所提出的发掘、整理、发扬光大武术的主张，对太极拳的发展有重要的战略指导意义，太极拳从此走上了健康、持续发展的轨道。这次表演为挖掘、整理文化遗产和发展武术奠定了良好基础，为太极拳的发展开辟了广阔的道路，在这次大会的推动下，各地的武术组织特别是太极拳组织及其活动飞速地发展起来。

中华人民共和国体育运动委员会运动司武术科组织多位太极拳专家，经过广泛深入的调研，在传统太极拳的基础上，以杨式太极拳为动作素材，从原套路中吸取典型动作，择取24个不同的姿势，删繁就简，编串而成易学、易练、易记的二十四式简化太极拳。该套路按照由简到繁、由易到难的原则，在集中主要结构和技术内容的同时，改变了过去过多的重复动作，便于掌握。二十四式太极拳的推出，使古老的太极拳赶上了时代的步伐。太极拳在真正意义上进入老百姓的日常生活，也就是在真正意义上实现了它的健身功能。简化二十四式太极拳的出台，拓展了太极拳发展空间的深度和广度，促进了太极拳的广泛普及，描绘出太极拳不可限量的发展前景，是太极拳运动史上一个划时代的革新。

由中国武术协会主办、人民体育出版社出版的《中华武术》杂志在北京创刊。《中华武术》杂志旨在传播国际国内的武术动态，介绍武林杰出人物，不仅为推动武术的发展提供了动力，更为太极拳的普及作出了贡献。杂志发挥自己图文并茂的优势，理论兼顾技术，浅显易懂地把太极拳理论与技术的精髓及文化内涵传达给人民大众，是太极拳的重要宣传阵地。同一时期，一系列武术杂志相继问世，为太极拳在国内外的普及与推广作出了贡献。

全国首届武术对抗项目——散打、太极拳推手表演赛在北京举行。太极拳推手终于作为一项体育竞赛项目面对世人。将太极拳推手纳入竞技的尝试由来已久。当时的国家体委武术处提出在上海试验太极拳推手比赛，并制定了规则，散手对抗赛、短兵、太极拳推手等对抗性项目开始在锦标赛试点。本着"积极稳妥"的发展原则，国家体委首先委托北京体育学院、武汉体育学及上海、浙江、黑龙江等省市体委对武术对抗性项目进行研究、整理、试验。从1979年开始，连续3年分别在南宁、太原、沈阳三座城市的全国武术观摩交流大会上进行了太极拳推手的表演，为正式比赛提供了充分大量的宝贵经验。1982年，国家体委先后两次邀请全国各地有实战经验的武术工作者聚集北京讨论制定太极拳推手。

北京大学成立武术学会，其中专门设立了太极拳分会，这是我国高等学校的第一个太极拳组织。此后，全国一百多所高校陆续成立了太极拳组织，培养了一批又一批的高校学生太极拳爱好者。太极拳昂首进入最高学府，以它深邃的内涵和独特的风韵征服了众多有知识的年轻学子。

在国家体委武术挖掘整理领导小组（以下简称"挖整组"）的统一部署下，在各级体委武术挖整组的积极配合下，武术挖整工作在全国范围展开，先后动员了全国8000余名专职武术工作者和业余武术爱好者，开展了我国武术发展史上空前的"普查武术家底、抢救武术遗产"的工作。"取其精华、去其糟粕"是挖掘整理、继承发展包括太极拳在内的中华武术的一贯方针，进行的自上而下的大规模挖掘整理工作，历时3年，对全国的武术现状进行了一次全面的普查，并对传统技艺进行挖掘整理，以免失传。广大武术工作者为此付出了艰辛的劳动，热心的人民群众与老拳师们也纷纷献技献物，把家传珍宝无私地奉献出来。1986年，武术挖掘整理领导小组通过3年的努力，取得了丰硕的成果，初步查明流传各地的"源流有序、拳理明晰、风格独特、自成体系"的拳种129个；各省市编写的各拳种理论、技术传播发展的典籍651万多字；录制70岁以上老拳师拳艺395小时；收集有关文献资料482本，古兵器392件。其中很大一部分是有关太极拳的珍贵史料，获得一批极有价值的太极拳技、拳理的祖传孤本、善本、抄本，成为继承、发展太极拳的宝贵资料。

为了推动群众性武术活动的进一步发展，千名优秀武术辅导员的表彰奖励大会在北京隆重举行，国家体委在全国开展了"千名武术辅导员"评选活动。评选出的优秀辅导员中有很大一部分是从事太极拳教学的，这次表彰在全国范围内掀起了一股群众习武的热潮，太极拳更是受到越来越多的人喜爱。各种形式的武术馆、校、站等相继成立，成为开展太极拳在内的武术活动的基地。4月22—25日，由湖北省体委主办的"国际太极拳（剑）邀请赛"在武汉举行，来自日本、加拿大、危地马拉、新加坡、美国，以及中国香港等18个国家和地区的70多名选手与中国内地近百名选手参加了表演比赛，共同切磋技艺。这次比赛由湖北省体委主办，中国武术协会相关人士均到场，这是官方以后一系列行动的开始，是次年搞国际武术邀请赛的前奏。整个比赛竞争激烈、气氛热烈，成为太极拳走向世界的一声春雷。9月，全国太极拳、剑邀请赛在黑龙江省哈尔滨市举行，来自全国各地10个省市近40名优秀太极拳选手参加了陈、杨、武、吴、孙五式及48式、88式7个项目的比赛。这次比赛为太极拳、剑脱离其他武术项目，走向单列比赛打下了良好而坚实的基础。太极推手原来放在对抗性项目竞赛中，与武术散手同时比赛，从这次比赛开始，与太极拳密不可分的太极推手终于归于太极拳系列中。这次太极拳、剑邀请赛是中华人民共和国成立以来武术运动的第一次专项比赛，是一个良好的开端，它极大地推动了太极拳运动在全国的普及和发展，把尽快提高太极拳的技术水平和理论水平提到了议事日程上来。

国家体委将太极拳、剑、推手列为全国正式比赛项目，并决定每年举行一次比赛。广大太极拳爱好者终于有了可以展现自己拳技的一片天地，太极拳这项内涵与外延同样广博的运动终于有了自己的单项比赛，这无疑更加有利于太极拳的健康发展。

1987年10月3—13日，第二届全国太极拳、剑比赛在湖北举行，全国37个单位的200多名武林高手参加了这次比赛。著名太极拳师、温县体委的陈正雷一路过关斩将，最终摘取陈式太极拳桂冠，此外，温县陈家沟的陈小兴获得第三名。9月26—27日，首届亚洲武术锦标赛在日本横滨举行。中国、日本、新加坡、泰国、菲律宾、尼泊尔、马来西亚、斯里兰卡、印度尼西亚，以及中国香港、中国澳门11个国家和地区的89名运动员参加了比赛。太极拳作为正式比赛项目，在亚锦赛上展开了激烈的角逐，太极拳这一中华民族的瑰宝终于正式亮相亚洲，令全亚洲为之动容，从此亚洲的太极拳爱好者人数持续飙升。

随着武术运动的发展，为适应国际、国内武术交流比赛活动的需要，国家体委武术研究组组织有关专家，依据传统性、科学性、竞赛性的原则，将陈式、杨式、吴式、孙式编制成"四式太极拳竞赛套路"，突破了民间传统太极与竞技之间的隔阂，真正把传统武术纳入竞技体系。1997年，武式太极拳竞赛套路问世。

第十一届亚运会在北京隆重举行，包括太极拳在内的武术被正式列为比赛项目。在运动会的开幕式上，在全世界人民的注目下，中、日两国1500名太极拳爱好者共同进行了大型太极拳集体演练。在古老而神秘的东方，在古朴而现代的北京，千余人身着白衣，和着声声古乐，翩翩演练太极拳。举手投足间散发无限东方神韵，式式相连，舒展悠长，尽显深厚的底蕴、和谐的意境。太极拳树立起了走向世界体坛的一个崭新里程碑。从这一天起，全世界都关注着这一东方的运动，全世界都关注着崭新的北京、崭新的中国。

第一届世界武术锦标赛在中国北京举行，共有40多个国家和地区的500多名运动员参加了比赛。太极拳以重要的组成部分走向世界级比赛赛场。第二届世界武术锦标赛在马来西亚首都吉隆坡举行，来自世界五大洲53个国家和地区的600多名运动员参加了比赛。第三届世界武术锦标赛在美国巴尔的摩市举行，来自56个国家和地区的886名运动员参加了比赛。每次比赛的参赛人数和参赛运动员的水平都呈明显的上升趋势，这表明源于中国的武术，尤其是太极拳绝不再只属于中国人，而是全世界人民的共同财富。

国家体委提出"全民健身计划"和"奥运争光计划"，武术在这两项计划中均肩负着特殊的使命。太极拳更是在健身功能上发挥着巨大的作用。它是全民健身的一个重要手段，也是练习人数最多的一项运动。"全民健身计划"的出台，使太极拳这一科学的健身方法更加普及，极大地激发了人民群众的练武热潮。习练太极拳的人数越来越多，除专业队外，大批的民间团体自发组织习练太极拳。群众性的民间活动、国际间的文化交流日益增多。太极拳运动迎来了空前的大规模发展。

国家体委武术研究院、中国武术协会主办的"中华武林百杰"评选活动在山东省莱阳市揭晓，共评出百名武杰、十大武术教授、十大武术名师、十大武术教练和十大武星，有很多太极拳著名运动员和太极拳名家榜上有名。武林百杰的评选，全面地肯定了太极拳工作者的辛勤工作，极大地调动了他们的工作热情，鼓励他们为太极拳的普及和发展作出更大的贡献。

在上海举办的第八届全国运动会所设28个比赛项目中，包括太极拳在内的武术是唯一的非奥运项目，设金牌15块。全运会是中国最高水平的综合性运动会，每4年举行一次。从第一届全运会开始，包括太极拳在内的武术便被列为正式比赛项目。第七届全运会后，国家体委依据亚运会及奥运会战略计划对全运会竞赛项目做了较大调整，非奥运项目均未列入第八届全运会，但武术仍被列入其中，并将金牌数由原来的7枚增至15枚。国家体育总局正式确定武术为第九届全运会项目，并将金牌数增加到18枚。这些均表明国家对武术的重视程度越来越高，这极大地促进了竞技武术在各省市的发展。

国家体育总局武术运动管理中心在北京首次颁发武术段位证书。此次获得段位证书的不仅有德高望重的老太极拳师，而且有很多活跃在基层，从事太极拳辅导工作的年轻骨干。为了推动武术运动的发展，提高武术技术与武术理论水平，国家体委武术研究院从20世纪80年代初便组织有关专家就建立武术段位制体系问题展开研究与探讨，并于1994年开始进行调研、制定方案，1995年开始在河南、江苏等省进行试点，1996年7月邀请国内数十名武术专家对试点工作及段位制的实施细则进行了审定，并提交同年举行的全国武术工作会议审定。经国家体委批准，终于在1997年下半年开始实行中国武术段位制。

泰山极顶上，伴着初升的太阳，在世纪之交的曙光中，太极拳名师门惠丰表演着太极拳，由直升机绕顶拍摄，并通过卫星向全世界直播，这是中国中央电视台迎接"人类进入新世纪特别节目"的拍摄现场。多台摄像机同时开机，向全世界进行现场直播，这是人类电视史上最大的一次联合行动，在太极拳史上留下了灿烂的一页。人类现代科技的高度文明，使全世界有机会共同欣赏各个国家沐浴在新世纪阳光中的喜悦，也让全世界共同目睹了象征着中国古老传统文化内涵的太极拳。古老的太极拳，在新世纪曙光的照耀下，向世人揭示：它已经昂首阔步，在全世界的注视下走向21世纪。2000年4月，中国武术协会开始着手制定太极拳全球化发展战略——太极拳健康工程是将太极拳作为武术的一个品牌，系列、持续地推向世界，制定太极拳全球化发展战略，从而推动传统武术的发展。太极拳健康工程包括开展太极拳健康月活动、举行世界太极拳健康大会、推行太极拳辅导员制、加强新时期的太极拳理论研究等一系列内容。5月，中国武术协会启动太极拳健康月活动，决定将每年的5月定为太极拳健康月。中国武术协会在它的所在地北京国家奥林匹克体育中心首次举行全世界第一次免费教太极拳活动。活动中密密麻麻的人群挤满了武术协会的大院，武术协会从北京体育大学等院校组织了20多人的教练队伍，主要推出8式和16式的简化太极拳、参加人数达1500余人。这是中华人民共和国成立以来官方的第一次有组织、有系统、有意识向社会推广太极拳的活动。为将这个活动坚持下去，武术协会要求，各省市武术管理部门、行业体协、武术社团组织、太极拳辅导站均要在每年的太极拳健康月，开展包括免费教学在内的一系列太极拳活动。7月，在国际武术联合会执委会会议上，执委们一致表示支持中国的5月太极拳健康月活动，并将5月定为世界太极拳健康月。消息一经传出，立刻受到全国各地乃至全世界太极拳爱好者的积极响应。太极拳已经为全世界所接受，各种各样的太极拳活动在全世界红红火火地开展起来。

首届世界太极拳健康大会在海南省三亚市举行，世界太极拳健康大会是中国武术协会在世界范围内推出的武术单项拳种的大型活动。首届大会在海南省三亚市举行，引起了国内外太极拳习练者的热烈响应，纷纷报名参会，报名人数达到2000余人。国家体育总局武管中心和中国武术协会决定每两年举行一次世界太极拳健康大会,把这项活动坚持下去,让它成为全世界太极拳爱好者共同的节日。12月2日,在香港跑马地游乐场,10425名爱好太极拳的香港各界人士云集于此,参加规模盛大的太极拳大会演,创造了万人在30分钟内齐练太极拳的吉尼斯世界纪录。2014年6月14日,我国第九个非物质文化遗产日,由国家体育总局武管中心、中国武术协会、邯郸市政府和河北省体育局主办的第十二届中国邯郸国际太极拳运动大会共吸引了来自20多个国家和地区的太极拳爱好者,他们云集于此,以武会友、以拳论道。大会上,来自英国的李迈克激动地告诉记者,自己热衷于太极拳,学练了16年,还在邯郸办了一所太极学校。来自中国台湾的陈先生说太极拳是先民的智慧结晶,在当地非常流行,并强调这不仅是太极拳的魅力,更是中华传统文化的魅力。这次大会为太极拳爱好者提供了一个相互交流的机会,加深了人们对太极拳的了解,使太极拳文化进一步发扬光大。

为隆重庆祝中日邦交正常化30周年、中韩建交10周年,经国务院批准,由中国武术协会、日本武术太极拳联盟、韩国武术协会共同协商,在北京天坛公园和奥林匹克体育中心成功举办"中日韩三国太极拳交流大会"。这次中日韩三国太极拳交流大会,规模宏大、场面壮观,组织安排了集体表演、名家演练、名家辅导、文艺演出等极为丰富的活动内容,特别是中、日、韩三方联合组成的3000人大型太极拳表演团队在天坛太极主题公园举行的大型太极拳集体队形表演,场面壮观、气势恢宏,堪称一大奇观。国内外60多家电视台对大会进行现场直播或录播,数百家中外媒体对大会连续进行高密度的宣传报道,数以亿计的中外观众通过荧屏亲眼看见这一"以武会友"的国际交流盛会。本次大会,进一步加强了三国之间广泛的交流、沟通与合作,增进了三国人民之间的友谊,为努力营造三国之间和平、友好的交际环境和交际氛围发挥着桥梁作用,全面促进了中、日、韩三国经济、文化发展及社会进步。

一万余名来自北京街巷的太极拳爱好者在天安门广场表演了他们精彩的拳术。队列的最前面,五支代表太极拳陈、杨、吴、武、孙五大流派的队伍汇集了各自门派的好手。在北京春日明媚的阳光中,身穿太极服的各个太极拳代表队的表演动作整齐划一而不失个人特色，在全世界电视观众面前充分演绎了传统太极拳的神韵。表演队员们身穿白色服装，神情专注。恢宏的气势和独特的东方神韵令人叹为观止，充分显现着北京这座城市丰厚的文化积淀和民间体育传统。

在中国台湾地区台北市中正纪念堂前，14603人同时同地打太极拳32分钟。这次活动得到了台湾民众的积极参与，年龄最小的才6岁，最年长的87岁，其中还包括三代同堂、夫妻档等，职业更是形形色色。但是，大家都异口同声表示："太极拳是最合适的'老少'运动。"本次活动成功刷新了"万人练太极拳"的吉尼斯世界纪录。

2006年8月29日，在成都市体育中心西北门广场举行的第二届中国（成都）道教文化节闭幕式上，成都市体育中心主会场和青城山、鹤鸣山、阳平观、老君山分会场同时举行一场圆融自在、充满激情的表演——万人太极拳表演，这既是对中国传统文化源远流长、博大精深的展现，也是对全民健身的倡导。10月12日，河南省陈式太极拳协会在省体育局成立。10月22日上午8点，为纪念简化太极拳推广50周年，更好地促进太极拳这项运动的开展，北京市体育局在永定门城楼北侧休闲广场举行"体之杰杯"北京万人太极拳表演活动。这是一次全民健身活动，太极拳中陈式、杨式、吴式、武式、孙式等流派的名师们还现场向太极拳爱好者传授了武艺。12月16日，中国文学艺术界联合会、中国民间文艺家协会出示中国民间文化杰出传承人名单，陈式太极拳传入陈正雷、陈小旺名列其中。

2007年6月3日，中国民间文化杰出传承人命名表彰大会在北京人民大会堂隆重召开，陈正雷、陈小旺被授予"中国民间文化杰出传承人"称号。中共河南省委书记、省人大常委会主任徐光春为太极拳提名：陈氏太极文化瑰宝。

二、太极拳发源地对太极拳的保护及推广

为了推进太极拳发展和宣传太极拳文化，在太极拳的发源地河南省焦作市温县，也进行着多种形式的传承拯救、对外交流和宣传普及工作。

（一）依靠法律采取的措施

第一，依靠现行法律法规，对太极拳得以生存的基础、文化空间和传承活动进行保护。适用法律法规有：《中华人民共和国宪法》《中华人民共和国文物保护法》《中华人民共和国商标法》《中华人民共和国著作权法》《中华人民共和国知识产权保护法》及《中国互联网络域名管理办法》。

第二，温县人民政府下发《关于公布第二批县级重点文物保护单位名单的通知》，将陈家沟遗址、陈氏祠堂、杨露禅学拳处、太极拳名人陵园列为县级文物保护单位。

第三，为防止滥用文化表现形式所采取的保护措施。温县人民政府依法对以"陈家沟""太极拳"命名的商标共13类47项在国家商标局申报注册。温县太极网站先后注册了"Taiji. net. cn.""chenjiagou. cn"域名，对太极拳进行"商标"和"域名"保护。

（二）已采取的政策性保护措施

中共温县县委下发温发（83）13号《关于批转县体委"关于推广普及太极拳的请示报告"的通知》，明确提出了在全县机关学校普及太极拳的实施意见。

中共温县县委、温县人民政府下发温发（2005）33号《关于开展全民健身运动全县推广普及太极拳的意见》，再次提出了在全县机关学校乡镇农村普及太极拳的实施方案。

中共温县县委发布温发〔2008〕11号文件《中共温县县委、温县人民政府关于成立四个重点工作组的通知》。四个小组分别是：发展工业经济工作组、农村工作组、发展第三产业工作组、城市创建工作组。发展第二产业工作组下分三个小组：陈家沟景区建设小组、太极拳文化发展研究小组、三产开发小组；主要任务是太极拳发源地陈家沟景区建设、太极拳资料搜集、太极拳博物馆布展、太极拳专业表演队伍组建、太极拳赛事承办、太极拳普及推广、太极拳旅游纪念品开发等。

（三）其他保护措施

第一，为挽救保护陈家沟太极拳，在陈家沟成立了"陈家沟业余武术体校"，聘请老拳师陈照丕任教练，培养了一批太极拳人才；

第二，聘请陈照丕到县直机关、工厂、中学传授太极拳；

第三，先后三次邀请在北京工作的拳师陈照奎到村里传拳，鼓励村民积极参加太极拳的学习活动，对学习者实行工分补助；

第四，河南电视台在温县拍摄《拳乡行》电视片；

第五，温县政府主持对太极拳文史资料进行抢救性的挖掘整理；

第六，中国新闻纪录电影制片厂在温县拍摄《陈式太极拳》纪录片；

第七，温县完成《温县武术拳械录》的编写，1996年12月完成《陈氏太极拳志》的编写工作；

第八，温县成立"太极拳开发委员会"，专门负责太极拳的挖掘、整理和普及推广工作；

第九，温县连续举办了五届国际太极拳年会；

第十，焦作市举办了七届国际太极拳年会和国际传统太极拳交流大赛；

第十一，焦作市成立"焦作市太极拳研究会"；

第十二，温县成立"温县太极拳研究会"；

第十三，焦作市史志办和温县人民政府编辑出版《陈式太极拳志》；

第十四，温县建成"中国太极拳博物馆"并举行开馆庆典；

第十五，温县编辑出版《太极拳人物志》。

（四）太极拳的交流和推广

1981年3月20日，日本太极拳协会访华团首次到太极拳发源地——温县陈家沟参观访问。

1985年1月25日，河南省第一家陈式太极拳武术馆在焦作市工人文化宫正式开馆。4月22日，由村民集资修建的设计雄伟的全国第一家村级武馆——太极武术馆在温县陈家沟村落成，这标志着太极拳发源地对太极拳的保护和发展进入了一个崭新的阶段。

温县举办首届国际太极拳年会,中顾委常委、中国武协名誉主席李德生,国务委员李铁映,省委副书记吴基传等出席了庆典仪式,来自19个国家和地区的300多名海内外人士参加了这次盛会。与会代表在年会期间决定成立国际太极拳年会,来自美国、日本、新加坡、德国等17个国家和地区的45个团体和国内的28个太极拳组织入会。年会开幕之日,温县太极武术馆开馆,中顾委常委、中国武协名誉主席李德生等领导剪彩。该馆建筑面积2100平方米,是继少林武术馆之后河南省第二座大型武术馆。温县政协内部出版了《陈氏太极拳古今》一书,第一次系统、详细地介绍了太极拳的起源、传承和发展。

应中国台湾地区"中国佛教发展协进会"邀请,中国陈家沟太极拳武术团赴中国台湾进行学术交流中国台湾知名人士蒋纬国、陈立夫、吴伯雄、郝伯村等观看了表演,并与代表团合影留念。

陈式太极拳研究会公开出版了《陈氏太极拳志》两卷,陈家沟村民委员会内部出版了《太极圣地陈家沟》书籍和VCD光碟《陈家沟功夫》。此外,陈正雷、王西安、朱天才等分别公开出版了介绍太极拳技的书籍、光碟、录像带。

焦作市非物质文化遗产工作会议在市政大厦四楼会议室举行。市委、市政府成立了焦作市申报第一批国家级非物质文化遗产领导小组,市委、市政府主要领导亲自挂帅,担任领导小组的顾问和组长等职务,宣传、文化、发改、教育、财政、建设、广电、文联、旅游、体育、文物等部门和温县政府、市太极拳研究会作为成员单位,领导小组办公室设在市文化局,负责具体申报工作。

温县县委、县政府随即成立了申遗工作领导小组,下设办公室、专业资料组、协调督导组和后勤保障组,专门研究开展太极拳申报第一批国家级非物质文化遗产工作。

由中国武术协会主办、河南省体育局和焦作市人民政府承办的第三届中国焦作国际太极拳交流大赛主要活动之"十万太极人穿越太行山"活动在世界地质公园云台山园区拉开序幕,接着依次在陈家沟、神农山、青天河、中央电视台焦作影视城五个景区进行。不仅给海内外游客呈现太极故里"十万名太极人太行山上齐练太极拳"的壮观场面,而且有太极刀、太极剑、太极扇和太极名家精彩推手表演锦上添花，营造出了高潮迭起、精彩不断的浓厚节庆氛围。

由焦作市太极拳研究会、温县人民政府主办的"移动杯"首届赵堡和式太极拳观摩交流大会在温县太极武术馆举行，来自全国15个省、市、自治区的52个参赛队、15支观摩队的600多名太极选手参加大会，参赛队员分别进行了和式太极拳套路、器械和推手比赛。

温县籍太极拳历史文化研究者严双军编著的《太极拳》一书入选文化和旅游部中国艺术研究院主编的《非物质文化遗产丛书》，由浙江人民出版社出版发行。该书对太极拳的历史、拳理、传承谱系、拳械套路、功法等作了全面介绍，系统展示了太极拳这一中华民族传统文化的独特魅力。此外，《太极拳》图文并茂，共38万字、300余幅彩色照片。

由中国武术协会主办，河南省体育局、焦作市人民政府承办的第四届中国·焦作国际太极拳交流大赛、首届全国新农村农民太极拳健身大赛暨第六届中国·焦作山水国际旅游节在河南省焦作市举行。来自32个国家和地区的202支代表队2238名选手，以及来自全国各地的宾朋欢聚一堂，共庆盛会。

河南省武术运动管理中心、河南省武术协会主办，温县人民政府承办，温县体育局、温县形真武校协办的河南省"武协杯"太极拳交流大赛暨河南省"海旺杯"青少年传统武术（太极拳）锦标赛在温县举行。

第二届赵堡和式太极拳观摩交流大会开幕式在赵堡和式太极拳发源地温县的赵堡镇举行，来自全国各地的和式太极拳爱好者共50个代表队参加了开幕式。

由河南省体育局主办，河南省武术运动管理中心、焦作市体育局、温县体育局承办的2008年河南省青少年传统武术（太极拳）锦标赛在温县举行。

受文化和旅游部委托，焦作市人民政府成立申报机构，将太极拳正式申报联合国教科文组织主持评定的人类非物质遗产代表作。

由国家体育总局、河南省人民政府主办，国家体育总局武术运动管理中心、中国武术协会、河南省体育局和焦作市人民政府承办的第五届中国·焦作国际太极拳交流大赛在河南省焦作市举行。

由中国人民对外友好协会和河南省人民政府外事侨务办公室联合主办的

中国河南太极拳文化研讨会在河南省温县成功举办。

研讨会期间，与会人员参观了中国首个非物质文化遗产类主题博物馆——中国太极拳博物馆并举办了太极拳论文研讨、太极拳书画展、太极拳名家表演、太极拳名师茶话会和百名国际太极拳文化传播大使命名表彰等活动。

由河南省温县人民政府和山西省晋城市文化广电新闻出版局联合主办的"凤生水起·际会太行——中国当代太极拳名家晋城演武大会"在山西省晋城市文体宫精彩上演，来自温县的太极拳名家王西安及弟子和晋城市的太极名师展示了太极拳的风采，为当地武术爱好者献上一场盛大的太极盛宴。

第三节　太极拳的保护规划

一、保护工程项目与内容

（一）全面开展太极拳的普查工作，认真做好资料的搜集、挖掘、整理工作，建立完整的太极拳档案

搜集、挖掘、整理太极拳史料（含实物），发掘和抢救已失传或濒临失传的文献资料、拳械套路；组织开展太极拳人才普查，摸清各层次人才的分布情况，完善传承谱系，建立个人资料档案；对年事已高、在太极拳界影响较大的冯志强、陈立清、万文德、马虹等老前辈进行专访，并通过他们挖掘、整理世代相传的太极拳资料；完善档案，对所有资料进行整理归档。另外，以文字、录音、录像、数字化多媒体等方式进行建档保存。

（二）深入开展太极拳的理论研究

在市群艺馆和温县文化馆分别设立"非物质文化遗产保护中心"，与市体育局的武术馆和温县体育局共同担负太极拳的理论研究工作，并在高校设立太极拳学科，加强太极文化的传授和研究；鼓励和支持太极拳研究会、协会的工作，充分发挥其作用。每年召开一次研讨会，对太极拳的文化内涵、原

生状态、价值表现、濒危状况、传承与保护等方面进行多方位、深层次的挖掘、研究和探讨，并将理论研究成果编纂发行。研究的主要课题有：太极拳与太极文化；太极拳与儒道佛三教的文化渊源；太极拳与中原地域文化的关系；太极拳相对其他拳种的独特性；经络学在太极拳中的运用；太极拳与宇宙、人体的运行规律；太极拳的健身防病功能；太极拳的修身养性功能；太极拳在未来人类健康中的地位及作用等。

(三) 加强人才培养，为太极拳的传承、普及与发展提供人力支持

有计划、有重点地培养传承人，对逐步消亡的太极拳文化内涵和濒临失传的拳械套路进行全面、系统、准确传授；组织专业人员编写规范性教材，在全市中小学校、机关、团体、企事业单位推广和普及太极拳；建立人才培训基地，即在陈家沟建一所集食、宿、学于一体的功能齐全、档次较高的国家级太极拳培训基地，常年招生；制定优惠政策，提倡和鼓励社会办学办班；有计划地选送太极拳优秀人才进高等院校深造，培养一批综合素质较高的专业拔尖人才；鼓励和支持在太极拳研究、传承、推广、保护等方面作出重大贡献的人员，在其政治、生活待遇上提供优惠政策。

(四) 加强对与太极拳有着重要渊源关系的生态环境文化的保护

修复陈王廷、陈长兴、陈有本、陈清平、陈鑫、陈照丕等太极拳历史名人故居、陵园等历史遗迹；完善太极拳祖祠，修建拳谱堂、拳祖堂、碑廊、太极拳壁画展馆等设施，提高太极拳的历史文化品位；修缮杨露禅学拳处，恢复原建筑群；修复蒋发墓；修复和保护东大沟（东大沟原为陈氏先辈创拳之处，长约1500米，现仅存300余米。保护措施：一是延长现存沟，新挖200米；二是做好新挖沟处的搬迁工作；三是划定生态保护区）；保护古皂角树习拳处（古皂角树生长在西大沟沟沿之上，已有300多年历史，树下为陈氏先辈练拳之处。此外，还有两条保护措施：一是增设围栏；二是设置古树简介碑记）。

（五）加大宣传力度，营造浓厚的太极拳文化氛围

要通过广播、影视、报纸、网络等媒介，加强太极拳的宣传工作，使大家更多地了解太极拳，深切感受太极拳文化内涵的博大精深；树立精品思想，组织精兵强将，编辑、制作、发行一系列弘扬太极拳文化的传奇故事、民间传说及电视片；以太极拳为载体，发展文化产业，创作、制作出一大批品位佳、质量高、影响大的舞台剧、影视剧、文学作品等；研制太极拳雕塑、器械、服饰等工艺品和纪念品；在陈家沟太极拳祖祠、杨露禅学拳处、历代名家故居、陵园等地，播放资料片、影视剧和光碟，展出图文资料，展示《河图》《洛书》《易》所蕴含的丰富内涵，营造浓厚的文化氛围；举办以学术研究、切磋技艺、朝拜感悟为主要内容的国际性太极拳文化交流活动，增进友谊，促进发展，使太极拳这一珍贵文化遗产更好地得到传承和保护；采取有效措施，如建造太极公园、将主要街道命名为太极大道等，为人们研究、习练太极拳提供场所，不断增强人们保护太极拳的意识。

二、保障措施

为确保保护项目和内容按照制订的规划方案逐步实施，需采取如下措施：

第一，将太极拳非物质文化遗产的保护规划纳入焦作市"十一五"国民经济和社会发展的整体规划，并有步骤、有重点地实施落实。

第二，加强领导，层层分工，落实责任。制定下发保护太极拳的规范性文件，焦作市、温县两级政府对遗产的保护工作进行明确分工，层层落实责任，形成合力，共同搞好太极拳非物质文化遗产的各项保护工作。

第三，加强宣传教育，提高保护意识利用各种媒体和手段认真宣传《中华人民共和国宪法》《中华人民共和国文物保护法》《中华人民共和国商标法》《中华人民共和国知识产权保护法》《中国网络域名管理办法》等法律法规，使大家提高认识，增强保护的自觉性，共同搞好太极拳非物质文化遗产的保护工作。

第四，成立太极拳非物质文化遗产保护研究专业机构，具体负责太极拳

理论和实践等问题的探讨和研究,并将研究成果运用到实践中。

第五,组织开展内容丰富、形式多样的太极拳活动,促进太极拳的普及与发展,培养人才,加强交流。

三、保障机制

第一,组织保障机制。太极拳发源地要成立常设的太极拳非物质文化遗产保护工作领导小组,由政府领导任组长,有关部门参与,负责研究制定保护政策,落实保护资金,监督各项工作的实施,并由文化部门牵头,成立太极拳非物质文化遗产保护中心,具体负责遗产各项保护措施的落实。

第二,经费保障机制。太极拳发源地要将非物质文化遗产保护经费和项目资金列入各级财政的年度预算,确保工作顺利进行。

第三,制度保障机制。建立各项规章制度,加强各项规章制度的督导落实,确保保护工作落到实处。

第四,依法保护机制。成立遗产保护的执法机构,负责宣传遗产保护的有关法律法规政策,加大执法力度,依法对文化遗产实施有效保护。

第五,传承激励机制。制定相应的优惠政策和激励措施,鼓励传承人和其他人士对太极拳进行积极的挖掘、整理和全面传授、继承。

第四节 各级政府对太极拳的保护

为了继承和弘扬中华民族优秀传统文化,促进社会主义精神文明建设,加强对太极拳这一非物质文化遗产项目的保护,从国家到地方,各级政府对太极拳非物质文化遗产采取了认定、记录、建档等一系列措施予以保存,并公布为各级人民政府明确保护的非物质文化遗产项目。

由河南省焦作市申报的"太极拳(陈式太极拳)"和由河北省永年区申报的"太极拳(杨式太极拳)"被中华人民共和国国务院《关于公布第一批国家级非物质文化遗产名录的通知》(国发〔2006〕18号)文件列入第一批

国家级非物质文化遗产名录。

由河北省邯郸市永年区申报的"杨式太极拳"和"武式太极拳"被河北省人民政府《关于公布第一批省级非物质文化遗产名录的通知》（冀政函〔2006〕77号）文件列入第一批省级非物质文化遗产名录。

由河南省温县申报的"太极拳"被河南省人民政府《关于公布第一批河南省省级非物质文化遗产名录的通知》（豫政〔2007〕11号）文件列入第一批河南省省级非物质文化遗产名录。

由河北省永年区申报的"杨式太极拳"被邯郸市人民政府《关于公布第一批市级非物质文化遗产名录的通知》（〔2007〕64号）文件列入第一批市级非物质文化遗产名录。

由河北省邢台市任县申报的"董式太极拳"被邢台市人民政府《邢台市人民政府关于公布第一批市级非物质文化遗产名录的通知》（邢政函〔2007〕91号）文件列入邢台市第一批市级非物质文化遗产名录。

由河北省永年区申报的"武式太极拳"被中华人民共和国国务院《关于公布第二批国家级非物质文化遗产名录和第一批国家级非物质文化遗产扩展项目名录的通知》（国发〔2008〕19号）文件列入第一批国家级非物质文化遗产太极拳扩展项目名录。

由浙江省台州市黄岩区申报的"南太极拳"被台州市人民政府《关于公布第二批台州市非物质文化遗产名录的通知》（台政发〔2008〕45号）文件列入台州市第二批非物质文化遗产名录。

由吉林省吉林市市直单位申报的"双翼太极拳""萧式太极拳""如意太极拳""太极元功"被吉林市人民政府《吉林市人民政府关于公布第一批市级非物质文化遗产名录的通知》（吉市政发〔2008〕17号）文件列入吉林市第一批（市级）非物质文化遗产名录。

由河南省温县赵堡镇赵堡村申报的"和式太极拳"、由温县赵堡镇陈辛庄申报的"太极拳忽雷架"和由温县南张羌镇南张羌村申报的"太极拳腾挪架"被温县人民政府《关于公布第二批县级非物质文化遗产名录的通知》（温政〔2009〕3号）文件列入温县第二批县级非物质文化遗产名录。

由河南省温县的申报"和式太极拳"被焦作市人民政府《关于公布第二

批焦作市市级非物质文化遗产名录和第一批市级非物质文化遗产扩展项目名录的通知》（焦政文〔2009〕23号）文件列入第二批焦作市市级非物质文化遗产名录。

由河北省邢台市清河县申报的"清河葛传武式太极拳"被邢台市人民政府公布为列入邢台市第二批市级非物质文化遗产名录。

由河南省温县申报的"和式太极拳"被河南省人民政府列入第一批河南省省级非物质文化遗产名录扩展项目。

由河北省廊坊市大城县申报的"杨式太极拳老架"和由保定府内派传统杨式太极拳文化研究会申报的"府内派传统杨式太极拳"被河北省人民政府《关于公布第二批省级非物质文化遗产名录的通知》（冀政函〔2009〕59号）文件列入第三批省级非物质文化遗产名录。

"陈式太极拳"和"吴式太极拳"被北京市丰台区第二批区级非物质文化遗产项目专家评审会评审通过，列入丰台区区级非物质文化遗产名录。

由山东省莱州市申报的"吴式太极拳"被山东省人民政府《关于公布第二批省级非物质文化遗产名录和第一批省级非物质文化遗产扩展项目名录的通知》（鲁政字〔2009〕232号）文件列入山东省第二批省级非物质文化遗产名录。

由北京市大兴区兴丰街道办事处、海淀区中关村街道办事处共同申报的"吴式太极拳"和由北京市西城区体育总会、北京市武术运动协会孙式太极拳研究会共同申报的"孙式太极拳"被北京市人民政府公布列入第三批市级非物质文化遗产名录。

由天津市武清区申报的"李式太极拳"被天津市人民政府《关于公布第二批省级非物质文化遗产名录和第一批省级非物质文化遗产扩展项目名录的通知》（津政发〔2009〕47号）文件列入第二批市级非物质文化遗产名录。

由北京市海淀区申报的"孙式太极拳"被中华人民共和国国务院《关于公布第二批国家级非物质文化遗产名录和第一批国家级非物质文化遗产扩展项目名录的通知》（国发〔2008〕19号）文件列入第一批国家级非物质文化遗产太极拳扩展项目名录。

由江苏省东海县来芳太极拳俱乐部申报的"洪派陈式太极拳"被江苏省连云港市人民政府《关于公布第二批市级非物质文化遗产名录和第一批市级非物

质文化遗产扩展项目名录的通知》文件列入第二批市级非物质文化遗产名录。

由河北省邢台市沙河市申报的"孙式太极拳"被邢台市人民政府公布为邢台市第三批市级非物质文化遗产名录。

由四川省成都市李雅轩太极拳武术馆申报的"太极拳（李雅轩太极拳）"被四川省人民政府《关于公布第三批四川省非物质文化遗产名录和第一、二批省级非物质文化遗产扩展项目名录的通知》（川府函〔2011〕119号）文件列入四川省第三批非物质文化遗产名录。

第五章 太极拳国际传播发展情况分析

第一节 太极拳国际表演情况

陈式太极拳表演是用艺术的手段来展示陈式太极拳,表演具有对外宣传太极拳,向世界传播中国武术的推动力,达到让世界认识中国,认识中国功夫的目的。李连杰、全国武术冠军王群主演的陈式太极拳电影《神丐》,自上映以来好评如潮,卖座极佳,在中国大陆、韩国、日本及欧美等国家都备受推崇,使陈式太极拳迅速地进入了人们的视野,掀起了一股练习陈式太极拳的热潮,温县陈家沟从此名震天下,成为全世界武术爱好者心目中的"功夫圣地",陈式太极拳也因此在世界上获得了极高的声誉与地位,世界各地人们纷纷到陈家沟参观旅游、拜师学艺、举行交流活动等。2000年,陈家沟又大规模修复、重建了太极拳祖祠,使中外太极拳爱好者能更加全面与详细地了解陈式太极拳的发展与文化内涵,也使数百年古祠焕发出新的光彩,更使陈式太极拳进入了飞速发展的时期。

一、舞台剧演出

在经济全球化、文化多元化的国际大环境下,武术演出紧跟时代步伐在东西方文化交融下产生出一种新兴的演出类型一些功夫舞台剧。功夫舞台剧就是把中国武术与西方艺术表演形式相结合,在舞台上展示完美的故事情节,替换以往单一的武术表演形式,形成一种独特、新颖的综合艺术表演形式,让观众品味到醇厚的中国文化魅力,并在强烈的视听震撼和艺术感染下,满足人们日益增长的精神文化需求。起到向世界宣传中国武术和传播中国传统文化的作用。所以，一些具有深厚历史底蕴、文化内涵的武术拳种流派更容易成为功夫舞台剧的表演题材。

首部功夫舞台剧——《沙弥走进少林寺》问世后，众多功夫舞台剧则纷纷面世。十几年以来，观看这样一种新兴的、具有向国外传播与发展中国武术功能的武术文化产品成为人们休闲娱乐的选择之一。然而，有多少部功夫舞台剧能真正的经受住市场考验？如今发展到了什么地步？剧目传播内容如何？传播中又有哪些优势及阻碍？以上问题都值得我们具体了解。

二、舞台剧案例分析

作为只有一部作品面世的陈式太极拳舞台剧《太极传奇》，是由我国著名导演陈维亚担任总导演，央视著名节目策划人朱海担任编剧，并邀请了我国著名舞美设计师苗培如担任舞美设计。《太极传奇》以河南焦作陈家沟陈式太极拳创始人陈王廷一生的传奇经历和近 400 年来陈式太极拳的传承、普及为历史背景，讲述了太极拳掌门人陈云天与武状元蒋龙飞之妹叠彩的生死之恋及陈、蒋两大家族经历爱恨生死的洗礼，最终达到水火相生、阴阳相融、和谐太极之境界的故事。该剧分为六部分：序幕《天地太极》、第一幕《乱世新仇》、第二幕《爱恨情缘》、第三幕《梦萦红崖》、第四幕《剑收阴阳》和尾声《和谐乾坤》部分。通过四个篇章的起承转合，使人们领略到一幅幅美轮美奂的艺术画卷。采用"舞+武"的呈现方式，舞美设计充分吸收了中原文化的特征和中原的地域风貌。云台山、陈家祠堂、茱萸这些焦作当地民间素材，在经过艺术加工后，意象奇崛，极富想象力，具有浓郁的河南风格。这种独特又新鲜的舞台剧使外国人看后对陈式太极拳则产生了浓厚的兴趣，并且票价也在 60~280 元不等，观众可以根据自己情况自由选择，这对陈式太极拳在国外的传播和推广起到了推波助澜的作用。

成功之处：陈式太极拳舞台剧《太极传奇》自上映以来邀约不断，所到之处场场爆满，以独特的叙述表现形式艺术地弘扬了太极文化，展示了太极文化的博大内涵。2013 年，由中国国际演出剧院联盟在全国营销发行 30 场次；2014 年，获得河南省第十届精神文明"五个一工程"戏剧奖；2014 年在中美建交 35 周年中亮相，随后又在美国上演了几场，刚从美国演出载誉而归，紧接着又在人民大会堂参加了中华人民共和国成立 65 周年。

不足之处：近年来，少林功夫舞台剧发展的风风火火，在全世界都拥有非常广的传播覆盖面，太极功夫舞台剧虽有 5 部，但是跟 21 部少林功夫舞台剧相比差距甚远，太极功夫舞台剧面世时间较晚，精品又少，这与世界上有 3 亿多人练习太极拳的现象不符，这不得不引起我们的思考。而陈式太极拳作为太极拳的鼻祖，太极文化、太极精神和太极理论非常深厚，与武当太极拳舞台剧相比，陈式太极拳舞台剧面世时间更晚，作品也仅有一部《太极传奇》舞台剧面世，没有充分地开发陈式太极拳所能产生的商业演出价值，发展相对比较滞后，这与陈式太极拳传承人及相关部门领导对此领域的发展重视不够，传播方式上较单一，宣传力度上较小有关，应引起相关部门的高度重视。

三、春节联欢晚会演出

春节起源于殷商时期年头岁尾的祭神祭祖活动，俗称"过年"，是中国最盛大、最热闹、最重要的一个古老传统节日。春节联欢晚会是中央电视台在每年农历除夕晚上为庆祝农历新年而举办的综艺性文艺晚会，节目时间一般持续到正月初一的午夜。春节联欢晚会始于 1983 年除夕，采用电视现场直播的形式，节目一经播出，便引起巨大轰动，成为中国大众文艺和主流文化的一个集锦和缩影。2012 年，中央电视台举办的春节联欢晚会被认定为"全球收看人数最多的晚会"，并获得了吉尼斯世界纪录证书。此外，春节联欢晚会还是世界上收视率最高、演员最多、播出时间最长的综艺性晚会。春节联欢晚会节目品种丰富，充分显现中国传统文化，而武术类节目更受到人们的青睐。

本文主要以 2005 年至 2015 年春节联欢晚会中的武术节目为主要研究内容。春节联欢晚会中的武术节目主要是以影视明星为表演主角，国家武术队和武校学生作为陪衬，共同配合来完成武术节目的表演，10 年间 8 部武术节目中表演少林功夫有 7 次数；表演陈式太极拳有 5 次数；表演杨式太极拳有 3 次数，占前三位。可以看出武术节目中对陈式太极拳的重视程度，仅次于少林功夫，排在第二位。

四、春节联欢晚会案例分析

春节联欢晚会武术节目《江山如画》，是由世界武术冠军、太极拳王子王二平担任编导，张震、吴京主演，河南少林塔沟武校参演的创意武术节目，演出之后，社会好评如潮。王二平擅练陈式太极拳，并培养了众多的太极拳世界冠军，成为当代太极"金牌教练"。由于他具有超凡的创意能力，对武术、艺术的领会感悟较强，应邀担任了2008年北京奥运会开幕式太极拳表演的编导，通过此次奥运盛会千人陈式太极拳的表演，进一步提高了陈式太极拳在世界上的地位和影响力；此外还多次担任了中央电视台春节联欢晚会武术表演的编导，比如，《江山如画》既突出了中国功夫的张力，又有剑胆琴心的柔情。在椅子背上走梅花桩展示陈式太极拳，将少林、太极、八极、八卦等传统拳法融合在一起呈现给观众。表演陈式太极拳的主演吴京，为拍摄《一代宗师》，专门到陈家沟跟王西安练习陈式太极拳。

成功之处：在春节跨年夜，普天同庆，家家户户都期待着新的一年之际，中央电视台举办的春节联欢晚会也成为每位中国人所期待的电视盛宴。随着现代网络的普及和全球文化多元化的发展，春节联欢晚会不仅在中国进行同步直播，还可通过多个国外频道及中国网络电视台向全球同步播出。很多喜欢中国文化的外国人和旅外华人、华侨能够通过网络平台与国人一同欣赏春节联欢晚会的节目。张震、吴京两大功夫影星参与到《江山如画》的节目中，吸引了更多的武术影迷来观看《江山如画》。节目唯美的画面、悦耳的音乐、纯正的中国功夫，使每位观众都融入震撼的中国功夫之中。节目本身又很好地宣传了中国武术、陈式太极拳。

不足之处：《江山如画》节目编排中融入了少林、太极、八极、八卦等传统拳法，由于节目效果的整体需求，并没有过多地演绎陈式太极拳技术动作。在吴京表演的一小段套路中，有一些动作属于陈式太极拳的经典动作，由于表演的陈式太极拳动作不多，使不了解陈式太极拳的国外观众对此拳术认知度不高，无法直观讲述陈式太极拳的魅力，而借此节目也没有起到很好的宣传陈式太极拳的效果。

五、陈式太极拳其他类型演出

同陈式太极拳舞台剧发展相比，其他类型陈式太极拳表演发展的比较乐观。根据调查显示，调查问卷302人中，有263人有演出经验，占到87%，有39人没有演出经验，仅占13%。所以说，国外陈式太极拳习练者对于参加演出这一方面还是比较在意的，在表演中不仅能够展现自己，还能够与他人互相学习交流。并且，一个精品节目从创编、排练、配乐，再到走场、配合、灯光等都需要参与者们尽心尽力的合作。即使是在一个简单的交流会上表演一套太极拳，也需要表演者有足够的胆量与勇气。

由于现在的"舞+武"结合和人们欣赏水平的不断提升，除了一部分传统的表演形式，又随之而产生出越来越多的表演类型。如国外的华人春节文艺晚会、华人庙会武术表演、各类娱乐活动中武术表演、综艺节目中舞台武术表演、各类重大体育赛事开闭幕式武术表演等；还有太极拳传播者、陈式太极拳大师在国外举办的培训开班仪式上的太极拳表演、参与国外武术赛事中太极拳表演等，这些都在不同程度上起到了推动国外陈式太极拳的传播与发展的作用。

第二节 太极拳国际竞赛情况

武术竞赛促进武术项目的传播与发展，具有十分重要且不可取代的作用。武术竞赛不仅向世界展示中华民族悠久的传统文化，还加快了武术国际化发展的步伐，促进各国武术技术水平的提高，并使参赛运动员为国争光。陈式太极拳项目也是国际武术竞赛中的一个重要的组成部分，因此，对陈式太极拳项目在国际竞赛中的情况进行研究，是本书重要的研究内容。

一、陈式太极拳竞赛项目设置情况

中国·焦作国际太极拳交流大赛、邯郸·国际太极拳运动大会、世界太极拳健康大会，是目前世界太极拳界规模最大、规格最高、影响最广的三大赛事，被誉为"太极拳盛会"，三大赛事在规定套路、传统套路和集体项目里面均设置了各式太极拳套路，而陈式太极拳设置的次数最多，可以看出陈式太极拳在世界上占有举足轻重的地位。

二、中国·焦作国际太极拳交流大赛与中国·温县国际太极拳年会

为弘扬太极文化，促进陈式太极拳的传播发展，扩大世界影响力。河南焦作市政府和河南省体委决定从1992年开始在陈式太极拳发源地温县举办"中国·温县国际太极拳年会"。最初，中国·温县国际太极拳年会一年举办一届，为了扩大规模，从第四届开始改为每两年举办一届，2000年举办第六届中国·温县国际太极拳年会的同时成功举办了第一届中国·焦作国际太极拳交流大赛，举办地由温县改在焦作举办。在前五届中国·温县国际太极拳年会之中，参赛的国家和地区及参赛运动员都较少，但是，前五届比赛的成功举办，也提高了太极拳在全球的知名度和地位，更提高了全世界习练太极拳的积极性，为后面的第一届中国·焦作国际太极拳交流大赛的成功举办奠定了基础，更为以后历届中国·焦作国际太极拳交流大赛的参赛国家和地区及参赛运动员知名度的提高和人气的聚集做了铺垫。

本书参照第一届至第七届中国·焦作国际太极拳交流大赛竞赛秩序册进行分析。了解到，第一届有国内外24个国家和地区，160个代表队，1672名运动员参赛；第二届有国内外24个国家和地区，156个代表队，1370名运动员参赛；第三届有国内外24个国家和地区，116个代表队，1149名运动员参赛；第四届有国内外32个国家和地区，202个代表队，2253名运动员参赛；第五届有国内外43个国家和地区，236个代表队，3038名运动员参赛；第六

届有国内外 37 个国家和地区，370 个代表队，3817 名运动员参赛；第七届有国内外 39 个国家和地区，406 个代表队，3211 名运动员参赛。由此看出，每届参加中国·焦作国际太极拳交流大赛的海外国家及参赛运动员呈逐届递增的趋势，对此大会关注的国外友人也越来越多。

第四届国外陈式男女参赛运动员比例为 70.76%、29.24%；第五届国外陈式男女参赛运动员比例为 53.48%、46.52%；第六届国外陈式男女参赛运动员比例为 60.18%、39.82%；第七届国外陈式男女参赛运动员比例为 55.47%、44.53%。国外陈式男女参赛运动员的比例差距在不断地拉小，更多的女性参与到太极拳的习练中来。从第四届至第七届国外陈式太极拳男女参赛运动员人数较稳定，在第七届国外陈式太极拳男女参赛运动员人数呈下降趋势，但这并不影响陈式太极拳在国外的传播速度。

第四届中，国外参赛运动员有 59 人报陈式规定套路、176 人报陈式传统套路、122 人报陈式短器械、9 人报陈式长器械；第五届中，国外参赛运动员有 9 人报陈式规定套路、66 人报陈式传统套路、50 人报陈式老架（大架）一路、3 人报陈式老架（大架）二路、3 人报陈式新架、80 人报陈式短器械、4 人报陈式长器械；第六届中，国外参赛运动员有 40 人报陈式规定套路、152 人报陈式传统套路、96 人报陈式老架（大架）一路、15 人报陈式老架（大架）二路、16 人报忽雷架；第七届中，国外参赛运动员有 6 人报陈式规定套路、51 人报陈式传统套路、48 人报陈式老架（大架）一路、41 人报陈式短器械。陈式传统套路、陈式短器械和陈式老架（大架）一路参赛运动员比较多，证明国外习练者比较喜爱。

第七届中国·焦作国际太极拳交流大赛，共有来自 39 个国家和地区，406 支代表队，3211 名运动员参加了本次盛会，本届比赛的国家和地区、代表队数量上已经赶超往届。这些参赛国家和地区其中大多数都来自亚洲和欧洲。来自亚洲的参赛国家和地区数 17 个，占参赛国家和地区总数的 43.6%；来自欧洲的参赛国家和地区数 14 个，占参赛国家和地区总数的 35.9%，而北美洲、南美洲、大洋洲和非洲的参赛国家和地区数相对较少，分别为 3 个国家、2 个国家、1 个国家、2 个国家，占比例为 7.7%、5.1%、2.6%、5.1%。亚洲参赛运动员最多，3141 名运动员，欧洲排第二位，为 49 名运动员。南美洲、大洋洲和非洲参赛运动员最少。究其原因，亚洲国家除在地理位置上离中国较近外，人种、气候、生活环境、文化思想等因素也都与中国较为相近，比较易于太极拳的传播；欧洲国家多为经济较为发达的国家，也是许多民间拳师乐意去教授太极拳的地区，再加之华人移民到欧洲国家的人数较多，华人居住的唐人街较多，也有助于文化上的交流和武术的传播。南美洲、大洋洲和非洲国家则因与中国距离较远，经济实力相对较弱，且武术属于非奥运项目，难以得到政府经费和政策上的扶持，所以武术传播与发展起来相对滞后。

三、中国·邯郸国际太极拳运动大会

为弘扬太极文化，促进太极拳的传播发展，扩大世界影响力，河北邯郸市政府和河北省体委决定从1991年开始在杨式、武式太极拳发源地永年区举办"中国·永年国际太极拳运动大会"。为了扩大规模，最初中国·永年国际太极拳运动大会前四届每两年举办一届，从第五届至第九届改为邯郸举办，每一年举办一届。从2002年至2014年由于种种原因，中间只举办了三届，而最后两届中间间隔六年之久。除第一届和第六届参赛的国家和地区及参赛运动员都较少外，其他几届参赛的国家和地区及参赛运动员都较多，最后两届参赛运动员最多。历届中国·邯郸（永年）国际太极拳运动大会的成功举办，提高了太极拳在全球的知名度和地位，更提高了全世界习练太极拳的积极性，使参赛人数逐届增多。

本文参照第一届至第十二届中国·邯郸国际太极拳运动大会竞赛秩序册进行分析。了解到，第一届有国内外17个国家和地区，43个代表队，309名运动员参赛；第二届有国内外25个国家和地区，152个代表队，1400名运动员参赛；第三届有国内外26个国家和地区，149个代表队，1300名运动员参赛；第四届有国内外24个国家和地区，123个代表队，1201名运动员参赛；第五届有国内外23个国家和地区，118个代表队，1016名运动员参赛；第六届有国内外19个国家和地区，102个代表队，653名运动员参赛；第七届有国内外17个国家和地区，105个代表队，870名运动员参赛；第八届有国内外14个国家和地区，116个代表队，976名运动员参赛；第九届有国内外22个国家和地区，124个代表队，958名运动员，92名观摩人员参赛；第十届有国内外10个国家和地区，91个代表队，1099名运动员，201名观摩人员参赛；第十一届有国内外22个国家和地区，183个代表队，1767名运动员，183名观摩人员参赛；第十二届有国内外20个国家和地区，197个代表队，1291名运动员，381名观摩人员参赛。由此看出，每届中国·邯郸国际太极拳运动大会的海外参赛运动员数量比较稳定，只有第一和六届参赛人数较少。

第九届国外陈式男女参赛运动员比例为51.28%、48.72%；第十届国外陈式男女参赛运动员比例为51.5%、48.5%；第十一届国外陈式男女参赛运动员比例为55.26%、44.74%；第十二届国外陈式男女参赛运动员比例为51.43%、48.57%。这四届中国外男女参赛运动员比例差距不大，波动范围小，比较稳定。

第九届中国·邯郸国际太极拳运动大会中，国外参赛运动员有15人报陈式太极拳、4人报陈式器械；第十届中国·邯郸国际太极拳运动大会中，国外参赛运动员有14人报第十二届中国·邯郸国际太极拳运动大会，共有来自20个国家和地区，197支代表队，1291名运动员和381名观摩人员参加了本次盛会，与第七届中国·焦作国际太极拳交流大赛参赛国家和地区、参赛人数情况较为类似，同样也是由于环境、位置、人种、文化思想与经济的原因，亚洲与欧洲的参赛国家和地区、参赛人数较多。而其他各洲由于经济及政府政策等种种原因，参赛的国家和地区较少，发展相比较缓慢。

成功之处：陈式太极拳内容丰富多样，国外习练者可以根据自身需求和爱好进行选择。每套拳术和每套器械都有不同的风格特点，比赛中又能根据自身的要求进行多种套路创编，不仅具有创新性，还具有自己的风格特点。在思维方式比较开放的外国人眼中，这一点也是非常具有吸引力的，另外，亚洲、欧洲国家太极拳开展较好，参赛国家和地区、参赛人数较多。

不足之处：整体来看是套路比器械受欢迎，而短器械又比长器械受欢迎。陈式太极短器械主要包括剑术、刀术；陈式太极长器械主要包括春秋大刀、梨花枪、白猿棍等。在比赛中长器械与拳术和短器械相比有一定劣势，比如：器械比较长不易演练和携带；在习练中需要人与器械的高度配合，有一定的危险性，在比赛中由于种种原因容易导致失误等。根据教练（师）教授陈式太极拳的一般规律来看，先是教学生一些基本的功法，其次是拳术，在拳术学习到一定的程度时才会教授一些器械，由于器械学成的时间比较长，难度较拳术大，因此在比赛中国外参赛运动员也不会过多地选择器械；另外，北美洲、大洋洲、非洲国家太极拳开展得不好，参赛国家和地区、参赛人数较少。

四、国外陈式太极拳习练者竞赛情况

从武术竞赛中了解拳种的发展现状至关重要。对反馈回来的问卷进行分析，国外陈式太极拳习练者参与比赛的情况如下：国外习练者选择参与（是）陈式太极拳项目比赛的有244名，占总体的81%；选择不参与（否）陈式太极拳项目比赛的有58名，占总体的19%。可以看出多数习练者愿意通过比赛来提高自身的太极拳水平。

随着太极拳在国际上传播的速度越来越快、范围越来越广、习练人群越来越多，为了满足习练人群的需求及发展好世界各国的武术技术水平，国际武术联合会除了在中国举办国际级赛事外，各洲、各国、各地区也会根据自身武术发展的情况，酌情举办一些各级别的武术赛事。国外陈式太极拳习练者可根据自身情况，自由选择参加各级别的武术赛事，进行交流与学习。根据调查得知，国外陈式太极拳习练者参加过的各级别比赛情况如：参加地（市）级的64人、省（洲）级的50人、国家级的63人、州级的47人、国际级的101人。

据调查得知，国外陈式太极拳习练者报名参赛陈式太极拳项目的情况如下：报名参赛陈式太极拳老架一路项目87人次、陈式太极拳老架二路项目65人次、陈式太极拳新架一路69人次、陈式太极拳新架二路49人次、陈式太极拳小架一路36人次、陈式太极拳小架二路37人次、陈式简化太极拳28人次、陈式国家规定套路28人次、陈式太极拳单剑35人次、陈式太极单刀19人次、太极球19人次、梨花枪夹白猿棍19人次、五虎群羊棍14人次、太极推手走化16人次、陈式太极春秋偃月刀12人次。对于大多数陈式太极拳械套路和推手走化，国外习练者还是比较喜爱的，对于这种多套拳械和推手共同发展的好局面还是值得高兴的。

国外陈式太极拳习练者对于竞赛方面还是比较热衷的、参赛比较积极的。陈式太极拳通过竞赛不仅能够起到传播太极拳的作用，而且国外习练者通过竞赛可以了解自己的习练程度与技术水平，同时结识各个拳友，达到相互学习、相互交流，共同进步的目的。从陈式太极拳老架一、二路的参赛人次上可以看出，两套拳是最受国外习练者欢迎的，这与两套拳自身也有很大的关系，这两套拳是在陈王廷传授下来的基础上又进行了改进与完善，浓缩与精炼了原有太极拳套路的精华而形成的现有套路。这两套拳一柔一刚，一阴一阳，在比赛中两套拳不管是各自单独演练，还是有机结合，都能起到不同凡响的效果。陈式太极拳新架一、二路；陈式太极拳小架一、二路也比较受国外习练者的喜爱。而陈式太极剑是器械中最受国外习练者喜爱的，剑俗称"君子"，携带方便。

第三节　太极拳国外练习人群情况

调查问卷共发往新加坡、马来西亚、泰国、英国、德国、俄罗斯、瑞士、意大利、希腊、美国、加拿大、澳大利亚等国家，横跨亚洲、欧洲、北美洲和大洋洲四个大洲，以上这些国家相比之下多为经济实力较为发达的国家，也是许多太极传播者、民间太极拳师乐意去教授太极拳的地区，再加之华人移民到这些国家的人数较多，华人居住的唐人街较多，有助于太极拳的传播与推广。

国外陈式太极拳习练者年龄分布情况，练习陈式太极拳的年龄人群主要集中在40～59岁，158人；其次是25～39岁，74人；最后是18～24岁，51人；这些人群主要是中、青年人。对于40～59岁的这一人群主要有以下特点：第一，有强烈的健身意识。在国外，人们的健身意识本身就比较强烈，而中年人随着年龄的不断增长，人们对长寿和生活质量的要求更加渴望。经常习练可以增强身体抵抗力，延年益寿。第二，有充足的习练时间。这一年龄段人群部分人已经退休，而陈式太极拳的习练又需要长时间的坚持，因此，对于习练时间上这些人还是可以达到一定的量，起到真正锻炼身体的效果。对于18~39岁的这一人群主要有以下特点：第一，可以舒缓工作压力。这一年龄段人群都是上班族，也是支撑整个国家和家庭的顶梁柱，上班时间长、工作节奏快、精神压力大。太极拳为有氧运动，经常习练可以有效缓解人的紧张情绪，舒缓身心，强身健体；第二，从内心喜爱这项运动。太极拳除有表演比赛、强身健体的功能，更有攻防技击的功能，深受这一年龄段人群的喜爱。

国外陈式太极拳爱好者了解陈式太极拳并参与到其中的习练，途径多种多样，据调查可知，从影视作品中了解到的有86人，占比为28.5%；从网络媒体中了解到的有89人，占比为29.5%；从报刊书籍中了解到的有98人，占比为32.5%；从武术比赛中了解到的有57人，占比为18.9%；从武术表演中了解到的有53人，占比为17.5%；从运动队训练了解到的有45人，占比为14.9%；从学校武术教学中了解到的有36人，占比为11.9%；从民办武校中了解到的有23人，占比为7.6%；从社会培训中了解到的有27人，占比为8.9%；从健身俱乐部中了解到的有23人，占比为7.6%；从公园或广场中了解到的有35人，占比为11.6%；从民间交流活动中了解到的有21人，占比为7%；从民间拳师中了解到的有26人，占比为8.6%；亲朋好友推荐的有42人，占比为13.9%；自幼习练或有基础的有16人，占比为5.3%。国外陈式太极拳习练者了解陈式太极拳并参与习练的主要途径前三位是：报刊书籍、网络媒体、影视作品。对于这一点笔者认为应当引起国家相关领导和国际武术组织的高度重视，想要更好地发展与推广一个拳种应当丰富它的传播途径，能够让受传播者丰富而全面的认识一个拳种并喜欢上这一拳种是第一步，也是关键和重要的一步。这一点陈式太极拳做的还是比较好的，针对现代人的寻求信息来源，增加书籍放行，丰富网络资源。

国外陈式太极拳爱好者经常习练的陈式太极拳项目分类，据调查可知，习练陈式太极拳老架一路有137人，占比为45.4%；习练陈式太极拳老架二路有105人，占比为34.8%；习练陈式太极拳新架一路有75人，占比为24.8%；习练陈式太极拳新架二路有58人，占比为19.2%；习练陈式太极拳小架一路有 46 人，占比为 15.2%；习练陈式太极拳小架二路有 38 人，占比为 12.6%；习练陈式简化太极拳有 45 人，占比为 14.9%；习练国际规定套路有 39 人，占比为 12.9%；习练陈式太极剑有 63 人，占比为 20.9%；习练陈式太极刀有 42 人，占比为 13.9%；习练太极球有 28 人，占比为 9.3%；习练梨花枪夹白猿棍有 29 人，占比为 9.6%；习练五虎群羊棍有 18 人，占比为 6%；习练太极推手、走化有 40 人，占比为 13.2%；习练陈式太极春秋偃月刀有 18 人，占比为 6%。从以上数据可以看出，陈式太极拳在国外发展的总体情况还是可喜的，不管是拳术还是器械都有一定的习练人群，陈式太极拳老架（大架）一路、陈式太极拳老架二路、陈式太极拳新架一路和陈式太极剑习练人数相比较多一些，五虎群羊棍和春秋偃月刀习练的人数相比较少一些，应该引起重视，有待于增加。

对于国外陈式太极拳习练者，他们认为陈式太极拳最吸引他们有以下几个功能：攻防技击 106 人，占比为 35.1%；套路动作艺术美感 102 人，占比为 33.8%；文化内涵 107 人，占比为 35.4%；中国传统文化 112 人，占比为 37.1%；强身健体 106 人，占比为 35.1%；修身养性 103 人，占比为 34.1%；娱乐观赏 41 人，占比为 13.6%；人际交往 28 人，占比为 9.3%；培养坚强意志品质 32 人，占比为 10.6%。有攻防技击、艺术美感、文化内涵和中国传统文化功能相比之下更受国外陈式太极拳习练者的青睐。陈式太极拳的一招一式都有攻防含义，这一点更是陈式太极拳的精华所在，而且国外人较之国人更喜欢攻防格斗。陈式太极拳刚柔相济、松柔慢匀、轻灵圆活。老架（大架）一路主要以柔为主，柔中有刚；老架二路主要以刚为主，刚中蓄柔，剑如游龙，刀如猛虎。练时动如脱兔，静如处子。太极拳文化内涵融入套路之中，一招一式、一开一合、一阴一阳、一实一虚、以退为进。陈式太极拳的创编更是结合了儒、道、释家思想及医学等创编，是值得人们一生学习和揣摩的拳术。

陈式太极拳习练者在练习陈式太极拳时对于它的困难点，有以下几个方面：认为动作架势低难练的有 108 人；认为动作发力多难掌握的有 117 人；认为动作与呼吸难配合的有 104 人；认为教练水平低的有 85 人；认为语言沟通困难的有 68 人；认为对陈式太极拳理解不够的有 63 人；认为对中国传统文化不够理解的有 35 人。"拳练千遍，其义自现"动作架势低，发力多和动作与呼吸配合，这对于初学者来说是比较困难的三方面，也是最重要的三方面，更是区别于其他各式太极拳。陈式太极拳对习练者的下肢力量有一定的要求，但是如果只是想要达到健身效果或者是老年人和儿童习练，可以稍微地放高功架和减少发力。随着国外习练陈式太极拳的人数不断增多，对教练的要求也随之提高。不仅要提高教练的技术水平，理论方面也要得到一定的学习，才能正确地表达与传递陈式太极拳所蕴含的文化。英语作为国际语言，教练也应当掌握，不要求能达到多么高的水平，最起码教学中的专业术语和平时的生活用语应当掌握。

国外陈式太极拳习练者认为陈式太极拳与其他拳种相比在国际上传播有优势所在的，有以下几个方面：认为攻防技击相比较强的有 106 人；认为艺术美感相比较好的有 96 人；认为观赏价值相比较高的有 87 人；认为健身效果相比较佳的有 127 人；认为文化内涵相比较深厚的有 95 人；认为人际交往相比较强的有 48 人；认为影视作品相比较多的有 50 人；认为媒体宣传相比较多的有 38 人；认为举办此类赛事相比较多的有 25 人；认为举行此类表演相比较多的有 24 人；认为民办太极武校相比较多的有 27 人；认为民间交流活动相比较频繁的有 21 人；认为国际社会相比较重视的有 27 人。陈式太极拳在国际上的传播与发展相比较于其他拳种还是名列前茅。一个拳种在国际上有一定的传播优势能推动它更好地发展，对于陈式太极拳的攻防技击、艺术美感、观赏价值、健身效果和文化内涵几个方面更得到国外陈式太极拳习练者的认可。

第六章 太极拳文化国际传播探究

第一节 东西方身体观

身体是我们每一个人的私有财产，因此关于身体的知识成为最普及的知识。怎样对待一般疾病、怎样对待肥胖、怎样进行体育活动、怎样预防传染病、保健秘诀何在、如何保持膳食平衡，这些问题被铺天盖地地宣传，它们冲破了医学神话的神秘雾霭，而一再变成普通知识，每个人都知道运动之于身体的重要性，每个人都知道肥胖和健康的关系。没有哪一种知识比健康知识更加基本、更加广为流传。事实上，关于身体的话题，无论是我们自己还是历史总处在一个缺位状态，如关于身体的养护在我们一生中呈现"V"字形，年少、年老时重视身体，其他时间往往在挥霍身体。拥有它时我们往往忽视它；失去它时我们才发现其弥足珍贵，这可能是人类难以逃离的律背反现实。身体，确实是一个奇怪的现象。身体已经成为充满象征意义的符号系统，身体的状态和动作在人类的文化和日常生活的交流中承担着信息传递和重要的语言交流职能。艾伯特·瑞宾发现，在一条信息传递的全部效果中，只有38%的信息是有声的——包括音调、变音和其他声响，7%的信息是语言——只是词，而55%的信号是无声的。由此可见，身体研究已经引起当今学者的共同关注，寄希望通过"重新返回身体"以寻找人类的文化原点，再现身体以外的文化意义或社会意义。

莫里斯·梅洛-庞蒂曾说："身体是我们能拥有的世界的总的媒介。"有时，它被局限在保存生命所必需的行动中，因而它便在我们周遭预设了一个生物学的世界。而另外一些时候，身体通过行动呈现出了一种新的意义的核心,这真切地体现在像舞蹈这样的习惯性运动行为之中。有时,身体的自然手段最终难以获得所需的意义,这时它就必须为自己制造出一种工具,并借此在自己的周围设计出一个文化世界。我们知道,人的存在既是肉体的存在,也是精神的存在,这表明人赖以生存的身体是一个灵与肉、身与心一体化的整体概念,但是我们往往容易把身体(body)当作肉体(flesh),这显然是对身体的降格。身体是多维度、多层次的现象,身体既是自然的产物又是文化的产物,并牢牢地固定在历史的时刻。由于一切个体生命的性别、情感、欲望、状态都显现在这一肉体之中,一切社会的政治、文化、道德及人的世界观等意识形态问题都会通过人的身体传递出来,因此无论是在官能感受还是在抽象的精神方面,体育离不开身体,无论其目的是"针对身体的教育"还是"通过身体的教育",都与身体密不可分。人类对于万事万物的感知首先源于自己的身体,无论是人的思想、精神,还是情感、欲望均是通过身体予以表达的,因此维特根斯坦曾指出:"人的身体是人的灵魂的最好的图画。"与"我"最为亲近的身体"是什么",这一哲学命题是人类讨论的永恒话题,其焦点问题就是身体或肉体与灵魂的相互关系,二者究竟是分而对立还是合二为一,关于人类身体和灵魂关系的探讨就是哲学上的身心观。可以这样说,没有哪一个学科会像运动这般如此频繁地需要身体进行体会、阐释、表达,而身心之间的关系又会直接影响人在运动中的表现和感受。因此,对太极拳运动中的身心观进行探讨也具有一定的理论意义和现实价值。

《现代汉语词典》(第七版)对"身体"的解释是:指一个人或一个动物的生理组织的整体,有时特指躯干和四肢。而《牛津英语词典》对"身体"的解释是:人或者其他动物的物质材料框架或结构,该组织通常被视为一个有机的实体。由此看来,无论在东方还是西方,"物质性"是身体的基本含义。有时为了侧重身体某一方面的物质特性,英语表达中会有相应的词语与之相对应,如 flesh 强调身体的血肉之躯;soma 强调身体组成的有机性;corporeality 强调身体的物质形体。这些专有词语的出现与古希腊以来人们对身体的元划分具有一定的联系,当身体被人为分割成物质性的身体与超越性的精神和灵魂之后,身体就仅仅剩下血肉之躯了。不得不说,德语在这一方面具有独到之处,其关于"肉体"与"身体"的表述具有明确的区分,"肉体"

指外在的肉身躯体；而"身体"则是指日常生活中活生生的身体，其内涵与当前对身体的研究基本吻合。按照现有研究来看，东方一元论、西方二元论是目前东西方身体观研究的共识，但是随着研究的深入和社会的纵深发展，无论东方还是西方均已认识到身体具有多样化的复杂面貌，其中莫里斯·梅洛-庞蒂的说法具有典型意义："在20世纪中，'身体'和'精神'的界限变得模糊。人们把人的生命看成既是精神的，也是身体的，人的生命始终以身体为基础，在其最具体的方式中始终涉及人与人之间的关系。在19世纪末的许多思想家看来，身体是一块物质，一堆机械结构。在20世纪，人们修正和深化了肉体，即有生命的、身体的概念。"毫无疑问，如果这一认识能够在西方得到广泛传播，必将对太极拳的西方传播奠定良好的基础。

一、西方身体观

苏格拉底（公元前469年—前399年）古希腊著名哲学家，他和他的学生柏拉图及柏拉图的学生亚里士多德被并称为"希腊三贤"。苏格拉底在哲学上的伟大成就是摆脱了"自然哲学"的限制，开创了"伦理哲学"的新领域，使哲学研究"从天上回到了人间"，其哲学思想之一就是"灵魂不灭说"，该学说将物质和精神的分化进一步明确起来，将灵魂看作与物质有本质不同的精神实体。这一学说被其学生柏拉图进一步发扬光大，为自我认识的二元论倾向制造了最根本的基座。柏拉图宣扬神秘的理念论和灵魂不灭论，柏拉图将身体看作是灵魂的坟墓，同时对灵魂和身体的区分、灵魂的不朽做了严格的论证。柏拉图将世界划分为现实世界和理念世界，理念世界作为世界的本质，是永恒的抽象存在，而且柏拉图认为理念世界高于现实世界，理念是独立于个别事物之外的实体，个别事物是完善的理念中不完善的"影子"。与此相应的是，柏拉图将人的存在也看作是由可见的身体与不可见的灵魂两部分共同组成，其中灵魂是永恒的，而身体却是短暂的、可朽坏的，人类唯有通过不朽的灵魂方能获得真知，而通过可朽的身体是无法达到这一目的的。"人的灵魂可以分为理性、激情和欲望，其中理性乃灵魂的真谛，是三者中最为高尚的存在，而欲望更多的是与身体相关联，容易把人们带入罪恶的深渊"。古希腊神话中日神、酒神的争斗实际上也是理性与感性的冲突，因为日神阿波罗代表理念与精神，而酒神狄俄尼索斯代表感性与欲望，柏拉图崇尚理性，因此警告人们千万不要靠近肉体，以防肉体玷污了纯洁的灵魂。柏拉图认为的身心关系是理性与身体欲望的对立，无须身体的理性是真正的不朽，而物质的身体仅仅充当了净化灵魂的工具。由此我们可以看出，柏拉图使灵魂与肉体、理性与感性的关系变得更加紧张，但是并没有彻底将身心二元予以对立，仅仅将身体逐出不朽的神圣行列。

教会统治时期的西方，西方哲学带有严重的宗教倾向，其中对后世哲学影响最大的可能就是诺斯底主义。诺斯底主义是从东方各宗教的混合体及希腊的神秘主义发展出来的宗教流派。纵观各学者对诺斯底主义的研究，以下特征已经达成共识：诺斯底主义是极端的二元主义，它对宇宙和人都做了严格的两极化区分：灵与肉、善与恶、精神与物质；诺斯底主义完全否定可见世界的任何价值，物质性的东西就是恶的，物质与恶是同义词，与上帝（至善）相对的不是罪恶或撒旦，而是世界与物质；人是二元的混合物，其中包括与物质世界相同的部分，即魂与体，它们是完全没有属灵价值的；但人亦有神圣的构成物——灵，它一直处在沉睡或受压制的状态；精神与物质的关系，就如人与世界的关系，后者是前者的囚牢，为前者行动的限制，故两者是互相对立的；诺斯底主义建造了层级世界观和属灵观，从精神世界到物质世界是一个下坠，而从物质世界到精神世界则是一个攀升。由此可以看出，诺斯底主义具有鲜明的二元论特征，物质与精神、灵与肉、善与恶……它强化了非理性中心主义的二元论传统，具有浓烈的宗教色彩，诺斯底主义曾经是历史舞台上出现过的二元论的最极端的化身，它对人们的实际生活有两方面的影响：身体是超道德的，所以放纵情欲没有关系；物质的身体没有实际价值，人可以尽力地克制也可以尽情地放纵。诺斯底主义的二元论倾向对后世的西方哲学产生了较大的影响，我们可以在培根、笛卡儿、黑格尔、荣格等人的著作中辨识出诺斯底主义的思想痕迹。

笛卡儿第一次提出了"身心二元论"的系统理论，并对身心二元的观念做出了更为系统和本体论意义上的论述，成为统治近现代西方思想界的主流身心观。笛卡儿认为，人类是由灵魂（心灵）和身体组合而成的，身体是机械式自然的一部分，而心灵是一个纯思的实体。作为机械自然一部分的身体活动必然遵循力学的基本规律，而所有的物理运动和反应均可以利用机械力学的定律予以解释，因此，人具有物理性的基本存在。但是人类除了具有机械性的一面以外，还具有思维活动，人类可以怀疑除自身以外的任何对象，此时的"我"显然是怀疑活动的主体，因此笛卡儿说："严格地说，我只是一个在思想的东西，也就是说我只是一个心灵，一个理智或一个理性。"此时的"我"已经超越物理存在的形体，"我"可以想象自己没有形体，但是不能想象没有思想，因此，人类还具有精神性的基本存在。这两种基本存在就是意识与肉体，如此一来，人就成为两种不同实体的联合。笛卡儿认为感觉是联系物质和精神的关键点，由于感觉仍然是思维能力的一部分。因此，灵魂和肉体是两种完全不同的实体存在，灵魂区别于肉体作为单一的存在而不朽，肉体作为广延的存在遵循其机械运动。由此笛卡儿认为意识和肉体是两种完全不同的存在，其中任意一者都可以独立而不依赖另一者存在，由此建构了笛卡儿的身心二元论。灵魂是思维的主体，具有超强的认识和反思能力，因为一切事物都是可怀疑的；身体是理性思维认识、规范和利用的对象，身体由此也降格为纯粹的物理存在；心灵高于身体，具有不可怀疑与不朽性。

当笛卡儿深信身心二元论时，新的问题又接踵而至，肉体也有真实的感觉："当我感觉痛苦的时候，它就不舒服；当我感觉饿或渴的时候，它就需要吃或喝。"这些真实的感觉让人觉得"我不仅住在我的肉体里，就像一个舵手住在他的船上一样，而除此之外，我和它非常紧密地连接在一起，融合、掺混得像一个整体一样同它结合在一起。因为，假如不是这样，那么当我的肉体受了伤的时候，我，这个仅仅是一个在思维的我，就不会因此感觉到疼，而只会用理智去知觉这个'伤'，就如同一个舵手用视觉去查看是不是在他的船上有什么东西坏了一样；当我的肉体需要饮食的时候，我就会直截了当地认识了这件事，用不着饥渴的模糊感觉告诉我。因为事实上，所有这些饥、渴、疼等感觉不过是思维的某些模糊方式，它们是来自并且取决于精神与肉体的联合，就像混合起来一样"。灵魂和身体浑然一体，只要身体受伤，不需要任何中介"我"就会感到疼痛，"我"得到的这些感觉显然离不开肉体和灵魂的共同作用，由此引出的问题是：既然精神与肉体是两种完全不同的实体存在，这二者又是如何结合到一起的呢？笛卡儿随后说："精神并不直接受到肉体各个部分的感染，它仅仅从大脑甚至大脑的一个最小的部分之一，即行使他们称为共同感官这种功能的那一部分受到感染，每当那一部分以同样方式感受时，就使精神感觉到同一的东西。"如此看来，笛卡儿又认可身心交感说，而松果体理论便是笛卡儿解释这一现象的良好武器。不可否认的是，笛卡儿的身心二元理论有着自身难以克服的矛盾，但是其"二元论"理论开启了身心关系探究的大门，让后继者大放光彩。

本质而言，西方身心二元论思想是由西方哲学主客二分、物我二分的认识世界、思考问题的方式而产生的，这一二元论倾向直接导致了西方社会科学理性、工具理性的盛行。这一工具理性观对体育运动的影响体现在以下方面：整体的"人"被严格地区分为灵魂和身体，且灵魂高于身体，因此体育被看作是针对身体的教育，与其他的"智识"教育具有鲜明的区别。虽然尼采、叔本华等人试图以身体优先论对这一观点予以矫正，但也只是将置于理智或灵魂下的身体推到更高的地位，并没有摆脱体育为纯粹的身体教育的桎梏。时至今日，这种现象在西方体育界仍然随处可见，体育运动参与者锻炼身体时重视的是体态与肌肉的外在美观，无关乎精神与心灵；各类竞技项目的世界纪录不断被刷新，这其中暗含了运动员的超负荷训练和各种科学技术手段的应用，甚至层出不穷的违禁药物的滥用；体育科学研究中仍然重视解剖学上的身体，各种数据的获取往往在精神"缺位"的状况下取得。因此身心二元的身体观往往忽视了身心和谐发展的要务，无形之中加剧了身体活动与内心需要之间的分离，进而拉大了身体活动与心理愉悦间的距离。可喜的是，西方体育界、哲学界目前已经认识到了身心二元带来的危害，开始崇尚身心一体、倡导身心一体的修炼，这一思想反映在实践中"身心灵"运动的兴起。简单说来，"身"就是指身体；"心"是指心理；"灵"则是指宇宙万物皆具的能量，也可称为灵性，而"身、心、灵"注重的是三个层面的统一与和谐，将人视作身、心、灵的统合体，以寻求整体的健康与灵性的成长。这一运动于20世纪60年代在美国兴起，它整合了东西方的文化传统，尤其是从东方哲学和宗教、心理学中汲取灵感，也在古老智慧与科学最新动态的启发下，发展出各种体系的身心灵疗愈活动，如禅修、瑜伽、占星、催眠、花精、塔罗、芳疗、能量等。由于这类运动与太极拳具有一定的同质性，因此它的兴起与发展对太极拳的西方传播也起到了良好的促进作用。

二、东方身体观

韩国高丽大学朴在述在对先秦儒学中身心概念的语源论进行考察后认为："身"是怀着具有同样形躯的人（婴儿）的身体器官；"体"也具有这种物理意义上的身体概念，但"体"可以引申为四肢、五官、五脏、躯体等，四体多指身体的肢体或全身，以及身体的形象。由此我们可以看出，先秦儒学的身体并不只停留在物理意义上的肉体领域，还包括精神意义上的心灵领域，即儒家哲学认为人类的身体与心灵是一元的，诚如《论语·学而》载有的："吾日三省吾身。为人谋而不忠乎？与朋友交而不信乎？传不习乎？"此处的"身"显然不仅指物理意义上的身体存在，而是主体的人的内在样式，即身心并没有严格界限的状态。这一认识论与中国人考察世界与自然的方式具有一定的关联，迫于认识能力的局限和社会生产力水平的低下，中国人认知大自然时充满了忧患、敬畏，往往以"切己自返"和"返身而诚"的方式认识大自然，将人本身作为宇宙的起点和本源，同时以"依形躯起念"的方式来构造自己的宇宙理念，即以自己的身体作为参照来认识世界，由己推物、事必躬亲、倾力而为等诸如此类的词语更是强调了亲身体验在认识大自然中的重要性，由此也导致外在的客观对立如内与外、人与物、主观与客观、本我与非我等概念经由一种亲身性的身体真正融为一体，因此这种物我合一的身体不再局限于七尺血肉之躯，而是一种非实体化的"潜在的身体"。中国古人以一种"借用显体"的方式经由行为向无穷无尽的大千世界显现和开放，世界的万事万物都被视为人身体行为的"目的论的项"，"人身虽小，暗合天地"，整个宇宙都被视为人自身的身体场。这可能也能够解释通过八卦图为什么可以推演宇宙间的生生变化，解释组成世间万物的元素及其运行方式：太极生两仪，两仪生四象，四象生八卦和一而二，二而一，宇宙一太极，人体一太极，最终仍然合一的哲学思想。

尽管东方哲学中崇尚身心合一，但是身心的外在体现仍然具有差别，如我们经常说的"人非草木,孰能无情?"情是指人的情感表现,属于人的心理活动范畴;与情相对的欲,是指人的生存和享受需要,属于生理活动的范畴,有谚语说:"情太切伤心,欲太烈伤身",由此可见情与欲属于两个联系密切,但又分属不同领域的"心"与"身"。本质而言,七情六欲是人类的基本生理要求和心理状态,人类作为具有灵性的高级动物,不仅能接受、感受信息,而且会产生感动、激动、冲动等外在表现,这些外在表现往往并不会直接显露在外,而是运用理智加以节制或处理,而不是仅仅停留在动物的本能水平上。因此,情与欲是人性的基础,是人人皆有的本性。在中国传统体系中,情是一个较为重要的概念,《素问·阴阳应象大论》载有"人有五藏化五气,以生喜怒悲忧恐",喜、怒、悲、忧、恐本是人体对外界刺激做出的应激生理反应,但是中医认为怒伤肝、喜伤心、思伤脾、忧悲伤肺、惊恐伤肾,人体的健康状况与情志相连。传统中医认为"情"与"气"相通,而人体气机的升降和人与人的生理、健康状况有着直接而密切的联系,只有正常、合理、适度的情绪表现才有利于人的生理健康,如《素问·举痛论》载有"喜则气和志达,营卫通利,故气缓矣",而"喜乐无极则伤魄,魄伤则狂,狂者意不存人"。由此可见,只有维持适度的精神刺激才可以保障身体处于健康状态,否则易于引起体内阴阳、气血及脏腑功能活动的失调而导致疾病的产生。

《三因极一病证方论·三因论》载有:"七情,人之常情,动之则先自脏腑郁发,外现于肢体,为内所伤。"其大意是说,七情作为一种"生命意向",既是从"心"而发的,又处于"心"与"身"之间,而成为一种亦心亦身、身心一体的生命活动的体现,七情是内外环境共同刺激引起的心理、生理的复杂反应,是心理与生理相互影响、相互作用的结果。因此,中国传统养生学要求"法于阴阳",达到这一境界不仅可以使"形与神俱",而且能使我们"适嗜欲""无恚嗔""恬愉务"而返璞归真(《素问·上古天真论》)。返璞归真自然可以怡养性情,由此也导致了中国传统养生不仅重视修身,同时也重视养性,只有如此,才可以真正实现身心一统、共同促进,故有中国古代医家"时时有长生之情"则必"刻刻有长春之性"的记载,于此,中国传统养生中就在"情"和"性"之间架起了一座桥梁,两者是一而二、二而一的关系。诸如荀子的"形具而神生,好恶喜怒哀乐藏焉,夫是之谓天情"(《荀子·天论》），孟子的"乃若其情，则可以为善矣"，王夫之的"践形必践情"（《周易外传卷二·无妄》），董子的"性情相与为一"（《春秋繁露卷十·深察名号》），刘宗周的"利贞者，性情也，即性言情也"（《易簀语》）等名言均表明了"情"与"性"之间的内在关系，可以"以性训情"，这也由此而产生了中国传统养生体系中的一大特色：修身应与礼乐诗书等道德教化相联系，以此达到"诚于中，形于外"的身心一体境界，而不是仅仅修饰与身体有关的外在部分。

中国自古以来就十分重视修身，如孔子说的"吾日三省吾身"、荀子说的"君子之学也，以美其身"及《大学》中提出的"修身为本"。这是因为中国古人认为身体是身心一体，而不仅仅是外在的形貌，明理、明见、养道、养德、养性、养气、见益、笃学、律己等修身要素均不可小觑，由此也导致中国古代修身的范畴较为广泛，如儒家主张通过"尽心""诚意""养气""尚志""践形"等手段予以修身；道家主张通过"心斋""坐忘""虚化""清静""无为"等手段予以修身；佛家主张通过"戒、定、慧"等手段予以修身。尽管各门各派的修身取向与手段有所不同，但是它们均是从各自生活的语境出发，探寻人类阴阳平衡、身心和谐的修身之道。

第二节　太极拳文化符号传播内容

一、中西方文化符号差异的渊源

中国文化的思想渊源和价值取向与其连续性有关，在历史的连续中，形成了内在和谐基因，表现出文化内在联系的普遍性和多元性特征，成为沟通和协调人与人、人与自然的天然纽带。在横向上，中国传统文化又具有多元性，反映在不同民族之间的特殊性、多元性、相对性方面，统一与多元性交织的核心在于和谐，成为中华文化不死的灵魂。而西方文化由于历史的原因，呈现出非连续的态势，但是，西方文化融合了很多其他文化因素，它强调客观性、直接性，主张理性思维，加之工业革命、科技革命的影响，西方文化推崇自然科学，使他们在较短的时间内迅速发展。这样，更加增强了他们征服自然的欲望，在西方人的视野中，人是凌驾于自然之上的，只有在征服自然、战胜自然的艰苦斗争中才能求得生存。但是，"短而快"的发展也暴露出了许多不和谐的现象，西方需要一种和谐的文化来协调各种矛盾，而在此时，中国的和谐文化恰好可以满足他们所需，这也是两者有可能进行跨文化交流的前提。因此，在文化交流可能的大背景下，可以为具有中国文化特质的太极拳在美国的跨文化传播提供理论的可行性。虽然太极拳不能代表全部的中国文化，但是通过习练太极拳，可以为西方人提供一种和谐思想的身体体验，无论是对其身体健康，还是对心理健康方面，都具有重要意义，通过太极拳的跨文化传播还可以传播中国文化的基本理念。在偌大的文化体系中，想打包中国文化给西方人是不可能的，需要以点带面地传播，就一个体育项目来说，当人们提及时，会直接联想到该国的文化特征：印度的瑜伽、韩国的跆拳道、泰国的泰拳是这样，中国的太极拳亦是如此。

二、太极拳文化符号要素分析

剖析一种文化符号的结构，可以更好地研究该文化的思想与实践行为，符号本身也见证了人改造世界和自身的过程。根据文化三层次理论，太极拳作为一种文化形态，也由物质文化、制度文化、精神文化组成，若要研究符号的结构内容，必将涉及其分别形成的物质、制度和精神层面，这些内容可以进一步通过身体符号、视觉符号、行为符号等多种具体物质形式表现出来。但是，根据符号圈理论，太极拳并非是孤立的存在的，也不是分散的、个体的，太极拳有它自身的特点、运动方式和思想内涵，运用文化符号圈里的空间、中心、区域和界限等概念，将它们整合成一个有层次的动态多元而相对稳定的结构体系。

（一）太极拳文化符号的"中心"和谐

洛特曼认为，符号圈的"中心"具有较强的组织协调功能。文化符号圈的中心形成以后，总是力图将所有的文化内容传播到整个符号圈中，这样，此文化圈中的中心轴就会贯穿文化整体，成为描述这种文化的元文化。随着符号圈"中心"自我描述过程的完成，文化具有了核心的结构，并形成系统，在文化系统运行的过程中，都会围绕元文化进行。那么，太极拳文化符号圈中的中心就是其所指，中心轴则是一种"圆道"文化，来源体现中国传统和谐精神的诸多思维观点，诸如太极发生论、五行平衡论、生命整体论、道论和气论等，不仅包括人自身的和谐，还包括人与自然、人与社会之间的和谐。在文化的三层次理论中，和谐是一种理念，隶属于精神文化范畴，它并非物质的，但是可以支配人的外在行为，这使太极拳运动具有了"生命"内涵。太极拳文化符号圈将人、传统文化与自然纳在自己的体系之中，并且通过身体确立为太极拳的主宰，因为太极拳文化是围绕"和谐中心"的身体而确立的符号系统。

在人与人、人与自然和人自身的关系之间都存在一个交点 O，如果想要达到整体的平衡，以上二者之间的关系应该是"和谐"，内部和谐与外部和谐是统一的。太极拳正是这样一种文化，在其文化符号圈中，所谓的中心即为原点，统筹各种关系，无论是内在的所指还是外在的所指都是围绕"和谐"中心进行的。太极拳文化符号圈的"中心"则为其深处的文化所指与外部空间能指的中心轴线，它把太极拳的价值观扩散到整个符号圈当中，构成了太极拳深厚的文化底蕴，是一种高度抽象的内在精神实质。所有的太极拳运动行为必须体现其文化规范的要求才能称为太极拳，假如身体的运动脱离了文化内涵，那么它们会被认为是没有意义的，甚至是不存在的，肢体的动作也就成为无源之水、无根之木。然而在事实上，那些脱离"中心"的存在行为是存在的，而且相当普遍。越是初学者，越明显，洛特曼把这种现象描述为"边缘"，它是符号圈中最为活跃的领域，而且符号圈"边缘"的符号活动与"中心"是矛盾和冲突的，越是远离中心，这种矛盾就越尖锐，冲突就越激烈。太极拳文化符号是一种确定的文化象征，而"边缘"的存在就使太极拳具有了多元化的可能。在现实社会中，太极拳可以作为竞技、健身、娱乐等方式存在，若脱离了文化符号圈"中心"，就很有可能丧失太极拳的主题价值。同时，洛特曼文化符号圈理论中还提到"中心"的固定性会使其失去多样性、灵活性和动态性，耗尽了不确定性的潜能，最终成为符号圈发展的阻碍因素。太极拳文化符号圈也存在相同的问题，如果一味地强调符号"中心"的价值，也有可能会使它呆板固执，对其发展不利。所以说，太极拳文化符号圈中允许边缘的存在，但是又不能超过一定的界限，练习太极的目的是逐渐向其"中心"靠拢，同时又可以发挥个人的风格。两者之间的区域需要界限来规范，界限是符号过程加速的领域，边缘的因素积极地在符号圈的界限内流动，以保持符号圈结构的优化。

（二）太极拳文化符号的深层所指

在洛特曼的文化符号理论中，文化的内在结构和机制是其产生文化影响力的根本条件，文化在形成结构的过程中，逐渐产生聚合作用，并影响周围事物，同时文化在传播的过程中，为了适应环境，还具有解构功能以适应文化传播的需要。"文化具有稳定和去稳定的机制，这是在动态或平衡发展中的自我组织机制。"太极拳就是这样一种稳定的结构化体认模式，通过这种模式人们在练习过程中才能够不断地将那些看似无序的或者结构性不十分明显的运动表象改造成有序的结构。太极拳文化符号圈的深层所指体现在它的文化内涵方面，由于中国文化本身历史悠久、博大精深，所以太极拳所指也涉及人与人、人与社会、人与自然等方面。

1. 个人生命的自我教育——自我和谐

中国文化是农耕环境下孕育而成，察天文、识地理都必须靠身体去认识自然，于是，"身体思维"成为认知的主要方式，"体验""体悟"成为其认知的最主要的路径。太极拳符号系统是以和谐理念为统帅的身体文化符号圈，个人的神情意志是太极拳的源头活水，纵然不同性格的人对太极拳的理解有所差异，但是，习练后的体验是相近的，正所谓是"有技近乎道"的自我修为过程，这是一种生命的自我教育。太极拳在个人身上表现出来的和谐是心、意与形体动作协调一致，躯体与精神共同得到发展。在实际的习练过程中，拳家可以体会到精神是控制身体的总部，精神与躯体之间关系"为心之用"，此外，太极拳还可以实现人对身体和精神的共同体验，对个人内外教育都是十分有价值的。

2. 人与人之间——社会和谐

太极拳属于中华武术中诸多拳种的一个，武术的本质属性在于它的技击性，中国传统文化的技击内容并非完全的厮杀动作，更在于它蕴含着和谐文化的因素，对维持社会的稳定及人与人之间的关系起着重要作用。太极拳出生在中国传统文化的胚胎之中，必然会携带中国传统文化基因。中国文化倡导和谐，强调人与人之间的"礼""义""仁""智""信"等伦理规范，表现出了较强的社会性，武德与身体技能融为一体。太极拳谱讲："学太极拳不可不敬。不敬则外慢师友，内慢身体。心不敛束，如何能学艺。"有尊师爱友、虚心好学的高尚品德，才能达到学艺的高超境界。《练武箴言》中说："听其言，可知其行；观其拳，可知其德"，说明道德在各个拳派之中都是居于首位的。所以说，太极拳中技击是在伦理支配和武德礼仪规范下而运用的，虽武而不犯禁，这对构建和谐社会，以及解决一些社会问题都具有重要的作用。

3. 人与自然之间——天人合一

太极拳受到中国传统哲学的渗透影响，道家在对自然认识的基础上，把人的身体和自然万物纳为一体，在太极拳中则上升到美学、哲学"道"的层面。太极拳以形寓势，用隐喻、形象的方法，把阴阳五行纳入了自己的方法论体系，除了推手等两两相搏的技击形式外，更多的是体现出了太极自然美的境界，通过单人、双人或多人进行演练中的动静、刚柔、虚缓得以表现，超出了单纯的搏斗，成为"技艺"。中国"天人合一"的人与自然和谐的思想在太极拳中表现得淋漓尽致，主要有太极发生观、圆道运动观、生命整体观等。

（三）太极拳文化符号的能指空间

文化符号的空间能指是获得文化感知的前提。本研究的重点不在于揭示太极拳知觉过程，只是想通过知觉思路过程来探讨太极拳文化符号的空间能指是如何表达文化内涵及外部结构如何呈现模式的表象。

1. 太极拳文化符号能指空间表象

身体的不同空间状态按照武术的攻防规则要求组成拳势，这是可以凭视觉感官察觉到的表象，同时，个人也可以通过身体获得拳势的空间体验，但拳势不仅是指身体的外在形态，武术之"势"，更是武术意象的动态生命。太极拳之拳势，有自然属性和运动规律、客观条件的意蕴，它以尊重自然关系和自然规律为前提，赋予能指空间表象新的内涵，通过"静势""动势"来彰显生命意象，通过身体蕴蓄"势"，产生"力"。拳势有赖于其直观的形，依靠视觉的空间传达文化之意。太极拳是以十三式为基本技术内容，基本囊括了人体运动的轨迹，既包括劲法又包括步法，结合阴阳辩证哲理，融入太极拳的空间运动轨迹，阳动外向为开，肢体和内劲向外伸展扩大；阴静内向为合，肢体和内劲向内收敛缩小。太极拳的拳势是动态变化的，在动态中寻求"势"，最好的空间就是使身体处在"得势"的状态，根据力学原理，动作外形的结构是否合理是决定动作发力的合理性和最优化的关键，"得势"就是得到己顺人背的形势，通过"顺势"进而"得势"。

2. 太极拳文化符号能指空间轨迹表象

太极拳能指空间特征体现在身体的运动轨迹非圆即弧，势势相承，连绵不断的运动原则，这种运动方式在表象是连续的弧形旋转，"一动无有不动""由脚而腿而腰"上下相随地节节贯穿地连贯圆活，动作是在意识指挥下靠肢体整体及各部分运行的圆弧形动作路线，并且，动作之间呈现出连续性特征，上一个动作的结束就是下一个动作的开始，转接处，不僵不滞，人们常用"行云流水"来形容。练习太极拳时，运动轨迹以四肢各大关节及身体的中轴线为圆心，通过腰带动四肢做弧线运动，同时又以每个局部轴为转动轴自身旋转，即形成波动于腰、旋腕转膀、旋踝转腿，一系列空间螺旋运动，除了运动形式的圆道以外，身体本身的各个关节也保持自然弯曲的弧形状态。

（四）太极拳文化符号的阐释法则

在文化符号圈中，没有永恒不变的事物。符号的构成元素不是均质的，最活跃的文化区域称为"界限",整个文化符号圈不是一个封闭的领域,而是一个开放的空间。太极拳文化符号属于身体文化,这种文化符号圈内外系统必须通过身体的表达才可以做到"以形表意"。文化圈的"不均质"和"边界"的提法对分析太极拳文化符号具有极大的启发。根据洛特曼文化符号圈理论,可以找到这样一条线索:太极拳文化符号圈系统内外存在某些传递信息,可以把文化内涵表现出来,在太极拳文化符号中,可以概括为"动""静""虚""实""刚""柔""疾""缓"几个字,以这些内容为媒介,可以将太极拳文化深层的神韵通过肢体表现出来。

1. 太极拳动静有序的运动理念

太极拳的运动表象有动态和定势两种,将阴阳变化哲理表达出来,根据拳理的理解,动为阳、静为阴,阳动与阴静是既相互对立又相互依存,而且可以相互转化。太极拳的动静不仅是指身体形态的静止与运动,还包括阴阳变化规律和运行轨迹,其运动需要遵循万物运动的法则,用身体的各部位动静的有序配合,在太极拳动作动静运动中,"动开"到最大状态时,会自然地转化为"静合",进而反复运行,以此种方式娓娓表达中国传统文化深意。

2. 太极拳刚柔相济发力宗旨

太极拳运动表象的柔和圆滑并不代表太极主柔。任何武道之学都讲究"刚柔相济",拳道有曰:刚中有柔,柔中寓刚,刚柔相济才可为拳,太极拳亦是如此,对外显柔相,却内涵刚猛;柔中带刚,刚中有柔,是刚柔相对、相辅相成的统一。太极拳求"劲",劲是一种无力学概念,是刚柔协调的综合概念,是人体在意识控制与支配之下的一种极精微的肌肉和器官的效能,没有方向与作用点,太极拳之劲正是其"四两拨千斤""以柔克刚"的奥秘所在。太极拳刚柔相济的生理基础是神经系统对肌肉运动收缩和放松的节律性调控,"刚"是能量发挥,"柔"是信息调控,"刚柔相济"则是二者的统一使无序的"自发力"变为有序的"自觉力"。

3. 太极拳虚实辩证的攻防观念

虚实是一个辩证的范畴，通常所讲的虚实多以身体重心为依据，重心偏于何方，何方即为实，另方为虚。其实，虚实不单单指身体形态的范畴，在阴阳哲学指导下的虚实，涉及多方面内容，就劲力而言，身体运动的方向为实，其余为虚；就战术来讲，击敌为实，诱敌为虚。太极拳每个动作都分虚分实，并且每换一次动作都要转变一下虚实位置，在技击中遵循"避实击虚"原则，《太极拳拳论》有云："虚实宜分清楚，一处有一处虚实，处处总此一虚实。"

4. 太极拳的疾缓相间表现意识

疾缓的本义是指速度，也可用快慢表示。太极拳疾缓相间包括动作有规律的强弱、长短现象，昂扬缓急的表象，它以时间为特征，由同一事物中的相对立的因素协调统一完成，疾缓相间是太极拳韵律节奏的体现。这在套路中有着重要的作用，首先，在技击方面，可以根据对方的快慢，掌握好自己的速度，力争符合动作攻防的需要，从而取得优势时机；其次，可以表现动作的艺术性，特别是在套路中，通过动作之间的衔接，体现太极拳的美感；最后，协调体能，太极拳套路的完成是需要一定体能为基础的，特别是低位太极拳，对体能的要求更高。因此，通过动作疾缓的变化可以控制体能的分配，从而提高太极拳的演练质量。可见，太极拳的疾缓是太极拳技能的重要表象之一。

三、太极拳的文化符号特征

（一）体势性

"体"将"身体"的本义引申为太极拳所表现出的表象风格，"势"是其所蕴含的动作之美，"体势"是由练习者身心所感悟到的太极拳的内在劲力，是一种劲的表现形态。太极拳的物象形体凭借着动静、虚实及疾缓的节奏流动，所激荡出的文化内涵。它既是太极拳技击的构成要素，又是审美品评的重要标准。太极拳表现的外在表象形态有不同的风格，如杨式、陈式、武式、孙式、吴式等。"体势"的特征在外表现为"手""眼""身""法""步"的空间形象，在内容蕴含"精""气""神"内在生气，并以此"传形会意"，除了给人以视觉感官刺激以外，还可以给练习者以某种情感的体验。"人体体势的相当一部分担负着信息传递的作用"，在传播中，体势就是具体的身体文化符号，太极拳具有这样的特性，揭示了所表征的中国传统文化信息含义。

(二) 表意性

"表意性"指人类基于生存、沟通及发展的需要，利用一切有效的显意性符号媒介传送自身思想、感情与意念的过程。身体作为传递信息的"自然语言"之一，它跟声符语言与文字语言有所不同，因为从古到今虽然从未停止使用过，是最完整的表意符号，将人的思想直观地呈现，更贴近人的真实情意。身体文化符号，可以不经语音的中介从而立即产生文化意义，它清楚表明不同文化思维的形象性，但是，符号的表象只能表达外界信息源，而无法表达个体自身的意念体验，它无形可象，必须转化为一定的思维方式或某种情感欲望，才可以完全理解此种文化符号，理解了文化符号后自然会知道文化内容。因此，太极拳的动作，并非单单肢体的表象，如果只学习太极拳的肢体动作而不与练习者主体的感觉意念及其表意的文化符号联系，那么将不会得到太极拳的真髓。太极拳文化符号结构显示它表象主体是动作本身及主观的意念，而客体是中国传统文化信息源，是直观表象与抽象思维的统一体。

(三) 隐喻性

太极拳文化符号系统的喻体是各个具体的动作及名称，本体则为抽象的中国传统文化内容，在太极拳本体的规定下，作为喻体的太极拳动作中存在着大量的隐喻，很多拳架和招式，都是借人和动物的行为或其他事物的图景来表达的，如"野马分鬃"，两手交替地上下开合，仿照马跑时姿势与神态宛如风吹马鬃，将技击内涵隐含其中。太极拳的习得是一个逐步获得体验的过程，体会太极拳的内在含义，将在拳中体会到的哲理运用到实际生活当中，以获得新的感知与理解的创新,是以中华传统文化的独特形式隐喻太极拳运动规律的传播载体。

(四) 整体性

虽然本研究分别讨论深层内部所指、外部能指和神韵中介表达,但是这些内容绝非孤立存在的,它们之间是相互联系的,甚至可以说是一体的,突出表现太极拳文化符号是一个整体联系的系统。太极拳的先后与空间运动也是整体的,在运动过程中,劲力都是连续的,从头到尾没有断劲的出现,给人一种意蕴连绵之感。运动空间也是上下相随,一个动作运动,全身各个部分随之发生变化,正所谓"一动无有不动"。太极拳文化符号体系正是通过这些内容将中国传统的阴阳哲学和圆道思维等整体特征表达出来。

四、太极拳文化符号的传播要点——身体力行

太极拳在美国传而不通的深层原因在于文化差异,而不在于项目本身,这就注定外在感官不能成为太极拳传播中的核心。文化的不同会造成思维的差异,但是对运动的体验却是一致的,身体就成为不同文化的连接桥梁,梅洛·庞蒂在《知觉现象学》中指出:"人的一切思维活动,都与人的身体结构、身体要素、身体功能紧密相关。通过支配技术,一种新的客体对象正在形成,这种新的客体对象是自然的肉体,肉体可以接纳特定的、具有特殊的秩序、步骤、内在条件和结构因素的操作,在成为新的权力机制的目标时,肉体也被呈现给新的认知形式。"太极拳文化符号强调身体的认知能力和价值,并不否定大脑思维的重要作用。相反,它更注重内外的联系,即思与身的协同,是融思想与身体为一体的整体行为。因此,太极拳在美国的跨文化传播也应该走现象哲学"回到事物本身"之路,身体文化的传播必须提升到一个实践主体的讨论,使身体不再隐藏在思想背后,将身体纳入运动感知经验的主体,它本身是一个接受与传送各种信息的载体,那些信息是被粘在特定文化背景之上的,被感知的文化内容与个人的主观意识相融合,个体会产生形象和背景体验,并形成一定的追求倾向,所有这些都与身体、意向的自

身运动相关,而根本性的东西是作为身体自身的运动直接配置信息。太极拳的身体体验图式是其跨文化传播的关键,功夫上身才是获得受众认同的基础。从实效的拳击、伸展的瑜伽到外柔内刚的太极拳,都是沿着不断适应身体感官需求这样一条脉络而逐渐发展起来的,从一种文化交流形式形成并以身体感知接收方式为主的传播途径。

  总结上述分析,可以看出,太极拳作为一种以身体感知为主的文化符号,具有完整的结构体系,并且与洛特曼的"文化符号圈"理论极为吻合,具有中心、空间、界限等内容,加上文化三层次理论,太极拳文化符号体系则成为一个以和谐为中心,以所指、能指和中间媒介为主要内容,以空间为表象,以界限为范围的立体结构,承载了不同历史文化背景下的时代文化精髓、思维方式,以及个体习练过程中出于个人感悟而进行的身心体验。根据太极拳文化符号的分析,本研究倾向于从体势、表意、隐喻和整体的功能特征角度构筑开放的理论框架,即太极拳是基于生存、沟通及适时发展的需要,利用一切有效的符号系统传达文化思想、意念和情感,这些符号系统的总和就是太极拳本体。它是通过身体来"表情达意"的,身体运动传播文化的优势是消除了文化矛盾的弊病,同人类的自然感知习惯距离相近,将人的内外情感形象直观地表达,既能复制久存、跨地域广泛传播,又能轻而易举地表现复杂流程和抽象深奥的文化内涵。因此,就可以得出一条太极拳跨文化传播之道,"身体力行"地练习太极拳,使功夫上身,感受太极拳内在魅力,突破文化表象的限制,通过最原始的身体感知,达到文化的认同状态,这才是太极拳传播的关键所在。太极拳文化符号结构体系的构建十分必要,只有这样才可以明确传播的重点,进而分析目前太极拳传播现状是否传达了关键信息,围绕其文化结构体系提出策略,以达到太极拳跨文化传播的目的。

第三节 太极拳跨文化传播原则

  传播是一个前后连贯、积极互动的过程,如果说内容是传播的第一要务的话,那么传播手段和方式则是传播的第二要务,而传播原则正是解决这一问题的关键。传播原则既是传播活动的出发点,又是传播活动的调控器,同时也是实施有效传播的思维模型和解决问题的工具,传播原则在一定程度上决定着传播内容的安排、传播谋略和技巧的运用及传播符号和媒介的选择。因此,掌握并遵循传播原则,就能提高传播效果,实现传播目的;反之就会降低传播效果,甚至走向目的的反面。根据传播原则提出的总体要求,中国太极在实施跨文化传播时必须遵循传播的共性原则——可信性、针对性、有序性、协同性、适时性、适量性等原则要求之外,还应遵循其特有的原则,以突破文化的维模功能,真正达到有效传播。

一、和而不同——太极跨文化传播的基点

和而不同是一个重要的哲学命题,也是处理当今不同文化冲突的重要策略之一。我国古人早就认识到"和"与"同"之间的差别,先秦著作《左传·昭公二十年》中有齐侯与晏子论"和"的记载,"公曰:'和与同异乎?'对曰:'异。和如羹焉,水火醯醢盐梅以烹鱼肉,燀之以薪。宰夫和之,齐之以味,济其不及,以泄其过。'"其大致意思是说,和与同是不相同的,"和"就像做汤一样,把酱、盐、梅等调料用来烹调鱼肉,经过柴火烧煮过后的汤,已经把各种原料融化合为一体,厨师根据个人的口味适当加以调和,太淡就增加调料,太浓就加水冲淡,以调配出美味的汤羹。先秦著作《国语·郑语》记载了史伯与郑桓公对"和"的论述:"夫和实生物,同则不继。以他平他谓之和,故能丰长而物归之;若以同裨同,尽乃弃矣……声一无文,味一无果,物一不讲。"其大致意思是说,和谐才能生成万物,同一就不能有所发展。把不同的东西加以协调平衡就叫作和谐,这种和谐从丰富中体现了统一,从发展中看出了方向。如果不是这样,把相同的东西相加,那用尽了也就完了,不会再发展了。由此来看,"和"与"同"具有区别事物两种不同"同一性"的含义,是事物存在和发展的前提与原则。

"和"的本来意思与音乐相关,是指声音相和,音乐调和。《广韵·过韵》载:"和,声相应。"《说文解字》对"和"的解释是"和,相应也。从口,禾声",即对一句话、一句歌声所做出的相应回应。"和"有时又写作

"龢",因此段玉裁在《说文解字注》中"经传多借和为龢"的解释,而《说文解字》对"和"的解释为"和,调也。从龠,禾声"。"龠"实为一种像笙形状的乐器,这种乐器既能吹单音,又能吹和音,经常用来为乐队的其他乐器饰润、软化,以调和各种乐器的音色。后来"和"字由此本意衍生出其他的含义,如和谐、和顺、和睦等,《广雅·释诂三》载:"和,谐也。"《广韵·戈韵》载:"和,顺也。"《说文解字》对"同"的解释是"合会也,从口"。段玉裁《说文解字注》载"口皆在所覆之下,是同之意也"。即口里说的都是"重复"的话或"重复"的意思,《广韵·东韵》载:"同,齐也。""同"就是统一的意思,即完全同质、没有差异,不同就是有差别、不一样。

西周末年史伯认为,世间万物均是由不同的事物相互关联、相互作用、相互转换而来,"和"是一切事物产生、变化、生存的根本法则,所谓"和实生物,同则不继"即如此。《国语·郑语》中将"和""同"对事物的影响做了专门的记载:"以他平他谓之和,故能丰长而物归之;若以同裨同,尽乃弃矣。"只有将相生相克的事物之间的矛盾调和到协调统一的状态,自然界才会正常发展,才可以产生出新事物,进而推动社会向前发展,反之,把没有差别的事物放在一起只可能是量的简单增加,而不可能产生新事物,所以"尽乃弃矣"。中国文化认为"万物并育而不相害,道并行而不相悖",此意是说自然界间存在多样性,"万物并育""道并行"即多样性的生动体现,而"不相害""不相悖"则是和谐、统一的生动体现,"和"就是要将万事万物的"不同"之处协调到和谐统一才能得到新的发展。因此,自然界的组成也是丰富多彩的,无论是自然环境,还是文化生态,均具有多样性,正是由于多样性的存在,自然界才可以迸发出勃勃生机,"声一无听,色一无文,味一无果,物一不讲"。

通过上述分析,我们可以得到如下结论:①"和"是多样性的统一,"同"是单一性的重复;②"和"是将不同的事物统一融合成新事物,原有的事物没有消失,而是与其他事物重新组合形成新的形态,如盐与水融合在一起形成了新的形态——盐水,"同"仅仅是把同类的事物放置在一起,并没有产生新的事物,事物原有的性质与形态仍然存在;③"和"具有创造性,通过融合形成了新的事物,"同"不具有创造性,仅仅是同一事物的简单相加，因此，"和"是事物发展之本，通过"和"的作用可以产生 1+1>2 的效果；④"和"必须适度，只有将不同事物协调到恰到好处，既承认差异又彼此对话、相互融合，才能保证自然界的和谐共处，否则将会产生难以预估的严重后果。正是因为如此，和而不同成为当今世界处理各种矛盾、冲突的有力武器，也是当今世界发展的重要力量。

为了实现"和而不同"的理想，在实践操作中应该遵循以下几个原则：

（一）以自身文化传统为依据

不同文化传统的形成离不开特定的文化场域，"一方水土养育一方人"，因此不同地域、不同民族、不同生活习惯的人民均具有自己独特的文化传统，这一文化传统的形成历经千百年的时空沉淀，因此具有一定的因袭性。但是随着不同文化之间交融频度的增多，文化之间的相互交流、学习、借鉴也是必然的历史规律，在这一过程中，尤其是文化交融的初级阶段，"拿来主义"的倾向必然浓厚，但是我们需要注意的是，在"拿来"的同时必须坚持自身的文化传统，不能因噎废食，一味地"拿来"而忽视了自身传统，如此这般则将失去该文化的立身之本。随着文化交融程度的加深，越来越多的国家意识到保护民族传统文化的重要性，如美国的美国新闻处、英国的文化委员会、法国的法语联盟、德国的歌德学院、西班牙的塞万提斯学院等机构均是各国文化对外传播的具体执行机构，其最终目的是有意识地加强民族文化的保护、宣传与推广。

与此相应的是，中国文化的全球推广采取了一定的措施，我国政府于 1987 年成立了国家对外汉语领导小组，后来更名为孔子学院，遍布全球的 326 所孔子学院（课堂）目前是中国文化外宣的良好载体。除此之外，国内逐渐兴起的国学热、读经运动，教育部倡议所有大学开设大学语文课等行动也是这一文化现象的良好回应。这些举措的出台均是为了加强出台文化教育、促进民族文化认同。

（二）坚守文化自信，秉承文化相对独立

文化作为一个相对封闭的独立整体，是与自然环境、社会环境等各种内

外因素共同作用的结果。每一种文化的形成都有生物的、地理的、历史的、经济的影响,这些因素共同构成文化特性的决定性因素之一。外界环境的变化固然可以影响文化的发展,但是只能影响文化的细节,不能改变文化的模式,相反文化制约着地理环境和经济条件的发展。文化总是遵循一定的独立性发展,这是美国博厄斯学派关于"文化独立论"的核心思想,也是文化发展的重要实践原则之一。无论外界环境如何变化,文化总是保持着一定的独立性,这是因为骨子里最本质的东西所散发出的那种坚韧,是所有外部力量均不能及的,这也可能是中华文化即使在最艰难的时候也未曾磨灭的原因之一。

(三) 尊重他者文化

中国文化对于西方文化而言是他者,反之,亦然,正是因为双方互为对方的他者,才为全球文化的创新提供了思辨的灵感和发展的深层动力。西方文艺复兴、工业文明在给中国带来民主、科学理念的同时,中国也成为西方反思自己文化的参照系,当代法国汉学家于连认为:"从严格意义上讲,唯一拥有不同于欧洲文明的'异域',只有中国。"中国的特点在于它无法按照欧洲的逻辑进行归类,正如帕斯卡尔说的"这个不可归类的理论丰富性",正是中国的这种"异",使欧洲即使黑暗,又有光明可寻。于连说:"通过中国文本将我们陷入的黑暗,有一种别样的光亮,一种成为可能的理论光辉,并且必须寻找它。"只有拥有博大的胸怀,能够容许各种相异观点的存在,诚恳地对待他者的缺点,并且能够虚心学习这些相异的观点,总是将"他者"作为一面镜子,来映照其文明的缺憾和可能实施的改进,从中找寻促进自己发展的优点,人类文化才有光明的未来。

(四) 协同创新

孔子说"己欲立而立人,己欲达而达人",其大概意思是说,自己想要站得住也要使他人站得住,自己欲事事行得通也应使他人事事行得通。作为相互依存的人类文化共同体来说,文化必须遵循平等对话、对等交流的基本原则,在尊重不同文化特性的基础上,相互借鉴,共同进步。在文化交往与交流中逐渐求同解异,"和实生物,同则不继",将不同的文化要素聚集在一起,逐渐融合、升华、提炼、集聚成具有时代特征、融入发展理念、指导社会规范的独特的、超越的、共同的、新生的文化体系。

(五) 摒弃文化霸权

文化霸权是意大利政治学、新马克思主义学者安东尼奥·葛兰西提出的哲学和社会学理论。他认为:"一个社会阶层可以通过操纵社会文化(信仰、解释、认知、价值观等)支配或统治整个多元文化社会,统治阶级的世界观会被强制作为唯一的社会规范,并被认为是有利于全社会的普遍有效的思想,但实际上只有统治阶级受益,其具体表现就是有些国家在对外传播文化的同时拒绝其他文化的流入,或过度重视外来文化,使之置于本土文化之上。实际上,每一种文化都有适合自己生存的土壤,而且文化没有高低、优劣、贵贱之分,我们不能以自己民族的文化标准来衡量其他国家、民族的文化,更不能在其他国家和地区强行推行自己的文化,任何试图推行文化霸权的做法均与当今世界和平与发展的主题相违背。"中国比较文学学会会长乐黛云女士认为:"西方一些国家推行意识形态、价值标准一元化,搞文化霸权主义,这是很危险的倾向。文化变成一元化对人类是一大浩劫,那么丰富的文化遗产、那么多种多样的文化生态,一旦遭到损害就永远也恢复不起来。另一种极端是文化和旅游部落主义,为保护自己的文化,抵制一切外来的东西,不愿与外部交往,这种文化孤立主义的结果,没有更新,没有向外界汲取新的因素,自己也很难生长,就像种子没有水没有阳光很难生长一样。这两种极端对文化、社会发展都是不利的。"时代要求每个民族必须学会与其他民族和谐相处,未来世界必然是不同民族共存的世界,否则就会丧失自己的利益,不利于自己的发展。

对于太极拳而言,要想在世界体坛占有一席之地,必须加强太极拳的文化身份认同,实现平等对话。文化身份是一种文化与另一种文化相区别的品格和处在该文化中的人们对它的文化身份的认同。而我们对于民族文化与民族精神的传承和弘扬,也是我们在跨文化传播过程中建构我们自己的文化身份的前提与保证。在文化全球化的浪潮中,文化身份已经被置于一种全新的语境中，人们的民族性和主体意识不断受到"他者"文化的挑战，如果我们对于自己的传统文化和民族文化抱残守缺或者孤芳自赏，我们对于文化身份的自觉意识与自我认同也就在无形中受到影响，从而削弱民族精神的向心力，国家与民族的文化碰撞与文化发展也就失去了动力和方向。

除此之外，中国还需加强自身变革。全球化语境下"文化版图"受到严峻挑战是一个不争的事实，造成这一现象的原因除了西方新殖民文化的侵蚀外，同时也有我们自身的变革与选择，这是文化进步的动力源泉。陈式太极拳是在吸收戚继光的"太祖三十二长拳"的基础上编创的，后来则产生了杨式、孙式、武式、吴式及现在的赵式、李式，如果再加上中华人民共和国成立后新编创的二十四式、四十八式、四十二式、八十八式等，可谓洋洋大观了。如此众多的太极拳运动形式是太极拳自身发展的需要，亦是与其他拳种交融的共同结果，但"事物的变化，首先是因为事物本身内部包含着变化的原因，其次是这一事物与那一事物的联系造成一些外来的促进变化的条件，而事物内部的原因则是根本的"。因此，正是太极拳自身发展的需要这一根本动因才导致了后来众多太极拳的产生。

太极拳从历史中一路走来，是在中华文明的悠久历史和华夏农耕文明的滋养中成长起来的，尽管是中华传统文化的杰出代表，但不可否认的是，其间也蓄积着一些沉渣流弊，需要我们用历史的、唯物的、辩证的态度对其厘定与廓清，只有这样才能给予中国太极拳一个客观的评价，才是对太极拳和历史负责任的表现，才能促进太极拳的发展。但是看看现如今的太极研究，可谓是"百花齐放、百家争鸣"，这固然可以促进太极的发展，但是也不得不引起我们的深思：太极的发展有着太多的东西我们自己还没有弄清楚，怎样处理太极拳与传统文化的关系、怎样处理太极拳与外来文化的关系，这些都是需要我们认真考虑的。对于太极拳中固有的优秀文化，需要加深辨识，并在此基础上加强维护与弘扬；对于太极拳中固有的文化糟粕，应当加深辨识加速剔除，剔除能否加速，取决于社会的辨识是否到位、是否深刻，社会发展中的新思维、新事物、新方式是否具有强大的生命力。太极拳文化版图除了固守，更需要拓展，而文化拓展的根本力量，只能靠全民族的自我优化，克服"因袭的重担"推陈出新。

二、攘外安内——太极拳跨文化传播的前提

攘外安内作为一项基本的交际策略，带有一定的贬义，但是我们将这一交际策略与手段用于太极前的跨文化传播当然不是想展现我们的民族野心，也不是妄自菲薄地认为太极拳不具备国际交流的能力，我们以攘外安内作为太极拳跨文化传播的抉择策略其用意有以下几方面：①太极拳与西方文化达成良性互动是其实施跨文化传播的终极目标，这一目标既是我们的理想追求也是未来目标；②这一终极目标的实现需要内部发展与外部传播的共同作用，两者缺一不可，自己不要的东西别人自然也难以接受；③行动策略或者传播手段的选择直接影响了总体目标的达成，因此在太极拳实现跨文化传播的过程中我们应重视过程、重视行动策略；④太极拳跨文化传播需要完整的制度设计，"昙花一现"式的行动策略难以达到有效传播的效果积累；⑤太极拳跨文化传播的行动策略应因时、因势而变，没有一成不变的通用行动策略。

事实上，太极拳一直陷于套路与技击的泥潭而不能自拔。如果以技击属性向外推广，显然要面临世界其他技击格斗项目的冲击，西方参赛运动员基本是拳击运动员，因此赛场充斥着拳击动作，这自然难以体现太极拳技击的本质特色。太极拳套路经过几十年的发展，模式已经基本定型，太极拳套路越练越难的弯路如何走出来，已经成为制约太极拳未来发展的要义。我们需要反思的是：太极拳的文化特色或者要义究竟是什么，我们是不是非要在套路与技击上做出一定的选择，有舍才有得在此处是否真的有用？如果硬要在套路与技击上做出选择，这本身就是对太极拳文化特色的遗弃，因为套路与技击正是太极拳的核心文化要义，光"打"不"练"或者光"练"不"打"均会从一个误区走向另一个误区。"打练结合"才是太极拳未来发展的道路选择，而这也是世界其他项目所不具备的。

纵观太极拳的传播道路，我们认为存在以下误区：

（一）侧重技术传播，忽视文化传播

长期以来，我们主要致力于太极拳技术的传播，这是因为太极拳的"工

具性技术价值的传播效果远远好于其文化价值传播的实际效果",但是"太极拳在国际化传播过程中不能总是停留在技术层面,还应更进一步传播文化、价值乃至思想观念"。因为技术文化是太极拳文化形态的表层,"不完全反映和等同于传播太极拳深层次的'心理价值层文化'。太极拳心理价值层文化所反映的民族性格、民族心理、民族情感等的国际化传播与交流更有利于民族和国家利益"。只有通过坚持不懈又卓有成效的深层次的文化交流与传播,才能促进相互间的理解、欣赏和信赖。

(二) 民间传播目的各异

目前在境外传播太极拳的人员主要有华人华侨、民间太极拳拳师、太极拳爱好者等。太极拳的民间传播者是太极拳国际化传播不可忽视的重要力量,他们为太极拳的国际化传播与发展作出了较大的贡献,但是由于民间太极拳传播者身份的特殊性,不受组织的领导和管理,鱼龙混杂的情况较为普遍。另外,民间传播者由于自己知识体系的限制,难以避免会存在夸大、想象等行为,同一个国家、城市或地区的人们所学习的太极拳内容、知识也千差万别,即使同一内容也有不同的动作形式和说法,造成了太极拳"百花齐放"的现象。

(三) 缺少"品牌"整合传播

在商业领域一个企业或产品一旦形成品牌效应,无论对销售或开发相同品牌的其他产品都起到了推波助澜甚至决定性的作用。太极拳作为中国最大的"品牌"之一,对其进行"品牌传播"不仅能统一人们对中国太极拳各种不同的认识,形成一个强有力的理念,而且能引导太极拳以规范的操作来完善自身技术,但太极拳传播的现状是太极拳界并没有意识到"品牌传播"的力量,忽视了"品牌传播"的方式。NBA可以说是传播的最为广泛和透彻的体育项目,除了NBA的经营者们保证竞赛的高水平和利用媒体进行大力宣传外,还需要充分地运用一切公关手段,组织各项多彩多姿的活动,扩大其影响,使篮球精神发挥到最大限度,这些都是值得中国太极拳国际化传播借鉴的。跆拳道可以说是韩国的一个民族运动品牌,知道跆拳道的人都知道该项目来自韩国，而练过跆拳道的人都能体会到"以礼开始、以礼结束"的独特韩国跆拳道文化，这实质上也是品牌传播的衍生效应，而这种效应大到可以说是对一个民族或一个国家的整体推销。

（四）缺乏受众市场细分

目前我们已经处于传播盛行的时代，信息的海量堆积和渠道的无所不在使信息对于人们而言不再稀缺，而变得日益易得。让人们对太极拳从不了解到了解、从不喜爱到喜爱是一个长期且复杂的过程，在这样的大环境下，仅仅一般化地传播信息，已经很难在众多同质重复等质等效的信息竞争中脱颖而出，显示出其被"必选"的价值，这势必要对受众市场进行细分，既要吸引不了解太极拳的受众，扩大受众数量规模，也要深度深化对现有太极拳受众的影响力。在内容打造方面，由过去以传播事实信息为重点，转型为以针对受众需求、专门服务于特定目标受众的附加价值为重点。太极拳受众市场细分是指根据太极拳受众的不同需求，把太极拳划分为多个受众群的市场分割过程，换言之就是识别具有不同需求的受众群，并按照一定的方式去分类的过程。例如，针对各受众学习太极拳目的的不同，可以分为太极拳文化类、攻防格斗类、健身太极拳类、太极拳表演类等，由于各类受众对学习太极拳的基本目的是一致的，他们所关心和感兴趣的东西基本上也是一致的。正是基于此，我们对关心太极拳文化的受众可以加大有关太极拳文化知识的传播，而不必对他们过多传播攻防格斗知识，只有这样，才能引起太极拳受众的心理共鸣，进而付诸实践，收到良好的传播效果。

（五）忽视受众心理反应

受众的心理过程大约可以分为期待心理和普遍接受心理两个阶段。受众的期待心理是传播的起点。人们经常希望现实向更加美好的方向发展，这就产生了期待心理，期待心理使人们对心目中的向往之物产生一种神圣的感情，也使人们形成了一种希望心目中的向往之物"应当如何"的预设模式。如果传者所传播的与自己心目中的预设模式相吻合就很容易接受；而与预设模式不相吻合的事物，则较难接受，或者要经过一个比较长的过程才会接受。受众的普遍接受心理是传播内容进入受众心智的通道。在同一时代生活的受众，在许多方面，其心理总是表现出某些相同和相通之处，这种情况的存在，往往与时代大环境、文化大背景及民族生存环境有关。对受众共同心理的关注，将有助于传者找到在通常情况下可以使传播内容顺利进入受众心智的心灵通道，但传者还应留意受众的个性心理。了解受众心理、分析受众心理、研究受众心理，目的在于设法贴近受众心理，使传播取得良好的效果。如果不能贴近受众心理，传者的一切前期努力都将前功尽弃。贴近受众心理，就要紧扣受众的需求点。太极拳在国际化传播时，对太极拳的潜在受众和现实受众进行一次广泛的调查，摸清受众的潜在需求和现实需求、希望采取的传播方式、对太极拳的了解和认识程度等内容，充分掌握受众的心理现状，进行针对性的传播，同时在传播过程中也应该根据受众的心理反应及时调整太极拳国际化的传播策略。

（六）忽略反馈机制

传播过程始于传播者，经过媒介到达受众，但并没有终止于受众。受众的第一轮反馈相当于第二轮的原始传播。从理论上讲，没有反馈的传播是不完整的传播。目前太极拳的国际化传播基本上是一种单向传播，只管将太极拳信息传递出去，而没有收集或者很难收集受众的反馈信息，主要由于太极拳的传播者是具体的点，是有组织的机构，而太极拳受众则是人数众多的不确定的面，而且是隐匿、分散、混杂和变动不居的。这样，传播者不可能获得系统全面的受众反馈信息，同时太极拳传播者与受众之间存在一定的时空距离，使反馈通常都是间接的、滞后的、零散的，而且受众参与传播的第一需要是接收信息，而不是反馈信息，并且个体受众的反馈意见经常感性大于理性，对太极拳传播者不具备现成的参考价值，需要传播者加以整理分析，特别是要跟踪累积性的反馈意见。但是没有反馈信息作为依据的传播是盲目的，随着太极拳国际化传播程度的深入和受众"小众化"，受众的反馈也就不再是可有可无的了，受众的反馈信息应该作为选择太极拳传播内容、传播视点和传播方式的主要依据之一。

(七)太极拳门户观念的制约

门户是传统太极拳传承与发展的重要动力,但同时也给中国太极拳的海外传播人为制造了障碍,"口传身授、耳提面命"等"传承方式具有强烈的封闭保守性……使太极拳的传播仅仅局限在一个极狭小的范围之内,缺乏横向的交流和切磋,并造成各门派之间的相互保密和封锁,形成武林中所谓的'门户之见'"。在将太极拳大力推向国际的时候,这种传承关系无论在国内还是在国外依然存在,如何把众多的民间太极拳传播者拧成一股绳,形成巨大的合力,成为一个迫切需要解决的现实问题。

(八)"议程设置"偏颇

如何对外传播和推广以及传播什么就成为一个严峻的、不争的事实。西方人通过书籍、影视等渠道对太极拳有了一定的了解,但确切来说应是对"中国功夫"的了解。"西方人心目中的功夫是一种与中国多种传统文化有关的讲究身心修炼和崇尚师承流派等道德观念的技击运动","西方习武者大部分人对中国太极拳和功夫有自己的理解和解释,他们认为太极拳是一项现代的体育运动,功夫是中国传统的技击术"。无论是"太极拳海外行"活动,还是正式的援外教学活动等均一厢情愿地把我们希望传播的向外推广,而没有考虑到受众需要什么样的太极拳。究其原因就是我们的"议程设置"出了问题,推广策略存在偏颇。如果在后奥运时代我们还是死抱竞技太极拳不放,不及时转换议程设置,这对太极拳的传播与推广必将造成不可估量的损失。

太极拳的海外传播固然重要,但是如果国内没有与之形成良好的互动,又怎么可能形成"墙内开花墙外香"的局面呢?只有中国太极拳实现国内发展与海外传播两手抓、两手硬的局面,其传播效果才可以达到"1+1>2"的倍数效应。

三、价值让渡——太极拳跨文化传播的关键

让渡价值理论是市场营销中的成熟理论,其出发点是消费者为了提升企

业的市场占有份额和企业价值,进而从消费者的实际出发来研究消费者在购买过程中的心理感受,为顾客提供高质量的满意度,进而培养顾客忠诚度以占有市场。由于消费者价值的来源是多元的,因此所有能够提升消费者价值体验的因素均是增加价值所需要考量的。产品价值是顾客需求的核心内容之一,其价值高低是顾客选择商品或服务所要考虑的首要因素。

太极拳传播行为可以看作是商品营销的异化形式,只不过商品营销出售的是有形的实物,而太极拳传播营销的是非实体产品,只有消费者参与太极拳才能体验其文化、健身等价值,但是两者在价值达成、成本控制等方面仍然具有异曲同工之妙,而这些方面恰恰是中国太极拳传播存在的不足之处,因此,我们将市场营销中的顾客让渡价值理论引入太极拳传播行为之中,寄希望于通过他者的视野为中国太极拳实施有效传播服务。对于中国太极拳传播而言,既要考虑参与者的利益达成,也要考虑中国太极拳外推的价值,只有二者协调一致才能促进传播行为的推进。

交换作为人类的一种普遍行为,是社会生活中人们进行互动的基本形式,而产生交换的前提是人们需要相互换取为他人所拥有的各种形式的"所有物",良性互动的同时需要信任与长期性的相互回馈,当出现选择性和替代性交换资源时,人们对交换物的依赖取决于对这种资源及其获取方式的满意程度。由是观之,中国太极拳的内在价值是与受众成功实施交换的前提,因此太极拳具有的健身养生价值是其交换的基石。受众通过太极拳的练习改善了自己的身体状况,提升劳动效率和生活质量,这便是太极拳的使用价值。而通过太极拳的传播提升中国的国际形象与地位、提升国家软实力便是太极拳对于传者的价值。只有实现双方价值的统一与良性增长,太极拳传播的交换逻辑才可顺利实现。除此之外,交换的外部环境与条件也会影响这一行为的达成,如受众获取太极拳资源的难易程度、太极拳信息的传播力度、太极拳给予受众的满意程度等。只有切实考虑太极拳的交换价值、合理优化太极拳传播的外部环境,才能在太极拳与受众之间产生高度依赖。

毫无疑问,太极拳是一个价值复合体:文化、健康、竞技、商业……任何一项价值均可以作为撬动太极拳传播的支点,但是健康价值显然具有普适性、通用性,以此为突破口可以取得事半功倍的传播效果。"法国人对于太极拳、气功的爱好,从田野调查来看,最根本的原因不是他们对于那种'神奇'传统的惊奇,而是源于他们对于健康的追求。而且,在他们的文化视野中,中国人的太极拳、气功恰恰是中国人传统的养生之道,是其保持身体健康的一种重要的文化实践。他们相信这是一种有益的文化实践,因而会参加各类学习班。至于在具体接触这些文化事物的过程中所呈现出来的具体的理解,则是另外一个角度的文化常识的问题,而组织开展这些日益增多的学习班,向普通法国人推销这样一种所谓的'养生艺术'的人,其目的与动机,相对于中国文化本身而言,则又是一个文化商业化和文化全球化所引起的新的文化现象。"遗憾的是太极拳传播目前侧重动作技能教学,与健康促进有关的研究多集中在学术层面,距离科普化尚有时日,因此有关太极拳促进健康方面的信息量严重不足。这一现实制约了太极拳良性交换行为的产生,人类的信息行为主要解决信息需求会在何种条件下转化为信息行为、受众会采取什么样的信息行为等问题,因此太极拳信息和资源获取的便捷性、有用性、易用性是制约太极拳实施交换的前提条件。诸如此类的外部条件是太极拳健康传播实施价值让渡时必须面临的现实问题。

  太极拳具有价值多元性,这已经得到了多数人的认同,比如各种武术舞台剧的风靡和观众的热烈响应便是其艺术价值的真实体现。太极拳受到全球科学家的关注,对太极拳展开科学研究的人数"质量"上升,利用太极拳帮助各种患者早日康复便是其健康养生价值的真实体现;全球太极拳学院、太极拳馆的增多,各种流派的太极拳传承人赴外教学便是其文化价值的真实体现;各种搏击类项目之间的交流、融合便是格斗价值的真实体现……如此之多的价值均是太极拳对外传播的着力点。

  随着社会经济的蓬勃发展,人们对体育运动的需求更趋多样化、层次化,再加上体育运动本身就具有一定的阶层性,不同的需求会导致不同的选择,在这样的情况下,太极拳必须对社会受众进行目标市场营销,进行有针对性的推广、传播,才有可能获取优势地位,让更多的人加入习练太极拳的行列中来。由于太极拳国际化传播面临的是具有不同文化背景、不同民族心态、不同地域、不同社会运行方式的全新领域,而且不同的受众,其文化、信仰、地域、动机、需要、态度和个性心理也存在着差异,因此受众对传播内容、媒介的选择、认同和反应也不同。即使是同一个受众，在不同的条件和环境下，对同一个信息，也可能产生不同的反应。这种差异不仅是受众接受程度的不同，而且也是质的不同。事实上，受众对于传播内容绝不是毫无保留地接受的，在不同的传播背景下，对不同的媒介和不同的信息，受众往往会采取不同的态度和评价，或接受，或部分接受，或拒斥，或批判，受众的反应是完全不同的。而传播过程是满足受众兴趣和需要的过程，更是受众充分参与和创造的过程，只有充分调动受众的主观能动性和创造性，传播才能充分发挥其效能。在向外传播、推广太极拳时，不能简单地用一种模式，应该充分了解习练者的文化、地域背景和爱好，因人而异地制订出不同的内容和方案，促使太极拳的国际化传播取得更好的传播效果。

四、话语融合——太极拳跨文化传播的手段

随着中国经济实力和国际地位的提升，中国文化走出去战略的发展需要，我们党和国家也逐渐意识到话语权的重要性。因此，如何在国际舞台上发出中国自己的声音，并且得到世界其他国家的逐渐认同就成为当前业界关心的显学，也是制约太极拳国际传播的关键要素之一。随着中国综合实力的日益增强，中国全球化的程度越来越高，中国在全球政治、经济、外交、社会发展等方面的影响越来越大，但是中国此前在塑造自身形象方面，无论是政府和民间都做得还不够，自北京奥运会举办以来，中国展示"软实力"的工作逐渐加强，勇于争夺国际话语权。国家形象的建构与传播需要政府、民间的多方共同努力，同时传播手段与形式也应多样化，避免过于情绪化、过于生硬的传播语言和方式，同时注意话语的时效性、公信力、针对性和亲和力。只有采用对方可以接受的思维方式和价值体系来进行宣传，适当淡化政治色彩，突出人文因素才可以收到事半功倍的传播效果。

时至今日，每个国家都在通过多元化的途径传播国家的良好形象，但是这些元素很容易给受众一种固化的形象，外在的固化形象使得受众更加关注彼此之间的不同。近年来中国政府在文化交流上做出了积极的努力，如举办大规模的"中法文化年"交流活动，与俄罗斯、日本、意大利、西班牙、德

国、希腊、英国、澳大利亚、韩国等国举办的"文化年"交流活动。在文化交流年中，中国武术、京剧、传统音乐等传统艺术大放异彩，极大地加深了西方世界对中国的印象与了解，有助于中国国际形象的建立。除此之外，中国也积极采取"走出去"的方式在德国、法国、荷兰、卢森堡、意大利等国举办文艺演出活动，同时利用在国内举办国际艺术节的契机多方邀请国外艺术家出席，极大地提升了中国文化的国际地位。与此同时，中国也积极在全球设立中国文化中心，文化部在2016年预计，到2020年，海外中国文化中心的总数将超过50个，海外中国文化中心通过语言教学、音乐会、展览、讲座、报告会等不同形式的活动，展示中国"伟大文化"，成为中国文化海外传播的重要文化阵地。

我们在对外传播太极拳时，诸如"意境""气韵"等一些举足轻重的词语有意无意地会出现在我们的教学或谈话中，没有将其进行适当的观念转换。如陈式太极拳中的"玉女穿梭""青龙出水"等动作名称线路是借助于神话传说来说明技术动作的方法形态，玉女指身法轻盈，穿梭指动作快速，进进出出如入无人之境，拳谚也说："玉女穿梭轻如燕，可见身手不一般。"这一命名方法借助中国人熟知的神话故事生动形象地进行了表述，同时也给我们留下了想象的空间，但是对于外国人而言，如果仅仅告知"玉女穿梭"这几个字，他们很难对这一动作产生一个较为直观的合理想象，因为在他们自己的记忆库中缺少这一痕迹，甚至学习这一动作后也难以明白为什么叫"玉女穿梭"，诚如奥运冠军陈中曾说，即便她苦练十年，修成绝技"下劈腿"，冠绝天下，她也并不清楚跆拳道真正的精髓。避免多元化的话语造成相互矛盾的信息，多元化的话语可以改变西方人对中国一成不变的印象，但是也存在因传播噪声而削弱最终效果的情形。太极拳拳种丰富、流派纷呈，不同的个体对其感受不尽相同，进而导致其练法存在差异，这可能也是太极拳流派存在的原因之一。不同的师父教授同一个动作或者同一个师父在不同的时间教授同一个动作时均会存在不尽相同的情况，这在对外太极拳教学中较为普遍，因此，西方人常常会感到莫名其妙，不知如何是好，这是太极拳对外传播时必须考虑的现实困境。

西方人对中国文化的了解有限，只有通过双方之间的频繁交流才能将中国丰富、灿烂的文化资源推向全球，但是丰厚的文化资源并不一定能够成为对外交往的资源，不一定能成为别人接受的、所喜欢的、能够同别人相融的文化内容。对于太极拳而言，亦是如此。因此，太极拳文化国际传播需要采用合适的方式，针对合适的人群，用合适的太极拳文化内容来同别人进行交流，传播我们中国的文化。只有将各部分的功能整合到最佳状态才能产生1+1>2的效果，这将是我们期望看到的局面。

第四节 太极拳文化国际传播实践选择

对于太极拳文化国际传播而言，既要尊重传统，又要活在当下。尊重传统，即要传播太极拳中蕴含的中国文化，因为文化是太极拳的命脉，离开文化将一无是处；活在当下，即要按照当代人的合理要求，利用事实说话，抛弃原有的玄学、神秘色彩，做到以理服人，这是提升传播效果的最好路径。

太极拳作为一项体育项目，其外在的表现形式与其他体育运动并无二异，无非是通过肢体、关节的活动达到延年益寿的目的，但这仅仅是太极拳"形而下"的外在表现。"人的身体本来就是一部历史。它为自然、社会与文化所构成，同时又构成人类世界的生命原型。人类从远古时代便以自己的身体为原型去构想宇宙的形态、社会的形态，乃至精神的形态。人类学家托马斯·克索达斯曾宣称，身体不是一个呈现为文化形式的客体，实际上是文化的主体，'是它存在的理由'。"蕴含在其中的内涵是极其丰富的，是中国传统文化熏陶下的养生精华的再现，是传统养生功法的现代科学诠释。如果我们仅仅推广"形而下"的功法技术，无疑是舍本求末的举动，因为蕴含其中的科学养生知识才是太极拳历经千年而不衰竭的秘诀，如果我们仅仅寄希望通过功法技术的传授在后现代消费语境下吸引人们的目光，摆脱民族传统体育边缘化的尴尬处境，其结果"仍然摆脱不了'黯淡的光辉'的宿命"，毕竟我们面临了太多的诱惑与竞争，而我们的话语权、阐释权却日渐式微，因此，我们必须从太极拳的本原中找寻诉求点，只有这样才能为太极拳创造可持续发展的外部环境。

我们认为当前太极拳国际传播的重点应该以健康为主线、以文化为辅线进行信息传播，只有这样才能契合受众的需求，进而产生消费欲望与需求。在营销活动中最大的诱惑是营销者想用自己的语言（"我们最棒"）来夸耀其产品的精美质量（同样，服务营销者也知道夸耀他们的服务），这一做法"从根本上说，此时营销者忽视了消费者需要产品的目的是产品对他们有什么用，即产品的积极效果。消费者不是想要高质量的营养，他们要的是好味道和良好的运行，要的是给朋友留下深刻印象和固定的风格。他们要的产品不需要专家的测试，因为专家认证是说产品有多好，而不是说产品是否符合高标准的绩效，是否可以维持低成本，是否需要很长时间。就以上情况而言，目前消费者所关心的产品目标就是'效果'"。

随着生活水平的提高和闲暇的增多，人们对健康的追求已经成为茶余饭后谈论的话题。关于"身体的知识成为最广泛普及的知识，怎样对待一般疾病，怎样对待肥胖，怎样进行体育活动，怎样预防传染病，保健秘诀何在，如何保持膳食平衡"这些问题被铺天盖地地宣传，它们冲破了医学神话的神秘雾霭，而一再变成普通知识，每个人都知道运动之于身体的重要性，每个人都知道肥胖和健康的关系。没有哪一种知识比健康知识更加基本、更加广为流传。在这样一种大的语境下，面临各种可以作为追求健康的被选项，现时代的人们对于外界宣传的选择和认同已经变得不再盲目，这要求在推广中加大太极拳对于身体锻炼的科学价值的宣传，利用科学和事实说话，而不能完全按照中医的阴阳、五行对其健身养生功效进行阐述，毕竟风靡全球的、一浪高过一浪的工业化、现代化浪潮无不是以唯科学主义文化作为基点、依据和动力的。可以说，唯科学主义是在20世纪实现广泛社会化的，它所谓的合理性、客观性、永恒性、中立性、公正性、准确性及其对社会进步、美好生活的象征意义已被人们普遍认同与接受。尤其是20世纪以来，现代科学技术发展的巨大成就更加增添了人们对科学的痴迷与信心。人们依靠科学技术摆脱了贫穷，创造了一个前所未有的、丰富的物质世界，"这个真实的物质世界甚至超过了梦幻、神话故事和乌托邦的世界"。于是，人们以无比自信、自豪的态度、乐观主义的精神看待科学和技术。唯科学主义便成为人们一种根深蒂固的文化价值观念。

太极拳文化国际传播面临的一个大的语境就是西方社会的科学理性主义大行其道,但是随着西方社会的文化和价值的现代转型,唯科学、唯技术论的疯狂与痴迷将逐渐走向僵化。因此,西方社会的这一转型为太极拳文化的国际传播提供了无穷的机遇,但是在传播过程中必须注重其健身理念的科学化传播手段,此处的科学化即可指西方社会的现代科学,我们可以根据所做的众多生理、生化实验结果予以告知;可以根据解剖学、生理学的知识予以解释,同时也可以从中国医学健身理念和功理上予以解释,而不能仅仅拘泥于某一点。如果我们不能给出习练者一个科学理性的解释与答复,势必影响太极拳文化国际传播的效果,因为西方社会目前仍然处于"科学理性"至上的时代,尽管已经开始了"悄无声息"的理念转型,但是几百年科学理性的影响显然不会骤然消失。因此,在太极拳文化国际传播中应该加强这方面的宣传,宣传的手段、方式可以多种多样,譬如在宣传册上可以把太极拳养生功效的生理、生化、心理测试结果予以简单介绍。在当地的报纸、电台、电视台等媒体宣传上,也不能仅强调太极拳的历史悠久、灿烂文化,利用西医、中医、解剖学、生理学等知识予以宣传也是非常必要的,毕竟现时代的每个人都注重实效,而不喜欢"空对空"的说教。

太极拳饱含传统文化的基因,是中国传统文化的典型代表,如何在当前的形势下传播中国文化是一项艰巨的任务。曾担任美国助理国防部长的哈佛大学教授约瑟夫·奈20世纪80年代末90年代初提出"软实力"的概念后,任何一个人或者国家对于文化实力与价值都有了新的认识,对于文化的入侵与渗透都持有一种高度的警觉,因为文化侵略是一场没有硝烟的战争,如果我们此时高举文化的大旗,势必会对太极拳的国际传播工作带来不利的影响,尤其在一些"反华"势力比较猖獗的地域可能更加明显,诚如2008年6月20日在国内正式上映的好莱坞梦工厂制作的《功夫熊猫》,在国内掀起了一股强势的"文化保卫战"。因此,我们如果抓住人类对于健康的共同诉求这一亘古不变的主题,对于太极拳的国际传播工作而言相对要容易一些。除此之外,我们应该根据不同地域对于中国文化的态度来决定我们信息制作、传播的途径与方式,如同天下没有完全一样的两片树叶一样。太极拳文化国际传播也没有一个全球通行的策略,比如,在国内传播太极拳文化要比国外容易,因为我们基本不需要考虑文化差异与文化认同的问题。因此，太极拳文化国际传播时应该根据不同国家与地区的具体情况设计信息、宣传理念以及切入点，而不能以同一种方式出现在文化迥异的国家。"跨国公司在广告创意中更多采取本土化的方针，以求在传播信息的过程中尽量排除干扰，达到视觉传达的最佳效果，实现沟通的目的。美国一位经济学家曾指出："美国公司海外业务的成败取决于是否认识和理解不同文化存在的区别；取决于负责国际业务的高级经理们是否愿意摆脱美国文化的影响。"如可口可乐公司针对不同地域文化，设计了七种不同文字的标志，便于为不同国家的消费者所接受。近年可口可乐公司在中国相继推出阿福、京剧脸谱的包装，以拉近与中国消费者的关系。这对于太极拳文化国际传播工作中的信息传播是值得借鉴的。

第七章 太极拳文化国际传播途径

第一节 太极拳文化国际传播问题

一、太极拳国际传播的时代局限

我们认为太极拳实施健康传播追求的是利用相关学科的知识将太极拳的健身养生价值予以传播,并寄希望通过大众积极地参与太极拳健身活动,以提高健康素质、降低患病风险,从而提升生活质量的行为和过程,因而太极拳的健康传播具有"实用性"和"功能主义"的特点。这就使得我们在研究中应该"多研究些问题,少谈些主义",消除"西方人存在对太极拳的感知、价值取向、发展方向和师资状况等困惑和忧虑。消除目前国际上对太极拳推广的某些困惑、忧虑和偏见,让世界人民更进一步全面地了解太极拳、认同太极拳。从理论上让西方人理解太极拳的传统性与时代性的关系,是深化太极拳国际传播的关键"。

(一) 太极拳国际传播的外部困境

1. 西方人的"太极拳印象"错位

根据人类认知事物的规律,接触过的人或者事物总会在大脑中留下痕迹,而在所有的痕迹中,"第一印象"又较为关键,尽管第一印象并非总是正确的,但总是最鲜明、最牢固的,并且初次获得的印象往往是今后交往、认识事物的依据。与"第一印象"有着密切关系的便是"成见效应",成见效应形成的基础往往来源于第一印象，是第一印象的加深和拓宽。由此引发我们思考的是中国太极拳在西方人心目中的印象如何，这些印象对中国太极拳的国际传播又起到何种作用？根据刘继南教授等人对西方人脑海中的中国印象调查表明，外国人最先浮现脑海中的中国符号的前三位分别是长城/紫禁城/天安门、中国菜、中国功夫，这表明中国功夫作为中国武术在西方世界的代名词已经深入人心，但是中国武术在海外"叫好不叫坐"的种种现实又从另外一个侧面反映了东方、西方之间的印象位。下列见诸报道的文字就是一个明证：

错位一：诸如武术、功夫、太极、传统武术、竞技武术等诸多与武术相关的概念混淆了西方人的视听。

按照目前中国武术的标准界定，中国武术包含了130个拳种，涵盖了套路、格斗、功法三种主要运动形式，如此纷繁复杂的内容体系构成了中国武术的全部，因此中国武术如同书法、音乐、绘画一样，是"一个多元化的文化丛体"。与此同时，功夫、国术、武术、太极等具有内在联系而又有必然差异的概念是不同历史时期、不同场合、不同人对中国武术的共用称谓。上述众多概念在国人心中不一定能够说得清楚，道得明白，在"低语境"的西方社会就更加难以说清道明了。德国联邦多元文化局负责人卡特琳娜女士说德国人把气功、散打、太极等中的一种当作中国功夫。这种对中国武术的认识显然存在较大偏差，从而增加了中国太极拳国际传播的难度。

错位二：太极拳对"打""技击"的强调使得太极拳以"打"闯天下。

有报道称，南非人遇见中国人后甚至会问："你会不会功夫啊？你们平时是不是都是在房顶上到处飞啊？"似乎每个中国人都是武林高手。那时许多同行就会忍住笑告诉他，在中国，每个人都会学功夫的！不过不是所有人都会在房顶上飞，只有长期练功的人才会。此时，他们眼中会闪烁出仰慕的光芒。西方人对中国太极拳的认识基本源自中国功夫电影的输出，这些哥们对中国功夫的认识，基本上是从李小龙和成龙电影来的，李小龙在这个世界上仅活了33年，但他刚毅俊朗的形象、盖世无双的截拳道功夫，跨越国界，纵横四海；他的粉丝遍及亚、美、欧、非、大洋五大洲，数以亿计；是他使"Chinese KungFu"（中国功夫）一词成为流播世界的热门词汇。

技击是太极拳的本质特征，但绝不是唯一的特征，如同书法不仅具有审美功能，同样也具有传达信息的作用。但是西方人对太极拳的认识更多来自"打"这一本质，这主要得益于功夫影视或武打片传播造成的"误读"。因此，能打与否成为大众关心的重要议题。这种现象在日常生活中也极其普通，比如一旦有人知道我学太极拳，说得最多的两句话就是："你一个人能打几个？""学会太极拳可以防身，不用害怕。"央视最近几年举办的"武林大会"、WMA（世界综合格斗联盟冠军赛）也是强调一定规约之下的"打"。外在的议程使得"打"成为太极拳传播的焦点，也成为中国太极拳对外传播的"利器"。以"能打"作为中国太极拳传播的隐形主线固然拓展了太极拳的疆界，但是也造成了中国太极拳传播的障碍。

错位三：外推的太极拳动作高度"专业化"产生"大众疏离"。

目前在国外从事太极拳传播与推广的主体主要来自两大阵营，一是个人或者民间力量，他们主要借助自己的太极拳特长弘扬中华太极拳，或者以此作为谋生手段，与此相对的另一大阵营便是官方行为，官方具有的国家机器使得其宣传效应、示范效应、传播效应远远优于民间。但是不可忽视的是，官方目前外推的太极拳技术体系主要是国际太极拳竞赛套路，这些竞赛套路是为了适应太极拳国际比赛需要而编创的，对参与者的力量、速度、耐力、柔韧等身体素质均提出了较高的要求。除此之外，太极拳习练中往往过于强调动作的规范与标准，一些极为简单的动作也包含了"手眼身法步，精神气力功"等专业要求，而"精气神"的体现又离不开中国传统文化的浸染，因此"太极十年不出门"这一谚语告诉我们太极拳习练过程的漫长与艰辛，需要进行长期的专业训练才能达到一定的水平。我们知道，目标的设置需要结合受众的自身实力，过低的目标设置会使受众感受不到压力，无须付出多大的努力便可轻松达成，这显然起不到激励的目的，而过高的目标设置又会使受众看不到希望，无论付出多大的努力也无法实现，因此，目标设置需要适度，既要让受众看到希望，同时也要使受众付出一定的努力。对于中国太极拳传播而言，以国际竞赛套路作为外推的目标内容，显然没有考虑国外受众的实际情况，过度的专业化使得大众望而生畏，即使付出百倍的努力也难以望其项背，自然也就难以将中国太极拳作为锻炼的"备选项"，这也就造成了中国太极拳在国外缺少受众。

错位四:"打""技击"具有一定的年龄限制,缺少"普适性"。

中国太极拳作为人类维持生存和军事战争的实用手段,其本质是对技击的无限崇尚和不懈追求。时至今日,"打"仍然是中国太极拳魂牵梦绕的原点,这是因为我们心中潜藏了"英雄"情结和"侠义"精神。据《时代周刊》统计,中国男人99%中都有匡扶正义的武侠梦,96%的女人都有飞檐走壁的幻想,这也许是武侠小说、功夫影视经久不衰的秘诀之所在。"武侠小说之所以风行,主要基于读者的'梦英雄'和'英雄梦'。前者指其不满世间不平与黑暗,希望有侠客拔刀相助,惩恶扬善;后者指阅读中不自觉地'替人',硬要去充当其中的一个角色,实现在现实生活中根本无法实现的梦想。"境内的散打王争霸赛、"武林大会"、WMA(世界综合格斗联盟冠军赛),境外的 MMA(综合格斗)、UFC(终极格斗冠军赛)、K-1(顶级搏击大赛)、PFC(Pride Fighting Championship)、泰拳、自由搏击、拳击、无限制格斗赛等以"打"为基调的传播实践吸引了受众的眼球,取得了不错的传播效果。但是不能忽视的是,以"打"为主线的传播议题缺少普适性,青少年时期对"打"都较为重视,而随着年龄的增加和社会经验、生活经验的丰富,"打"的光环逐渐褪色,因为60岁的老者很有可能打不过20岁的小伙子,如此说来"打"不具有"普适性",无法伴随人一生的成长需要。与此同时,人类社会总体会向文明化、法制化演进,崇尚"打"、追求"打"也不符合人类的主旋律。

2. 各国地区太极拳组织有待理顺与加强

组织是人们按照一定的目的、任务和形式编制起来的社会集团,在现代社会生活中,组织是社会的基本单元和基础,任何人均无法脱离组织的管理。组织作为一种管理职能,是根据决策目标和计划方案的要求,再按照权利、责任关系的原理,把工作人员组合成一个分工协作管理系统,以便实现人员、工作、资源条件和外部环境的组合,达到组织的既定目标。为了推动各个国家和地区太极拳团体的联合与统一,促进国际太极拳运动的发展,国际武术联合会在中国北京成立,目前共有会员协会144个,其中非洲33个、北美洲

22个、亚洲38个、欧洲46个、大洋洲5个，上述会员协会对中国武术的国际化发展起到了举足轻重的作用，同时也是该地区未来太极拳发展的引领者。上海体育学院的朱东博士通过大范围的调查后认为："武术进入该国（地区）时间的长短直接影响着习武人数的多寡。"一般来说，习武人数越多，武术进入该国（地区）的时间越早，而且71.7%的国家和地区习武人数在5000人以下，美洲和欧洲习武人数在5000人以下国家的比例较高，具体为美洲87.5%、欧洲70%、亚洲72.7%、非洲66.7%。研究进一步发现，习武人数少于500人的国家共8个，其中，美洲就占了4个；习武人数在5001~10000人之间的国家和地区中欧洲为4个；习武人数在1万人以上至10万以下的国家和地区共4个，分别为欧洲的土耳其、亚洲的韩国、非洲的埃及、大洋洲的澳大利亚；习武人数在10万以上的国家在欧洲、亚洲、非洲、美洲各有一个，分别是俄罗斯、孟加拉国、尼日利亚、英国。由此可见，尽管国际武术联合会的会员国已经遍布全球一百多个国家（地区），但是参与其中的人数还是有限，如果按照习武人口比例进行统计的话，中国武术的国际化仍然显得任重而道远，各国（地区）武术协会的工作也就显得尤为重要。

纵观国际武术联合会会员协会的发展，协会工作中存在以下问题制约着工作的进一步开展：一些协会仅仅在形式上有组织，但实际工作却没人做；协会长期不换届，组织已经涣散了，协会已名存实亡；部分国家（地区）设有2个甚至多个协会组织；部分国家（地区）至今没有建立武术协会组织。上海体育学院的朱东博士（2010年）调查后得出，全球大多数国家和地区只有1个武术协会（53.8%），有6个（11.5%）国家没有参加本项调查，但有30.8%的国家和地区有多个武术协会存在的现象，其中，白俄罗斯、保加利亚、爱沙尼亚、格鲁吉亚、意大利、荷兰、北爱尔兰有1~2个武术协会。8个国家和地区有3个甚至更多的武术协会存在，其中，匈牙利、墨西哥、西班牙、委内瑞拉同时存在3~4个武术协会，而加拿大、俄罗斯、斯洛伐克、韩国则超过4个。当地协会作为中国武术在全球开展工作的具体执行机构，在市场、爱好者、政府机构之间起到了桥梁和纽带的作用，对促进中国武术的国际化发展起到了举足轻重的作用，但是由于各方面的限制，武术协会在全球的发展并不是非常理想，造成这一现象的原因主要有以下方面：

第一，宣传力度有限，协会组织并不被受众熟知。人们对待事物的认知总是按照知晓、熟悉、接受、忠诚的大致顺序演进，西方人对中国太极拳的认知基本源自武侠影视或者功夫片，但艺术形式的太极拳与受众的消费需求总是存在难以逾越的鸿沟，因此，西方人对太极拳持有"可远观而不可亵玩焉"的心理定式。再加上中国太极拳的宣传力度极为有限，基本围绕太极拳"入奥"在进行，如近年来开展的宣传"中华文化、展示中国武术"系列活动，其中历时两年的"中国武术非洲行"活动走访了包括加蓬、安哥拉在内的12个非洲国家，并且促成了9个国家和地区加入国际武术联合会。如果没有上述系列活动的开展，中国太极拳在非洲的状况也就可想而知了。

第二，协会发展层次较低，整体水平有待提高。由于中国太极拳的知名度远不如奥运项目及热门项目的影响力大，因此相对来说太极拳的协会组织在全球规模较小、会员覆盖面窄，而且华人华侨占据了一定的比例。除此之外，一些太极拳协会是由在当地具有一定威望的老拳师或者具有一定社会地位的人自发组织成立的，基本是原有工作的重新组合与再分配，因而其社会信誉和影响力、代表性、竞争力、权威性等也较为有限，团结协作意识较弱，对中国太极拳在当地的发展推动作用十分有限，仅仅局限在少数人的"小圈子"中，很难真正把事业做大做强。

第三，运行规范程度有限，组织建设有待加强。各国（地区）太极拳协会的民间性质，使得协会各成员之间的联系处于松散状态，而且人员的流动性也相对较大，相当多的协会没有固定的办公地点，基本采用寄居或租赁的方式设立办公场所，举办的活动也有一定的临时性和季节性。协会管理制度的不健全和组织机构的缺失，协会的运行和决策基本取决于少数人的个人意志，很少开会员大会或会员代表会，这也使得协会的运行和纪律缺乏一定的规章制度，进而造成协会服务质量和信誉度不高、社会影响力有限。

第四，管理体制不健全，外部环境有待改善。各国（地区）太极拳协会作为国际太极拳联合会的下属机构和当地太极拳政策执行者、太极拳活动的实施者，理应具有垂直管理的关系。国际武术联合会首要的就是从既有机构中寻求合作伙伴，如果就某些权利、义务难以达成一致，也不排除重新扶植成立新协会的可能，由此造成的局面就是某些国家（地区）多个太极拳协会并存，甚至出现某些国家（地区）不同协会之间存在不和谐的现象，这一管理体制和局面使得国际武术联合会的工作开展并不是十分顺畅。与此同时，部分武术协会的成立并未得到当地政府或者国际奥委会、国际单项体育协会的认可，仅仅是爱好者自身的意愿，因此这一部分协会往往难以得到政府的支持，在组织建设、政策扶持、发展规划等方面得不到应有的重视和帮助，这些客观存在的外部环境严重制约了中国太极拳的国际化推进力度。

3. 利益割据导致太极拳国际传播缺乏协同精神

目前在国外从事太极拳传播与推广工作的传播者主体主要集中在曾经的国内优秀太极拳运动员、太极拳世家及其子女（徒弟）、一些从事太极拳运动多年的太极拳爱好者及留学生。但是迫于生活的压力及现实环境的限制，太极拳传播成为他们赖以生存的武器，而传播者生存必然会面临竞争，当某一地区从业人员饱和之后，其竞争就较为严峻，而传播者迫于生存的压力，各自为政、各顾各的，甚至相互拆台的现象也就在所难免。除此之外，由于目前在国外从事太极拳传播工作的从业者与国内太极拳界之间存在千丝万缕的联系，国内不同门派、不同流派之间存在的纷争自然会在国外重演。有记者对甘肃兰州进行了调查，得出的结论是目前兰州传承下来的太极拳门派并不多，但拳种很多，其结果自然是拳种之间纷争不断。目前的兰州武林，几乎没有公认的宗师或领袖，各太极拳团体彼此缺乏认同感。兰州市体育运动总会秘书长胡田生说："就整个兰州武林来说，太极拳团体都是各自为政，各顾各的，没有形成凝聚力量"。国内太极拳界的这种状况自然导致了门派纷争、利益割据的现象。相互利益的牵制，不同的个体或者团体也就很难协同一致地完成中国太极拳国际化传播的目标，这也就导致了中国太极拳国际传播"面上一团和气，私下斗智斗勇"的不良局面，这为中国太极拳的国际化传播制造了不小的障碍。

4. 昙花一现的"国家传播"难以形成持续效应

目前在国外从事太极拳传播工作的，除了上述力量以外，还有另外一只非常重要的力量——官方传播，官方行为由于能够得到国家的政策支持及资金保障，因此国家行为具有民间行为不可比拟的外部优势。从国家大的文化政策与形势方面来看，文化"大发展、大繁荣"的时代为中国太极拳的国际传播提供了千载难逢的良机，但是迫于经费的限制，官方派出机构不可能长年待在国外，其外派、出访活动具有很大的规划性，难以根据受众的需求进行灵活调度，而且经费的不足也严重制约了官方传播行为的持续开展。为了促进中国太极拳的国际化发展，让太极拳早日加入奥运大家庭，中国武术协会开展一系列的"海外行"活动，如2009年5月开展的中国武术"非洲行"，先后对非洲大陆的加蓬、肯尼亚、赞比亚、马拉维、坦桑尼亚等国家进行访问和演出，这是以国家体育层面组织的武术代表团首次访问非洲大陆。可以预见的是，诸如此类的活动在中国武术未来的发展中必将层出不穷，如果可以将这些活动称为"武术外交"的话，那么我们不难看到，武术已经成为中国与国际文化交流的最佳方式。太极拳作为中国传统文化的符号，早已为越来越多的人所接受和认可，通过太极拳这一载体，中国文化的魅力和影响力在世界范围内日益增强。这当然是"武术外交"的积极影响，但是我们也不排除宣传"中华文化、展示中国武术"背后的深层动机。中国武术协会副主席、中国武术代表团团长何青龙在2009年的"中国武术非洲行"中接受新华社记者专访时说："希望此次中国武术的全面展现能够推动非洲国家武协加入国际武术联合会，扩大武术运动的国际影响，加速武术成为奥运会比赛项目的步伐。"由此可以看出，近年来的中国武术国际行活动多多少少带有功利的性质和急于求成的眼光，这一做法尽管短期内可以促进中国武术的国际化发展，但是这种"应景式"的传播策略只能解决燃眉之急，缺乏可持续发展的内在动力。

事实上，有效传播效果的形成需要长时间的累积，这也是当前广告学中经常采取"铺天盖地"的广告攻势，并且会持续较长一段时间的原因。在行为心理学中有一个比较的理论就是"21天效应"，意思是说一个人的新习惯或理念的形成和巩固至少需要21天的现象，即一个人的动作或想法，如果重复21天就会变成一个习惯性的动作或想法。造成这一现象的主要原因有以下三方面：旧习惯、旧理念对新习惯、新理念形成的干扰；理念与习惯的形成需要一个过程；新理念、新习惯的形成需要不断地重复，即使简单地不断重复也是十分有效的。这一理论对中国太极拳的国际化传播也具有一定的指导意义，即依赖昙花一现的出访计划难以对中国太极拳的国际化传播形成持续效应，必须改变"国家传播"的思路，将"国家传播"制度化、常态化、长效化，在传播过程中实施协同创新思路，将资源和要素有效汇聚，通过突破创新主体间的壁垒，充分释放彼此间"人才、资本、信息、技术"等创新要素活力而实现中国太极拳国际传播的深度合作。

（二）中国太极拳国际传播的内部困境

1. 国际传播不等于国家传播

国际传播主要指通过大众传播媒体（国际媒体）并以民族国家和国际组织为主体的跨越民族国家界限的国际信息传播及过程。这一界定即是我们通常说的狭义的国际传播，它的主体单位是民族国家和一些有影响力的国际行为主体。体育领域中有影响力的国际行为主体主要是指国际奥委会及各国际单项体育协会，国际武术联合会即是这样一个国际组织，它所关注的焦点是国际信息传播对民族、国家和国际组织在以下事关重大的领域（如国际政治、外交、经济、文化等）所产生的影响和相互影响。对于中国太极拳的国际传播来说，显然不是中国及国内太极拳组织所能企及的，这已经为无数生动的现实所证明。因此，中国太极拳的国际传播必须借助国际组织、跨国公司和有影响力的个人才可以达成上述目标。遗憾的是，中国太极拳的国际传播难以逃脱"官办的尴尬"的宿命，因而掣肘了中国太极拳国际传播的规划及实践工作。具体来说，就是将中国太极拳的国际传播等同于国家传播，寄希望利用外派、出访、比赛等手段实现最终的效果，而且由于"官办"的性质，导致其传播内容也具有"国标版"的性质，这也直接加速了外国人对中国太极拳认识的偏差。与此同时，"官办"的色彩使得国家既是信息的传播者，又是"把关人"，决定了本国是否加入和如何加入国际传播的过程，采取什么样的信息接收方式，怎样建立自己的国际传播系统，在哪些方面加大投入力度，是否与国际网络端口连接，在哪些方面开放本国的信息市场等。此外，它还要代表国家就国际传播中涉及的相互关系问题签订国际协议，并代表国家在国际性的公约组织中发表意见，体现了国家的意志，而这些都是国家以外的其他组织机构和个人难以做到的。

与"国家传播"相应的是在国外从事太极拳传播工作的其他民间组织、机构和个人，这些传播主体也在不遗余力地为中国太极拳的国际化而努力，但是这些只是小范围、小规模的传播行为，相对于国家主体而言，它们只是处于依附地位。这些传播主体的存在作为中国太极拳国际化的重要补充，为外国人真实、客观、全面地认识中国太极拳奠定了良好的基础，同时也为中国太极拳的国际化传播贡献了自己应有的力量。相对前述的"国家传播"行为而言，这些传播主体可以自由选择传播内容、灵活性强、市场行为明确，利益、市场等外部客观因素及门派、流派等主观因素之间的竞争，导致了这些主体之间的纷争，重构了国内的"江湖"版图，这对中国太极拳的国际化传播来说，当然是极其不利的。我们认为对于中国太极拳的国际化传播而言，当务之急是应做出整体规划，整合各方资源和力量，协同完成中国太极拳国际传播的重任，这一点在跆拳道的全球传播上得到了极好的印证。

2. 人为"二分"制造了中国太极拳国际传播的"鸿沟"

"传统"与"竞技"，"官方"与"民间"，"套路"与"技击"……中华人民共和国成立后，中国太极拳似乎就陷入了如此"二分"的尴尬境地。不管承认与否，太极拳界确实存在这样一条无形的鸿沟，这也造成了中国太极拳发展中些许悬而难决的现实困难。

就"技击"而言，其追求的是最后的击打效果，而效果的累积显然需要速度、力量、时间、空间、方法等的综合运用，通过套路练习可以提高身体素质、提高运动能力，这可以看作"技击"的一般训练，但真正要达到出神入化的技击境界，仅仅通过一般训练是不够的，必须进行长时间的专项训练。社会进步和人类需求等外在客观环境的转变使得众多人不可能潜心钻研、体悟中国太极拳，进而达到前人的水平，因此在当前的社会现实和发展条件下，"套路"与"技击"分而治之可能是中国太极拳发展的良方，但是必须明确的是"技击"应该是远踢、近打、贴身摔的巧打，是运用中国太极拳整体劲的妙打，真正体现中国太极拳柔能克刚、弱能胜强的酣畅淋漓，而不是其他格斗类项目所有的力量大小、速度快慢的竞争；"套路"应该是"手眼身法步，精神气力功"的辩证统一，是中国太极拳"技击"的理想化境界，能够真正体现中国太极拳天人合一、行云流水的艺术追求，而不是对中国太极拳不负责任地任意拼减、肢解。中国太极拳作为一个属概念，并不是一个具体的运动项目，任何一方的偏废必将给中国太极拳的发展带来不可估量的损失，"二分"的纠结已经成为制约当代中国太极拳发展的瓶颈，毕竟，建立客观的印象、传播"真实的"太极拳、服务当代人的生活是中国太极拳能够实施国际传播的前提。因此，避免人为"二分"也就成为中国太极拳国际传播需要解决的现实命题。

3. 太极拳国际传播"传"而不"播"的尴尬境遇

传播效果是传播学的最终目的和归宿，因此无论强效果理论、弱效果理论，还是适度效果理论均是对传播效果进行的理性探讨和研究，并且一直指引着传播过程的进行。诚如徐耀魁先生所说："大众传播的效果问题，是传播者和受传者都关心的一个大问题，因为效果是传播目的的最终体现。而这个体现者恰恰又是受传者，所以，研究大众传播的效果与研究受众关系极为密切。"所谓有效，就是传播者的传播目的在受众（受传者或解读者）身上得到了预期的反应，取得了期望的效果。一种传播只有致效，才能算作是真正的传播。追求有效传播是所有传播者最基本的目标。有学者认为：传播效果问题的核心，是受众对于传者所传播的新闻信息是否接受。受众接收到某项新闻信息，对此表示认同，并受到一定程度的正面影响，传者和媒介方才实现了有效传播；受众未接收到传者和媒介所传播的新闻信息，或虽已接收到但不愿接受，那么，这样的传播绝不可能是有效的。为了达到有效传播的效果，需要解决以下方面问题：传者和媒介向受众传播有价值的信息、传播渠道畅通、受众接收到或者乐于接受信息，如果能够达到"通而乐受"的层面，这当然是传播的最高境界。因此，有效传播离不开传者、媒介、受众三者的协调互动，只有充分地调动各方积极因素方能使传播效果达到最佳状态。

结合中国太极拳国际传播的当前状况，我们认为中国太极拳的国际传播

往往过分重视"传播",但是忽视了效果,其表现如下:

第一,传播内容的自我中心主义。目前国家传播行为的内容主体是国际太极拳竞赛套路,这一内容的高度专业化只能适应极少数专业人士,对于普通大众而言显然缺乏"卖点",普通大众自然不愿意去真正地接触它。这种现象在我国文化的对外传播中极为普遍,如海外办的报纸即使免费供应,但还是没有多少人去主动阅读;文艺演出免费赠票,我们往往也只能得到一个"花钱赚吃喝"的结局……造成这一局面的最主要原因就是我们的传播预期设想与当地受众的心理需求差距太大,在传者和受众之间形成了"两张皮",这种传播只能看作是完成了"传"的行为,而根本没有达到"播"的目的。

第二,传播形式的单一化。出访表演与宣传、外派援教、竞赛是目前较为通用的传播形式。实质上来说,中国太极拳是中国文化的独特表现形式并且已经得到了全球的认同,因此,出访表演与宣传这一形式对增强传播效果而言基本没有什么实质意义,而在能大大增加传播效果的后两种形式上,我们的投入仍然十分有限。

第三,缺乏整体规划和细分策略。文化之间的差异是传播行为得以产生的前提,而迥异的文化如何在不同文化习惯、不同教育背景、不同生活习性的受众中产生共鸣,显然需要一定的策略和技巧,因此西方发达国家进行了细致深入的研究,并且得出了行之有效的措施,如加强针对性以争取人心;把年轻和更广大的人群作为全力争取的新重点目标受众;把落实新的战略规划和实施关键措施作为有效传播的保证;以调查研究为基础,进一步加强针对性与个性化传播;针对每一个不同国家的听众的不同特点与需求搭建不同的节目构成模式;利用先进的技术手段实施综合型、多媒体、大平台的传播策略;贴近受众心理(紧扣受众的关注点、紧扣引起受众心理共振的兴奋点、紧扣受众的需求点);以实施有效传播"赢得人心"。

因此,对于中国太极拳的国际传播而言,我们应该指出一个整体规划,每一个策略的实施均要以效果原则作为衡量和评价的标准,都应当考虑到对目标对象是否具有吸引力和影响力,目标国家的受众是否需要、是否接受、是否喜欢、是否满意、是否具有有效性,不能想当然地去宣传。同时应该加强对国外受众的研究，要真正弄清他们想要了解什么信息，希望得到什么帮助；知道他们喜欢什么，不喜欢什么；对什么感兴趣，对什么不感兴趣，并且要以此为依据来安排和组织传播内容与形式，提供各种必要的信息服务。只有这样，目标国家的受众才会愉快地去接受中国太极拳，从而达到中国太极拳国际传播的目的。

4. 悬而未置的问题影响了太极拳国际传播的效率

从远古到现代，从浩瀚宇宙到无垠海底，从自然到人类社会，我们所生存的世界里存在着很多至今都无法解释的秘密，各种奇妙的神秘现象层出不穷，令人们百思不得其解。神秘现象带着几分异域的神秘气息，几分浓烈的张扬释放，亦有几分迷人的柔美氛围，吸引着全球人们体验异域文化的心理奢望和探索欲求。不可否认的是，历史越是悠久的国家，令人难以理解的现象就越多，就越容易滋生神秘现象。中国古老的历史、独特的认知方式、外在的人为包装更是使我们的文化充满了难以捉摸的现象。

中国神秘文化的基础为阴阳五行学说和天人感应理论，可分为元气、预测与崇拜三个分支系统。如果这一说法可以成立的话，那么中国武术中的神秘现象主要体现在元气和崇拜两方面，下面我们以"气"为例予以说明这一悬而未决的神秘现象。"拳起于易，理成于医。"中国武术是在中医的指导下茁壮成长起来的，因此中医中的气理论也深刻地影响着中国武术的发展，而当道教内丹术、中国传统气功、导引术等传统养生方法与武术相互渗透之后，武术习练者往往便也追求元气、内气的锻炼。《内经》继承和发展了先秦气一元论学说，并将其应用到医学中来，逐渐形成了中医学的气学理论。在中国传统哲学中，气通常是指一种极细微的物质，是构成世界万物的本原，古代先贤认为元气是产生和构成天地万物的本原物质。

古人也以元气的运动来解释宇宙万物的生成、发展、变化、消亡等现象。元气除了能够对天地万物的生成和各种自然现象做出解释，同时也被认为是人类生生不息的气息根本。元气在人体内有推陈出新、温煦脏腑、防御外邪、固摄精血等重要职能。"人之有生，全赖此气。"元气充足，运行正常，则人可度百岁而去；反之，元气不足，或升降出入失常，则百病皆生，可引发多器官、多系统功能失调，其中以心脑血管系统功能紊乱最为多见。关于武林人士武学境界的深浅这一问题，有人认为体内元气的多少起着决定性的作用。常言道："外练筋骨皮，内练一口气。"这指明了元气的重要性，但是由于气的特殊性，我们很难感触到，如果缺乏一定的传统文化功底则理解起来非常困难，如此神秘的气理论对没有中国传统文化功底、以实证为基础的西方人而言理解难度就可想而知了。这种悬而未决的问题自然成为西方人乃至部分国人认为中国武术"玄"的根源，而诸如此类的问题在一定程度上也降低了中国武术国际传播的效率。

二、太极拳内容的多样性和复杂性妨碍太极拳文化的跨国传播

我国太极拳博大精深，源远流长，在长期的发展中形成了众多的拳种流派。其内容丰富且复杂多变。已知全国各地的源流有序、拳理明晰、风格独特、自成体系的拳种数不胜数。如果再将一个拳种分为不同的门派和支派，不同拳种流派又有各种拳术器械的操练之法，那么太极拳的技术要领、内容、风格和功能更显得多姿多彩。太极拳向来以含而不露的技击韵味、抑扬顿挫的演练风格、纷繁复杂的肢体展现、变化多端的运动路线而著称。因此，外国人对于中国太极拳的理解与掌握多了些许难度，对我国太极拳文化的国际传播是一种障碍。

此外，中国太极拳的练习特别注重要求达到"精、气、神"的境界，这就需要长时间的积累和习练。西方人对事物的认识更看重最后的结果，而对其过程则相对忽略。因此，他们在太极拳的学习中也就期望经过一年半载的时间就能掌握和学会太极拳的动作和技巧，但诸如跆拳道之类的经过较大改进后的技击项目能让西方人较快地适应和掌握，从而使其能较明显地看到进步和提高，这一特点能极大地满足西方人的学习习惯。因此，必须经过长期而系统的学习才能很好掌握的中国太极拳阻碍了其在世界范围内的进一步生存和发展。

三、太极拳文化传播对象的个体因素与文化差异所造成的消极影响

我国太极拳文化的国际传播是一种在全世界范围内跨国家、跨民族、跨文化、跨语言的传播。传播对象成千上万且千差万别。媒介在太极拳文化传播中引发的意义流变，根本在于受众以怎样的态度对待媒介。随着传播技术的发展，受众的主体意识超前觉醒，受众对媒介文本的解读更加主动、深入。太极拳文化是一个意义丰富的符号象征体系，受众对于太极拳文化的接受和解读是其意义能否有效传播的关键因素。

低效率的文化交流与沟通，或缺乏相互真正地理解，可能意味着文化传播的失败。受众会因各种方式或原因误解或曲解所接收到的文化信息，也就是说，他们所理解的和信息原来要传达的内涵，可能会大不相同。来自受众的障碍因素主要有以下几个方面：

第一，言语不通。太极拳的传播需要传播者通过语言向受众进行讲解和阐述。而我国的太极拳传播者通常只有过硬的技术而缺乏基本的语言交流和沟通能力。因此，太极拳的传播者应致力于各国语言的掌握和学习，以便能更好地进行太极拳的教学与训练。

第二，文化氛围和背景的不同。跨国界和跨文化的太极拳文化国际交流必须对各种不同的宗教信仰、国家体制、生活方式进行调整和改选以适应太极拳文化的国际化发展。

第三，兴趣爱好的不一致。不同的太极拳演习者对太极拳动作及文化的理解和兴趣爱好截然不同。如果能激发他们对太极拳产生浓厚的兴趣，将对太极拳的国际传播具有重大意义。所以，必须对中国太极拳的某些技击动作和环节进行改进和加工，在传播内容方面，要力求有新意且简单易学，同时，注重艺术性与思想性的融合。

第四，认识上的差异。每个练习太极拳的人可能其所接受的教育方式和程度各异，那么对所传播过来的太极拳文化的看法与认识也会出现不同。由于其传统态度和认识的影响与制约而造成中国太极拳在国际的有效传播效果不佳。

四、太极拳文化国际传播专业人才的匮乏

一名合格的太极拳文化国际传播人才既要具有扎实的太极拳技术能力，也要有深厚的中国传统文化底蕴，以及懂得该国的语言、风俗和文化等方面。太极拳文化国际传播专业人才的稀缺，将直接影响到我国太极拳在国际上的地位和全世界的可持续发展。推广者在受众心目中的威望和地位会对太极拳传播的效果产生影响。当前我国太极拳文化的国际传播者普遍被认为存在主要不足如下：太极拳理论水平不高、外语能力不强、武理修养不够、交往协调能力较弱等问题。传播者只有具有扎实的太极拳基本功、掌握太极拳的教学和传授方法，以及良好的交流能力，才有可能提升自身的综合素质和能力，从而在学习者中树立起威信，有利于太极拳文化的传播。当前，我们有许多的体育院校、太极拳专业队及一些民间的太极拳学校都在致力于太极拳传播人才的培养，然而其培养出来的学生却并不理想，难以达到相关的水平和实际需要。

造成我国太极拳国际传播人才缺乏的主要原因是培养太极拳高级人才的国内体育院校未能在这方面给予足够重视。我国体育院校的民族传统体育专业，几乎都是以"培养太极拳师资、教练、科研人员等专业人才"为培养目标。多年以来，我国太极拳专业培养目标的设定一直都不能摆脱主要培养太极拳教育教学和运动训练的专门人才的限制，不能与时俱进地根据中国太极拳的国际化发展要求而将太极拳传播专门人才的培养列为教学目标和教学大纲，致使我国高水平的太极拳国际传播人才的不足和匮乏，所造就的学生无论是太极拳专业知识还是知识结构都承担不了太极拳国际传播的责任。所以，我国应高度重视太极拳国际传播人才的教育和培养，并以最快的速度构建科学而合理的培养模式。否则，太极拳传播者素质不高，可能会使一些不符合条件的人到外国传播太极拳，这样一来传播者非但不能肩负传播民族文化的重任，还会造成负面影响，降低太极拳的可信度。

五、在消费主义冲击下的太极拳文化传播危机

今天,我国的传统太极拳文化在西方体育价值观的影响下,名利、金钱、金牌对太极拳习练者的诱惑越来越大,中华太极拳正面临着前所未有的困境。关注中华太极拳,寻找中华太极拳的出路,培养优秀的传播太极拳文化人才,使其肩负传承中华太极拳文化的历史使命,是当前太极拳界亟待解决的问题。在我国向国际社会输送我们的文化与价值观之际,用我们的太极拳文化中的武德观念与文化气息来弱化商品社会的消费至上的观念,同时,在这个过程中大力倡导人文关怀必定会取得显著的成效。但是,商业开发可能会导致文化意义的流变,通过国际传播的路径去宣传与弘扬我国的民族民间传统文化的出发点是不错的,但倘若国际的太极拳交流和传播偏离或违背了我国太极拳生成、发展的本源和初衷,则会事与愿违。太极拳与我国人民的生产生活方式、风俗习惯有着极强的联系,且具有鲜明的民族性和地域性特点。如果太极拳完全脱离这些内在的本质联系而国际化,使之与生发的语境相剥离,存在于非文化的语境化之中,最后极可能导致太极拳文化过度产业化,内涵丧失,最终在追逐市场的过程中成为市场的宠儿,却成为文化的弃儿。所以,在对太极拳文化进行适度开发时和进行国际交流与传播的过程中,首要的是不能丧失其精神实质和朴素魅力,要在保持太极拳文化魅力的前提下,满足国际受众的审美需求,太极拳文化是人民群众在生产劳动中、在与自然的斗争中逐渐形成和发展起来的。所以,太极拳文化就是展现我国人民的民间智慧与创造力的,其中凝聚着民族的认同感,它可以抵御时间的销蚀,保持民族文化的连续性;可以超越社会变迁,维系情感交融。因而,太极拳文化国际传播的真正意义不在于技艺的传播,而在于其所传递的精神价值。所以,合理利用太极拳文化遗产,就是要利用其意义体系,传播其文化内涵。在将其推向国际市场的过程中,必须要避免对太极拳文化的盲目利用,特别是唯利是图的行为。因此,那些改造意义,迎合观众,追逐市场的商业性行为,无疑是太极拳文化传播的杀手。

第二节 太极拳文化国际传播手段

一、竞赛传播

竞赛是太极拳国内外传播的主要途径，通过体育传播的快速通道，把太极拳传播到全国和世界各地。中华人民共和国成立以后，太极拳逐渐进入了竞技体育的行列，并以赛事为途径，把太极拳传播到全国和世界各地。目前，太极拳已成为国内外许多综合运动会的正式比赛项目。

太极拳竞技传播的核心思想是"标准化"，因为标准化是太极拳体育化的关键。在体育方面，西方人以"标准化"的理念完善了现代奥林匹克体育，太极拳以此为鉴，通过竞技太极拳，使太极拳竞赛从定向描述走向定量评定，逐步建立全球统一的太极拳国际规范。竞技太极拳的标准化有一定的优势：

第一，标准化能够保障太极拳的规范化。标准化是事物规范化、有序化的基础。体育的发展也经历了一个标准化的过程。太极拳的标准化工作主要围绕国家体育总局的奥运争光计划来进行。通过对太极拳进行标准化规范，为太极拳进入奥运会服务。去掉了标准化，太极拳的竞赛就难以开展，就难以进入体育传播的快速通道，也就难以进行行业的规范管理。

第二，标准化有利于太极拳的国内外推广。国内外太极拳或同类项目的实践表明，标准化是大规模传播与推广的基础。武技在全世界开展较好的项目都有统一的技术标准，如跆拳道、空手道、柔道、拳击等。竞技太极拳建立统一的技术标准，有利于竞赛和向国外推广。

第三，从具体工作上讲，太极拳技术、太极拳场地、太极拳服装、太极拳裁判、太极拳考评、太极拳管理等都需要标准化。

二、网络传播

电脑网络的普及，给陈式太极拳带来了新的传播介质，陈式太极拳也进入了电子化、信息化时代。民营的温县太极乡音信息产业有限公司率先开办了"太极网",成为焦作最早的专业太极拳网站。太极网在做好文化站点的同时,也致力于武术用品的开发和销售,2000年成立了太极网上商城,利用互联网平台销售太极拳图书、音像、器械等用品。太极网现已发展成一个宣传太极文化与经营武术产业相结合的大型网站,是国内外知名度很高的太极拳专业门户权威站点,著名搜索引擎关键词排名均名列前茅,国内网站流量排名1万左右。其后,陈家沟太极拳学校、陈家沟太极拳协会开通了"陈家沟太极网";陈家沟太极拳学校和陈家沟武术院也分别建起了网站;陈正雷、王西安、陈瑜、陈沛菊等分别建起了自己的网站,如"陈正雷太极网"(中英文版)、"陈瑜太极网""陈式太极小架""陈家沟太极拳学校"。互联网上许多体育、武术、健身类的网站都开有太极拳社区,很多太极拳爱好者也都有自己的太极拳博客。

三、申报非物质文化遗产活动

2005年,国家要求各地申报非物质文化遗产,河南省焦作市决定申报陈式太极拳项目。焦作市委、市政府成立了以市长毛超峰为组长,市领导王太峰、李中哲、霍金花为副组长,有关单位主要领导为成员的焦作市申报第一批国家级非物质文化遗产领导小组,并派出工作组前往温县指导申报工作。温县县委、县政府成立了以县长魏日高为组长,史绍文、刘同旺、孙银池、李黎明为副组长,有关单位主要领导为成员的太极拳申报第一批国家非物质文化遗产领导小组。由县文化局牵头、县太极拳开发中心参与,吸收了一批从事太极拳活动的骨干人员,从当年8月5日开始至30日结束,经过全面的挖掘整理,形成了一套比较完备的申报资料并上报省市有关部门。2006年5月国务院公布的第一批国家非物质文化遗产目录中陈式太极拳名列其中。

四、中华太极拳传承谱系工程

2008年8月,中华太极拳传承谱系工程正式启动,该工程是为陈家沟旅游景区"中华太极拳文化园"提供支持的软件配套项目,是利用计算机网络技术，以太极拳传承关系为脉络，在线展示太极拳传承发展过程的信息数据库。谱系工程通过互联网平台满足各地拳友在线分享太极拳的传承和发展成果；通过在陈家沟景区设置的"寻根树"或者触摸屏，让到陈家沟太极拳寻根的游客都能从这里找到各自的位置，赋予他们应有的归属感，进一步巩固太极拳发源地的地位，扩展太极拳寻根文化的范畴。该工程的实施，不仅可以最大限度理顺太极拳的传承关系、发展脉络、流派衍变过程，而且可以利用计算机技术，用声、光、电的形态记录太极拳的发展成果，是对非物质文化遗产太极拳有效的保护措施之一。

太极拳传承谱系工程的实施，为广大太极拳爱好者寻根溯源、开展理论研究提供了一个广阔的平台，太极拳爱好者在世界各地通过登录中华太极拳传承网，可以方便地了解到各自流派的传承关系和脉络，在线欣赏太极拳视频、拳架图片和理论文章，也可以通过横向和纵向的比较，学习各流派、各个历史阶段的太极拳资料，丰富自身的太极拳修养。

五、中国太极拳博物馆开馆

2009年8月21日，中国太极拳博物馆正式开馆。该馆自2006年开工建设，展厅面积3000平方米，是迄今为止我国乃至世界第一家非物质文化遗产太极拳主题博物馆。内存太极拳相关文物资料近万件，主要包括音像资料、图书典籍、太极拳名家使用过的器械、名家书画作品、珍贵照片、出土文物等。该馆坐落于太极拳发源地陈家沟，采取"外阁内馆"格局，外观是一座称作"太极阁"的具有传统民族风格的八角形五层阁式建筑，内部展示陈式太极拳资料，太极阁坐北朝南，高30米，整座建筑耸立在直径70米、高3米的台基上，台基围栏及扶手采用青石、花岗石、汉白玉为原料精雕细琢，博物馆分两仪堂、四象堂、文修堂、三省堂四部分。两仪堂展示太极拳文化渊源、知名人士与太极拳、太极拳研究成果、太极拳的创编及初期发展历史；四象堂展示直接或间接从陈式太极拳衍生的杨、武、和、吴、孙诸流派太极拳历史；文修堂展示太极拳基本理论及太极拳习练者需要遵守的门规戒律；三省堂展示太极拳械基本技法。博物馆充分结合声、光、电等现代科技，应用投影画面显示技术、现代遥感科技和多媒体处理技术设计了光影互动机构"风生水起演太极",加上有趣的脚力、拳力等互动装置和设计,让参观者尽情感受太极拳的源远流长和博大精深。博物馆与陈家沟村内的其他景点诸如太极拳祖祠、太极拳祖林、东大构造拳处、陈照丕纪念园、杨禄禅学拳处、大皂角树习拳处、太极拳宗师故居等或紧密相连,或遥相呼应,形成了浑然一体的陈家沟旅游景区。

六、媒体宣传

陈式太极拳的媒体宣传,最早的是陈照丕赴北平传拳时,河南同乡会李庆林投书北平的《时报》消息。消息刊:"太极拳发源于河南温县陈家沟,陈王廷、陈长兴诸先辈的拳术早已声震全国。今有陈长兴公四世孙照丕漫游到平,小作逗留,暂下榻于南门外打磨场杜盛兴号,如有爱好,要交膀者,莫失良机……"自此陈照丕在北平打擂17天无敌手,声名大振。陈家沟陈式太极拳方露名于天下。后陈照丕受南京市市长魏道明之邀赴南京任国术评判。继而陈子明赴南京活动,引当时武术历史研究名家唐豪,三下河南温县陈家沟,考察了河北永年、湖北武当山、山西太谷县等地,终认定太极拳系陈王廷所创,故里在河南温县陈家沟,又发表文章和著述,进行了早期的宣传。

陈发科继北平后,广结武林好友,誉满京城,时有媒体称其为"太极一人"。中华人民共和国成立后,陈发科仍在北京国术武术社传授太极拳,20世纪六七十年代,其子陈照奎赴南京、上海等地传拳,时也有媒体宣传报道。河南电视台前往陈家沟拍摄了《拳乡行》电视片,中央新闻电影制片厂赴陈家沟拍摄了《陈式太极拳》纪录片。

改革开放以后,随着太极拳活动的发展和对外交流活动的增多,陈家沟太极拳健儿活跃在海内外150多个国家和地区,其所在媒体都及时进行了报道。

七、武侠电影与武术的传播

武侠电影是一个宽泛的概念,又称作武侠片、功夫片、武术片。武侠电影是中国叙事电影的一个特有类型，也是世界电影类型中的一朵奇葩。从武术传播的角度来看，武侠电影又是武术在国内外传播的主要途径之一。武侠电影的核心是"武"与"侠"。武侠电影要想流传久远，其核心要素的研究就必然难以回避。

（一）武侠电影中的"武"："真实"的艺术

武侠电影的核心要素之一就是"武"。"武"也是该类影片的文化标识，是反映其有别于动作电影的关键要素。那么，何为"武"？"武"者，"武术""武艺"，指中国固有的传统武术。武侠电影中的武术融合了技击技术和艺术，如果只有技击、格斗动作，最多也只是"动作片"。但是，武侠片中的"武术"，一定要求"真"，即真武术。因为"真武"是需要"真会武术的人来练习真正的武术"，这是判断武侠片的标尺之一。此外，"有侠无武"的影片，也不能被称为武侠片。

以真实的传统中华武术作为武功打斗基础的"功夫片"才能成为武侠影片的主流。如《少林弟子》等少林题材电影，成为其后数百部挖掘南少林武术门派师承渊源及其人物的一类影片的先导。《洪拳与咏春》等影片在香港武侠电影史上首开探索武术"南拳"流派功夫的先河。其中出现的洪拳、咏春拳的拳法、掌法、腿法及其兵器使用的一招一式都是按照真实路线设计和实施的。《武林志》中"八卦掌"表演令观众大开眼界。"真武术"才能展示武术的艺术美。武侠电影中经典之作《少林寺》的主角都是当时全国武术比赛的运动员和教练。片中展示了拳法、枪法、棍法、刀法及醉剑等多类武术套路，让观众叹为观止。

因此，"真武"的电影容易流传。以黄飞鸿电影为例，自第一部《黄飞鸿传》至《黄飞鸿之五龙城歼霸》，共计拍摄了104部以黄飞鸿为主人公的系列电影。扮演黄飞鸿的演员近20人，这些影片的共同特点之一就是男主角大都是靠真实的武艺。因此"真武"的艺术展示为影片的流传打下了坚实的基础。

（二）武侠电影中的"侠"："正义"的化身

武侠电影中的"侠"也是其核心要素之一。"侠"与"义""勇""信"

"武"等具有密切的关系。《韩非子·五蠹》中有"儒以文乱法，侠以武犯禁"。《史记·游侠列传》中载："今游侠，其行虽不轨于正义，然其言必信，其行必果，已诺必诚，不爱其躯，赴士之厄困。既已存亡死生矣，而不矜其能，羞伐其德，盖亦有足多者焉。"金庸先生指出："能够不顾自身利益而去主持正义，挺身而出的重视是非的行为就称之为侠；武侠就是用武力做侠的行为。"

"侠"作为"正义"的化身，需要通过"武"来实现。李小龙电影以"功夫"著称，然而，其"侠义"的体现也是重要的成功之道。以《精武门》为例，正是20世纪70年代香港及海外华人社会的民族心理和情绪与影片的爱国主题产生了强烈的共振，从而影响巨大。因此，中国的武侠电影讲述的并不是单纯的江湖道义，特别是除香港外许多其他省市的武侠电影，着意书写的都是在民族危亡的历史时刻，豪侠义士表现出的一种至死不渝的爱国精神。

武侠电影的典范之作——黄飞鸿电影，也是着力突出侠义精神。可以说，黄飞鸿电影是"武"与"侠"的完美合璧。从"武"的角度，黄飞鸿的影片中都是真功夫、真套路，因而能让观众大开眼界；从"侠"的角度，黄飞鸿被塑造成一个真正的大侠形象，集中华民族的所有美德于一身，"富贵不能淫，贫贱不能移，威武不能屈"，发扬了传统武术与武德，因而影响巨大。

(三) 武侠电影流传的关键要素：文化、艺术与审美

武侠电影的核心要素是"武"与"侠"，但要流传久远，就一定不能脱离中国传统文化这片生存的土壤。通过武侠电影让观众多了解一些中国武术的门派支流、武功招式及中国武侠文化的传统渊源，从而继承中国武术文化的道德内涵和强身要术，是武侠电影"审美"与"艺术"的追求。例如《龙门客栈》，其风格特征可归纳为京剧要素、绘画要素、历史要素、文学要素、佛禅要素等。其中，武术与京剧武行有着千丝万缕的联系；中国画中的"意境"也是武术演练所追求的目标；武术与中国历史、中国文学也有着很深的渊源；武术与古代军事技术直接相关；武侠文学也是源远流长；武术与佛禅更是融合紧密，声名远播的少林功夫便是拳禅合一的典范，武当武术也名扬

海内外。可见，武术文化和艺术的发掘与再现是武侠电影的一个正途。

在武侠电影中，"武"的表现需要"真武"与"武舞"的艺术组合，体现武术之美。人们在欣赏影片的同时，就像在欣赏优美的艺术表演。影片《少林寺》中，觉远和尚在四季变化中的武术套路演练堪称"武舞"电影的精品。影片《卧虎藏龙》中，可以领略江南的小桥流水、京华的亭台楼阁、武当山的巍峨秀美。武术在京剧音乐的伴奏下，节奏缓急有致，使该片在展示武术的同时，将中国传统艺术、文化、地理环境有机地联系在一起。

武侠电影需要文化内涵。中国的传统功夫、侠义情怀具有典型的东方特色，但还要和汉字、琴棋书画、园林、戏曲、美食以及儒、道、周易、孙子兵法等博大精深的内容结合。《功夫熊猫》电影的成功就在于将中国文化的多个方面在轻松愉快的"功夫"外衣包裹下更深层次地展现出来。

武侠文化是武术文化的延伸。展示真正的中国武术、侠义精神，并与中国传统文化融合是武侠电影流传的必经之路，此外，武侠电影应成为展示传统武术、传播中华文化的重要媒介。

第三节　太极拳文化国际传播路径探索

为促使我国太极拳文化的国际传播进一步发展，针对其现状所存在的主要问题，提出如下发展策略。

一、强化太极拳国际传播意识，注重太极拳传播理论研究

意识是行动的先导。我国太极拳文化国际传播意识的强弱将直接影响到太极拳文化国际传播的效果和太极拳事业在国外的发展速度。对于一个国家或地区来说，太极拳传播意识强，就会主动向世界传播太极拳；就会主动开展太极拳的交流活动和学术研讨。国家传播太极拳的意识强，就能快速提高太极拳国际传播的效率和速度，就有可能在较短的时间内实现大的突破。目前西方的现代体育项目在全球的体育活动中占有很大的优势，在这种不利的

条件下，中国太极拳要实现国际化的传播和发展，我们国家的相关部门就应该有意识地通过多媒体的宣传、太极拳竞赛活动的组织及太极拳表演的形式，来增强全世界人民对中国太极拳的认识和了解。采用尽可能多的方式和途径去提高我们太极拳国际传播的意识和能力。

注重太极拳国际传播理论的研究与建设，可以加快我国太极拳文化国际传播的速度与效率。我国的太极拳国际传播活动很早以前就已经出现，但相关的太极拳国际传播理论还很不成熟，相对滞后。国家体育总局武术研究中心和中国体育科学学会武术分会所组织和策划的以"武术国际传播与发展"为主题的武术座谈会在上海武术博览会期间成功举办。以"武术国际化发展的现状与对策"为主题的武术国际传播研讨会也在上海举行。这些以武术国际传播为主题的学术活动，旨在寻求科学而先进的武术国际传播理论，这对推动武术国际传播有十分重要的指导作用。然而，这些活动举办的次数不多、规模不大、级别不高。

在以后的相关活动中，应邀请国内外的太极拳专家、学者及民间太极拳知名人士来参加。多方吸引国外太极拳界的人士来参加太极拳传播研讨会，提供国内外太极拳界相互沟通的机会和渠道，来共商太极拳文化国际传播与发展对策，促进太极拳国际传播理念、思想和经验的碰撞与交流，以期不断丰富和完善我国太极拳国际传播理论。

二、充分宣扬我国太极拳文化的健身功能

我国太极拳在国际传播过程中，更多的是太极拳竞技的形式让外国人感受到其独特的魅力，而对其健身与育人的价值却没有进行充分的挖掘与宣扬。

在当前的国外社会中，大多数人们都重视健身活动。而我国太极拳自古以来就具有强身健体的功能和优势。太极拳的内容很丰富，能够适合于对运动量、运动强度有不同需求的人群选择。无论是青少年还是中老年，无论是何种职业的人，都能在武林中找到适合自己特点和兴趣的项目进行锻炼。太极拳动作徐缓而连贯，是以健身和益寿延年为主要目的而演练的拳术。另外，同一种拳种也应该随时根据自己身体状况和需要来合理调整运动量及运动强

度，自控性很强。太极拳运动对人体的锻炼非常全面。太极拳是从人的整体观出发，注重人体的内外兼修，强调从精神到肉体、由内至外，循序渐进地进行全面的修炼，而不是从局部的需要出发，专门锻炼上肢或下肢，专门训练左手或右手。因此，练习太极拳，有助于提高练习者的力量、速度、敏捷性、协调性及心肺功能；有利于改变练习者的身体形态、提高身体机能和身体素质，促使练习者身心得到锻炼，从而达到强身健体、预防疾病的目的。

三、大力彰显我国太极拳的文化内涵与育人价值

我国太极拳在几千年的演变中始终受到中国传统文化的熏陶和影响，因此，它具有丰富的文化内涵和极强的育人价值。中国传统太极拳文化历来注重和谐，主张"以和为贵""协和万邦""和而不同"，提倡"海纳百川，有容乃大"。追求和谐和美，主张和睦和解、和衷共济，这是中国传统太极拳文化的主流，也是延续中华民族人文血脉，维系中华民族太极拳几千年来得以发展的强大精神支柱。和谐思想已经深深地扎根于中华民族太极拳文化的精神血脉中，成为太极拳操习者的基本追求和安身立命、为人处世的基本哲学态度。我国太极拳文化所具有与西方体育追求更高、更快、更强，提倡竞争的文化截然不同的独特魅力，这一点正是深得很多外国人士喜欢的重要之处。他们学习太极拳不但对中国传统太极拳的健身功能心向往之，同时也对中国太极拳丰富的文化内涵情有独钟，他们希望通过学习太极拳来了解中国的武学、历史和文化。

另外，通过长期的太极拳训练，能培养习武之人"自强不息"的精神，磨炼出克服困难的坚强意志，同时对中国"武德"的深入领悟，还能使练习者具有崇高的道德修养，与人为善、宽厚处事、豁达胸怀；树立尊师、爱友、团结互助的集体主义观念，达到修身养性的教育作用。在我国太极拳文化国际传播中，应大力彰显中国太极拳的文化内涵和育人价值。从而，让更多的外国人对中国太极拳有更深入的了解和认识，使他们对中国太极拳产生浓厚的兴趣，以促使我国太极拳文化在国际传播中有更大的进展。

四、成立太极拳国际传播机构，构建全方位、多层次的传播体系

太极拳国际传播是一个庞大而复杂的系统工程，必须要有专门的组织机构来进行统一管理与运作，而成立太极拳国际传播机构可以加强对太极拳国际传播各项工作的领导协调与规划。在实际操作上，可以在中国太极拳协会成立其下属的专门负责太极拳传播的部门，其主要职能包括以下三方面：第一，制定中国太极拳国际传播与发展的方针政策；第二，对太极拳国际化发展的相关信息进行收集与整理，并协调各个部门之间的合作；第三，积极主动地加强与国内外媒体就太极拳国际传播的合作与管理，加强对各种现代传播媒介技术的有效综合利用，逐步构建和完善太极拳国际传播的网络，使中国太极拳打破国界的阻碍而传遍全球的每个地方。

此外，太极拳文化的国际传播发展要与现代科技相结合，构建全方位、多层次的传播体系。具体措施如下：

第一，借助卫星传播的灵活性强且适用面广的特点来拓宽太极拳文化国际传播的途径。卫星频道增多和传播方式多样化，所传播的信息可适应各方面的需求，接收者可根据自己的职业、爱好、所处的环境和现有条件去选择自己需要的信息。因而太极拳文化传播的工作者可以借助卫星传播的技术制作一系列的太极拳教育类的节目，通过卫星传播的方式来达到远程传播太极拳文化的需要，这样既可以节省大量的人力与物力，也可以给国外的受众以更多的选择。

第二，加强国外学校的太极拳教育。通过在国外学校的体育课程中设太极拳教学内容，让更多的外国青少年了解、认识和掌握基本的太极拳知识，激发他们对中国太极拳的兴趣。

第三，利用电视和网络开办太极拳远程学校，发展各类太极拳远程教学。太极拳文化国际传播可以用这一工程来作为传统的一对一或者一对多师父教徒弟的方式的一个补充。

五、造就综合素质强的太极拳文化国际传播人才

高素质的人才已成为当今社会生产力的第一要素,这在我国太极拳文化国际传播中也不例外。综合素质高的复合型太极拳国际传播人才对我国太极拳的国际地位和普及程度都起着至关重要的作用。从事太极拳国际传播的人才,首先要具备对太极拳文化意蕴的深层体会,作为体育文化的践行者与传播者,太极拳传播工作者在具有比较高的专业技术水平与运动技能的同时,必须还要有较全面的文化知识,特别是与太极拳文化相关的传统文化知识。只有这样,我们才能在传播太极拳技能与技术的同时,也能让国际上的太极拳爱好者感受到我国太极拳文化中的传统魅力,才能够实现传播太极拳文化的目的。其次,要有较强的语言交流能力,能运用所在国家的语言进行太极拳传授。

在我国太极拳国际传播的进程中,由于太极拳文化国际传播的特殊性和复杂性对从事国际太极拳传播的人才有着很高的要求,致使太极拳国际人才缺乏。当前,我国必须将太极拳国际传播队伍建设放到一个重要位置。努力培养出一大批武德高尚,专业水平高和中国传统文化功底好,了解西方文化,外语沟通能力强,精通国际法并能熟练应用计算机等综合素质高的太极拳传播人才,以适应太极拳国际传播的急需。

第四节 太极拳文化国际传播启示

一、宏观方面

(一)凝练文化外宣的国家意识

经济全球化与文化全球化相伴而生,西方国家的科学技术、生活方式、文化理念随着经济的融合而逐渐成为"软力量"进入全球,诚如美国靠"三片"(芯片、电影大片、薯片)征服世界一样,文化已经成为国家发展不容忽

视的重要力量。美国战略家热津斯基认为：“控制人类共同命运努力的成败，归根结底取决于具有极端重要意义的哲学和文化层面，正是它形成了指导政治行为的重要观念和影响。”因此，综合国力的竞争需要"软硬兼施"，而文化软实力无疑是国家实力的重要组成部分。中共中央文献研究室常务副主任杨胜群认为："一个国家要真正成为一个大国，不仅要有以经济为主要内容的硬实力，还要有以文化为主要内容的软实力。没有软实力，就只是一个物质外壳，没有内涵，没有支撑，不能叫真正的强国。一个民族要真正自立于世界民族之林，不能只靠一个经济的躯体，还要有强大的精神文化支撑。"发达国家在构建"知识经济高地"的同时，在文化领域中也展开了新一轮竞争与博弈。因此，重视文化软实力的竞争，构筑中华民族魂灵的传统文化成为中国未来发展方向的"指引者"。可喜的是，中国经济多年的高速发展已经让世界刮目相看，国家地位与国际形象已经发生了天翻地覆的变化，为了塑造与中国经济发展相应的国家形象，中国政府开始实施强有力的文化外宣策略，如众多文化样态的频繁出访、表演；民间交流日益频繁；孔子学院的全球建立；不同国家文化年的举办……诸如此类的举动已经表明国家意识到文化外宣的重要性及力量。

中国太极拳作为中国文化的重要表现形式及组成部分，目前尚未上升为国家意识和行动，中国太极拳的海外传播行为基本依靠民间行为及其商业行为，这自然制约了中国太极拳在海外传播与发展的速度。将中国太极拳的海外传播上升为国家意志，以遍布海外的孔子学院（学堂）、中国文化中心等作为中国太极拳海外传播的集散中心，实施国家战略，以提升中国太极拳的海外传播效率。这一点在跆拳道的海外传播上得到了印证：一是派遣表演团到各国巡回表演，使所到之处的人们对跆拳道有了较为直观的印象；再就是有计划地向国外大量派遣教练团、教官团，负责所在地区的跆拳道普及推广。据不完全统计，仅韩国派到国外的跆拳道教练就有20000多名，这些被派遣出去的教练，对跆拳道在全世界的推广普及，发挥了难以估量的作用。

（二）加大文化外宣力度

张杰博士对美国太极拳练习者的调查表明：美国人练习太极拳是觉得太

极拳比较神秘,很多美国人想对具有神秘色彩的文化进行探索,以满足其好奇心。马明达先生认为,浅薄化和神秘主义是传统文化的大敌,几十年来,对中国武术在整体上产生了消极作用,至今仍在受其困扰,不能自拔。相比之下,太极拳的状况比较好,这与太极拳自身的理论积淀比较丰厚有关,但并不是没有影响。抵御的唯一办法就是提高理论水平,提高专业工作者的整体素质。不可否认的是,目前中国太极拳在海外传播时更加侧重的是技术层面的传播,除了太极拳传播时还涉及一些中国文化外,其他种类的拳种很少或者几乎不涉及中国传统文化。如果仅仅从技术层面去传播中国太极拳,已经很难在众多同质重复等质等效的健身信息竞争中脱颖而出,显示出其被"必选"的价值,而传播市场的竞争逻辑,其实也有一个从对信息的使用价值到交换价值,再到符号价值的开发和利用过程。而任何一项体育运动对于人们而言,无疑都具有使用价值和交换价值,既有用又可用,但是不一定具有符号价值,人们的经济状况、社会地位、受教育程度等的不同,使人们对体育运动显示出一定的"专属性"。只有大力开发中国太极拳中蕴含的文化价值,将中国太极拳中蕴含的文化符号、内涵潜移默化地传授给受众,中国太极拳的明天才能更加灿烂。

(三)秉承平等、互惠的跨文化交流原则

从本质而言,中国太极拳的海外传播是一种跨文化行为。所谓跨文化交流是指来自不同背景、不同文化的个人、群体或者组织之间进行的交流活动。跨文化交流与各种文化信息在时间和空间中的流动、共享和互动过程相关联,涉及不同文化背景的人们之间发生的信息传播与人际交往,以及人类各个文化要素的扩散、渗透和迁移。在跨文化交流活动中需要摒弃的是主动进入与被动接受的跨文化行为,因为这一做法难以摆脱强势文化对弱势文化侵略之嫌疑,这显然不是跨文化交流希望看到的结果,也不是世界各国人民的共同愿望。任何一种文化与其他文化相比既有共性又具有特殊性,共性是不同文化得以交流的前提,特殊性是不同文化可以交流的前提,对文化特殊性的理解必须在承认和经受人类文化发展的同一性的前提下完成,否则易于对文化的特殊性做出孤立、封闭和绝对性的理解,从而割断一种文化和他种文化之

间的内在联系。因此，尊重、宽容、合作是跨文化交流的基本原则，在中国太极拳海外传播实践中只有秉持上述原则，开展合理的跨文化交流，才有利于世界不同文明和平共存而非冲突，对话而非对抗，和谐交往而非隔绝排斥，真正实现"和而不同"，促进世界文明和谐发展。

二、微观方面

(一) 提炼中国太极拳文化海外传播的核心理念

中国太极拳文化具有庞大的技术体系，这是毫无疑问的。如何将这一优秀传统文化传播到全世界，为全人类的健康福祉作出应有的贡献是全体太极拳人面临的共同课题。日本柔道的灵魂人物嘉纳治五郎在其发展之际曾经提出"比胜负、强身体、养心智"的柔道运动核心思想，极力宣传和推广柔道运动的育人价值、健身价值和社会价值，以教学和演讲的形式在全球各地传播柔道运动，进而使柔道为国际社会所认同。如果仅仅强调柔道的技术规范，柔道的海外传播也就难以获得如此成功。"世界太极气功日"活动之所以能够在全球70多个国家和地区得以开展，与其活动理念不无关系，健康、免费的核心思想深深吸引了全球太极、气功爱好者的关注，进而产生了巨大的社会影响。对于中国太极拳海外传播而言，健康、养生完全可以作为其核心理念，因为这一价值具有普适性和广泛性，同时也符合当前人类社会发展的实际情况和现实需要。

(二) 多元化的传播途径

科学技术的进步为新媒体的创生提供了无限可能，传统媒体与新兴媒体的联合日趋紧密，媒体传播的领域也得以不断拓展。新媒体的出现为不同文化、不同语言背景的人们更好地交流、互动提供了一个良好的平台，同时也为个体融入社会创造了良好的载体。清华大学教授熊澄宇认为：新兴媒体不仅是人们获取信息的重要渠道，还成为思想文化信息的集散地和社会舆论的放大器，常常激发"滚雪球效应"和"群体极化"现象。"世界太极气功日"

成功开创了太极、气功利用网络进行传播的先河，网络传播的快速、分众特点实现了信息对目标受众群体的准确传递。新华网2008年10月3日报道了澳大利亚悉尼市邦迪海滩"大家一起练瑜伽"的新闻，"这次活动由一个网络社区发起，组织者希望以此鼓励人们参加新形式的社区活动，开始一种健康的生活方式"。中国太极拳文化海外传播实践中也应用了新媒体形式，但是其规模、效率、公信力、影响力等方面仍然具有较大的提升空间，这在今后的传播实践中应引起足够的重视。

（三）规范统一中国太极拳养生技术体系

中国太极拳养生技术体系繁杂已经得到公众的一致认同，这在极大地丰富太极拳养生资源的同时，也为中国太极拳海外传播制造了人为障碍，传播实践中诸如派系斗争、利益割据、正宗与否之类的矛盾与问题无不与此有较大的关系。原国家体委组织专家编创的二十四式简化太极拳除了因其动作简单易学、内容精练、具有太极拳的运动特点外，其动作规范不容忽视，因此，二十四式简化太极拳有力地推动了太极拳的普及发展，成为目前普及最为广泛的套路之一。技术动作的规范性已经成为制约中国海外传播的大敌，《马鞍山中国国际太极拳名家研讨会暨首届国际太极名家论坛马鞍山宣言》中将太极拳划分为三类的做法即折中之举，这势必会影响太极拳的进一步传播，因此，规范、统一中国太极拳文化的技术体系必将是明智之举。

（四）大胆进行技术创新

中国太极拳的传统特性使得中国太极拳对传统过分重视，一旦改变传统便会招致各种非议，太极拳竞技体系的出台被称为"舞术""操化"便是这一技术体系创新带来的后果。从实质而言，任何一个项目都在不断发展、创新之中，百年前的中国太极拳与今日太极拳必然不同，故步自封只会带来灭顶之灾。源自朝鲜半岛民间技击术的跆拳道正是通过技术创新将之分为品势（拳套）、搏击、功力检验三部分内容，使它与昔日的民间技击术也判若两物，正是这种创新，改变为其全球发展奠定了良好的基础。中国太极拳也应在保持自身风格和特点的基础上，进行有益的探索和尝试，不断进行革新和改造，使之更加适应社会的需求，才能使中国太极拳进一步发展和完善。

（五）建立简单、有效的技术体系

"哈韩族"是指狂热追求韩国的音乐、电视、时装等流行娱乐文化的新兴青少年。随着韩国等国家的文化在中国及亚洲的盛行，"韩流"一词频繁出现在韩国媒体上，并且认为"韩国经济的出路就在韩流之中"，韩国政府也表示要借"韩流"现象更多、更广泛地进军中国文化商品市场，使"韩流"成为促进出口的桥梁，从而助推韩国文化产业的发展。总体来看，诸如"韩流"之类的流行文化受商业文化和"快餐文化"的冲击，逐渐趋向于简单、时尚、通俗易懂、容易模仿、贴近生活的文化。即使是文化本身的精神需要，往往也会被青少年化解为日常的生活需要，"流行文化的过程"被高度浓缩，他们需要付出后的及时回报。简单、有效，从个体层面而言可能是维护自身身心平衡的重要方式，但是也可能造成人的功利性追求和文化的"平面性"。在中国太极拳海外传播的今天，适度简化中国太极拳的技术体系，将作为中国太极拳海外传播的敲门砖，也不失为一条上策。

第八章　新媒体时代下的太极拳文化

第一节　太极拳文化多媒体信息数据库的发展

一、太极拳文化多媒体信息系统内容简介（以陈式太极拳为例）

陈式太极拳多媒体信息系统应该说是一个全新的武术文化多媒体系统，目前仍处于建设的战略意义强调及总体设计方案探讨阶段，本章的两节内容里，我们初步展示了近年来对于该项目的思考与探索，相关思路及内容的充实、完善将会在下一阶段的实践过程中持续进行。提到陈式太极拳多媒体信息系统，首先就不能不涉及当代武术领域一些远见卓识者对于武术科学化发展思路的积极思考。在这方面，功不可没的人物是上海体育学院民族传统体育学博士后导师郭志禹教授。

早在10年前，郭志禹教授已经就武术与现代科学技术相结合的问题进行了展望，并且发表了《论观念转变与信息化促进武术现代化》《太极拳多媒体信息系统的研究》等极具先见的科研论文，提出了与"武术现代化""武术信息化"密切相关的系列论点、思路。郭志禹教授指出："武术现代化"是指武术具有现代先进的科学技术水平。这相对于古老的武术文明及其传统观念来讲是一个起点很高的概念。从"武术现代化""武术信息化"的视角谈武术的科学发展，实际上就是站在转变观念的视角论述现代条件下武术应有的或必然的变化。我们对于信息技术的强调，同时也是提醒并期待人们对"信息化促武术现代化"的发展重视。武术长期在农业经济环境中生存发展，直到20世纪下半叶的后20年才真正接触到现代化。21世纪武术面对的世界是飞速发展的，所谓"现代化"就是要具有先进的科学技术水平。因此讨论"武术现代化"有两方面问题需要解决：一是观念转变问题；二是以信息化促进武术现代化问题。同时，在阐述中心论点时提出：信息化是武术发展的关键，是武术现代化过程中与时俱进的必由之路，我们在转变观念中应该及时树立这一思想，并抓紧付诸实施。以此为理论原点，我们不妨说太极拳无疑是当代发展最为成功的拳种，太极拳多媒体信息系统的构建便是当代武术信息化发展的一种重要探索。我们对于陈式太极拳多媒体信息系统的建构事实上也正是如此，它不仅是对于武术发展观念现代化的一种转变，同时也是对于武术发展信息化战略的一种尝试和实践。

但是，早在2005年前后，以上海体育学院等为引领的武术科研领域已经提出了武术信息化发展的相关论点、思路，并且也已经明确指出了武术信息化实践突破口的重要意义，但遗憾的是，至今武术界仍没有将上述理论、论点付诸实践的典型突破。值得一提的是，上海体育学院创建的中国武术博物馆，的确是中国武术当代景观中的一大亮点，但是信息库文物陈列展示的博物馆仅仅是多媒体信息技术的一种成功的实践运用，其与多媒体信息系统在实质上还是有一定区别的。我们在建设多媒体武术信息系统时，可以有效借鉴上海体育学院创建的中国武术博物馆的相关思路及其多媒体实践形式，但是，这并不等于说可以在二者之间画上一个等号。

河南理工大学是河南省重点建设的骨干高校，近年来，因为采取了一系列创新发展的特色战略而在国内产生了一定的积极影响，被相关媒体誉为"21世纪中国发展最为迅速的高校之一"。河南理工大学以陈式太极拳为主体的太极拳特色发展战略由来已久，多年的建设已经具备了相当丰厚的成果积淀和前期基础，河南理工大学的太极拳学院国内领先，河南理工大学本身又是河南省信息化教育的先进单位和网络化建设的中心枢纽之一，河南理工大学图书馆近年来一直在探索太极文化特色数据库及阅览室的建设问题，所以，综合上述因素，我们基于河南理工大学创建陈式太极拳多媒体信息系统的战略便具备了成为武术信息化实践突破口的综合条件与现实可能。

众所周知，太极拳是中国武术的一个著名拳种，它包含的每一项内容都是一种信息。现代信息技术可以使太极拳的丰富内容变为多媒体信息，不仅在国内还可以在世界范围传播这些信息。太极拳多媒体信息不是零散分割的，而是一个完整的系统。建立这个系统的旨意是向人们提供服务，因此我们称为"太极拳多媒体信息服务系统"。当前流行的太极拳各大流派，有一个政府职能部门和大多数武林人士公认的拳学母体，即陈式太极拳。我们以陈式太极拳为特色和主体而拟创建的多媒体信息服务系统即是"陈式太极拳多媒体信息系统"。

对于陈式太极拳多媒体信息系统，我们的具体思路是首先运用多媒体的基本原理和信息、系统、逻辑、文献资料等基本概念及方法，对陈式太极拳的内容进行梳理与研究，初步进行可作为多媒体展示的大纲设计，构建一个陈式太极拳多媒体信息服务系统，即陈式太极拳信息层次划分、信息体分类及其信息库的主要内容（陈式太极拳史、陈式太极拳流派、陈式太极拳人物、陈式太极拳技术、陈式太极拳典籍、陈式太极拳的科学研究、陈式太极拳的发展、人机互动的思考题与题解等）建设，在此基础上组织力量集中进行难点攻关与各级科研项目申报，并在相关实践工作中进一步充实和完善该系统的基本框架、设计细节、技术应用、资料准备等具体细化性工作，结合河南理工大学图书馆二期工程建设及太极拳学院的特色发展战略等，逐步达到建设陈式太极拳多媒体信息系统的研究目标和战略设计。

二、陈式太极拳文化多媒体信息数据库的战略意义

作为一种古老的民族传统文化，包括陈式太极拳在内的太极拳，当代发展迫切需要现代技术的支撑和展现，多媒体信息数据库对于陈式太极拳发展的战略意义正日益凸显，目前已经受到了众多科研团体的重视和关注，至少在武术之乡河南省，已经有多家高校正在计划开展此方面的相关研究与建设，其中已经有若干院校有相关的成果产出。

（一）建立多媒体信息数据库是信息时代发展的趋势

多媒体是一种崭新的信息表现形式，早已广泛应用于诸如广告、艺术、

教育、娱乐、工程、医药、商业及科学研究等行业领域。利用多媒体网页，商家可以将广告变成有声有画的互动形式，可以在吸引客户之余，也能够在同一时间内向准买家提供更多商品的消息，但下载时间太长，是采用多媒体制作广告的一大缺点。利用多媒体作教学用途，除了可以增加自学过程的互动性，更可以吸引学生学习、提升学习兴趣以及利用视觉、听觉及触觉三方面的反馈来增强学生对知识的吸收；多媒体技术是一种迅速发展的综合性电子信息技术，它给传统的计算机系统、音频和视频设备带来了方向性的变革，对大众传媒产生了深远的影响。多媒体计算机将加速计算机进入家庭和社会各个方面的进程，给人们的工作、生活和娱乐带来深刻的革命；多媒体还可以应用于数字图书馆、数字博物馆等领域，而数字图书馆、数字博物馆正是多媒体数据库的外在表现之一。此外，交通监控等也可以使用多媒体技术进行相关监控。

在宽带数字网络化发展的今天，这些现代化信息技术的运用不仅使信息展示的方式方法变得丰富多样，而且更可以使信息内容本身更加直接、形象、具体。多媒体系统在综合服务等方面的水平的迅猛发展也受越来越多的行业人员重视，如新闻媒体行业的新华社多媒体数据库、中国教育行业领头人新东方的新东方多媒体学习数据库、正保多媒体数据库、蜀风雅韵——成都数字博物馆等。太极拳是中国优秀传统文化的宝贵遗产之一，在太极拳风行世界的当今，太极拳的发展与传播理应与时俱进。

（二）有利于太极拳文化资源的整合与管理

太极拳文化是以太极拳为核心，包括太极服饰、太极养生、太极旅游、太极理念等在内的代表中国优秀传统文化精华的文化名片。太极拳是中国武术体系的一个大拳种，不仅门派类别繁多，而且各门派的系统套路也复杂难辨，比如陈式太极拳的老架、新架、小架之分，非专业人员就无法轻易区分；太极器械的种类及各类太极衍生体育等也是太极拳文化的重要组成部分，但却呈现杂乱无章之状；随着时代的发展，太极拳从七个套路，发展到一路、二路两个，又发展出杨式、武式、吴式、孙式、李式、和式等传统太极拳流派，以及24式、48式、88式等健身套路和陈、杨、吴、孙、武等竞赛套路。

针对太极拳文化资源混乱无序的现状，我们有责任、有义务将我们珍贵的文化遗产资源进行整合，并加强统一管理。太极拳文化资源的整合和统一管理，一方面能够快速实现太极文化资源共享平台的建立，方便广大太极拳爱好者进行交流互动，提升太极拳科研的整体研究效率及水平；另一方面构建区域文化信息中心，同时促进区域数据库资源结构体系的升级。图书馆拥有一批信息收集、整序、分析、加工能力都很强的高质量专业人才，同时，计算机、多媒体、网络技术都已在图书馆普遍应用，这些客观条件促进图书馆技术力量与信息技术力量的有机结合，同时又加快了数据库的建设步伐。

（三）加强了太极拳作为非物质文化遗产保护的强度

中国商标专利事务所曾对五大洲的11个国家和地区进行了调查。结果显示：除香港特别行政区外，其他国家和地区都在抢注"少林"或"少林寺"商标，共发现117项、164个商标品牌。少林寺武僧团赴日本演出时，日本友人呈上意外的"礼物"一份日本国内注册少林寺、少林寺拳法、世界少林寺拳法联盟等272项相关商标的报告，以及在全球发展28个加盟会员国的查询报告。日本朋友善意地提醒："再不行动，正宗少林寺、少林拳究竟是中国的还是日本的就说不清楚了"。这不得不令我们深思：少林拳是中国武术的另一大招牌，是中国优秀的非物质文化遗产之一，少林文化更是令国人引以自豪的瑰宝。而我们对它的关注与热爱却仅限于宣传与推广，对于少林文化的保护我们不能"无为而治"，必须全力以赴，亡羊补牢犹未晚。与少林拳同样享誉海外的太极拳，也是我们的宝贵精神财富。目前，太极拳产业大都还停留在靠九位太极大师收门徒、卖技艺，靠太极拳发源地的名号吸引少数太极拳爱好者来学几天拳、买几本书或光碟的初级阶段。太极文化资源的挖掘不够深入、太极品牌的开发利用进展缓慢，这与太极拳世界级品牌的名号和广泛流传现状不相适应。同时，我们从已有文献资料上看，关于太极拳无形资产的研究与报道还基本上是空白，这反映了有关部门对太极拳文化保护意识的缺失，另外也说明了我们的研究相当滞后。有少林拳的前车之鉴，对于太极拳，我们应该奋发图强，努力追赶，以弥补我们的过失。

关于对文化遗产的保护，图书馆技术无疑是行之有效的一种方式，但在网络应用技术高度发达的今天,仅用图书馆来保护我们的优秀非物质文化已略显局促。构建太极拳多媒体信息数据库,将有效地促进多媒体数据库强大的技术力量与丰富的非物质文化遗产资源和谐共生发展,是21世纪非物质文化遗产保护的高效方式之一,是推动区域文化繁荣和推广民族文化品牌的主力军。

(四)有利于太极拳文化系统资源的集成共享

太极拳是中华民族优秀的文化遗产,是民族传统体育的代表项目。它以"贵自然,陶冶人的和谐观念""求虚静,培养人的最佳情感""重养气,融健身、修心于一体""尚直觉,体悟拳理与人生"的特点,被认为"是一种不可多得的修身养性的体育形式"、被视为是"未来体育的一束新光"。自从陈家沟陈式第十四世开始,太极拳摆脱了"一地一姓一族"传播的历史,开始了社会化传播的历程,经过历代太极拳人的努力,在150年左右的时间内,太极拳从一个小的村庄——陈家沟开始,逐渐盛行中国、传遍世界。有资料显示:世界上现已有150多个国家和地区、包含男女老少等在内的约3亿人练习太极拳,太极拳俨然成为"世界第一健身品牌"。

太极拳是中国优秀的非物质文化遗产,同时它又属于全人类共享的宝贵精神财富之一。随着Internet在全世界范围的迅速发展,信息资源的全球性交流与共享正在变成现实,信息存储和检索的地理界限已经被打破,所有人都能够通过计算机网络随意查询分布在世界各地的数据、图表、文献等各种信息,地域的、民族的图书馆界限日益模糊,文化的综合化在数据库上得到充分体现并日益发展。太极拳的共享技术经历了从语言到文字、从文字媒介到普通声像媒介(电影、广播、电视)、再到新一代媒介(录像、有线电视、光纤通信、电传、综合数字通信等)的转变。相应的太极拳的传播也经历了言传身教、文字图谱、声像媒介再到网络的转变。随着"热媒介"(高清晰度、低参与度)逐渐取代"冷媒介",太极拳的传播出现了立体化的趋势。可以说,太极拳发展基本上形成了人际传播、组织传播、群体传播、大众传播等多种渠道立体传播的格局,但任何单一形式的传播都无法满足当今世界对太极拳共享的要求,鉴于此,综合各方面积极因素而集于一身的多媒体信息数据库系统就成了必然的趋势。太极拳多媒体信息数据库系统是太极拳文化信息资源的统一管理、高效灵活和利用、集成与共享的最佳途径，是太极拳的共享之路迈向科学化、系统化的关键所在。

（五）加快了太极拳信息数字化的建设步伐

太极拳的传播方式从过去的家族传承、流派闭门相授、突破门派和家族藩篱的大众化传播，再到与府及社会团体的全民运动式的传播推广，加之国家及社会各界的共同努力，太极拳的传播出现了良好的发展局面，太极拳的传播者也出现了专业化、高素质化的趋向，太极拳的技术日益规范、理论研究也日益深入。太极拳是一个有机的信息系统，内容丰富多彩，形式变化万千，再加上网络时代信息技术的推动，太极拳的信息形式出现了字符信息、文本信息、声音信息、图形信息、图像信息、视频信息等多种信息媒体。面对数量如此巨大、内容如此繁杂的有机信息系统，传统的文本图书保存已无法将这一信息系统整体进行高效的管理。因此，太极拳信息数字化是其自身发展壮大的必由之路，是不可阻挡的时代潮流。作为当代各太极拳流派的共同母体，陈式太极拳更应一马当先。

借助信息技术，陈式太极拳的信息媒体由单体处理发展到多媒体处理，不仅是数量上的变化，更是实现了质的飞跃，使信息技术走向深入、走向高效的革命性转变。陈式太极拳多媒体数据库的信息数字化涵盖了各方面的内容，不仅能够对其多媒体信息的存储、传输、处理和表现上，同时综合处理各种媒体信息，并在多种媒体之间建立了一个整体化的有机逻辑联系。它不但要求所有资源的数字化，而且要求思维方式和管理手段的现代化，从而加速陈式太极拳信息数字化建设步伐。

第二节　新时代太极拳的哲理篇

一、太极拳文化的哲理

关于太极拳蕴含的哲学思想，大部分了解太极拳的人都会同意这个说法，但是真正能够详细说出来的人还是少之又少，太极拳文化深深根植于我国的传统文化之上，它的哲学性是毋庸置疑的，仅仅关于太极拳的哲学思辨各大专家、学者们都仁者见仁，以下简要总结几类关于太极拳"哲理"的论辩。

第一，有的学者认为："太极拳文化不仅蕴含着深刻的哲学思想，而且这些哲学思想对太极拳的学习、传承、锻炼还起着主导的作用，他们认为这些哲学思想主要来自我国古代传统的道家、儒家、各种宗教等文化，涉及易理、兵法、中医经络学、阴阳五行学等诸多方面。"

第二，也有的学者认为："太极拳文化以我国传统文化为基础，以我国特有的哲学为根本，具有完整的一套哲学价值体系，包括生命观、审美观及对立统一思想等，这些学说、思想与当代马克思主义哲学有着很大的相似之处。"

第三，崔黎明等学者认为："太极拳受到儒家传统理学、义学的影响，它的拳法、掌法、步法、身法等讲究对心、意、气的锻炼，以求达到'天人合一'的境界，是人们修身养性、陶冶情操的良好锻炼工具，由于其蕴含深厚的哲学观念，所以可以称为'理学拳''哲拳'或者'象形拳'。"

第四，有专家认为："太极拳蕴含的丰富文化、太极拳哲理、审美意境、技击原理等都是通过对太极拳的学习、锻炼，通过一系列太极拳运动表现出来的。"

诸如，"以小见大、以弱胜强、以柔克刚""持中贵和、克己复礼""阴阳对立统一""虚实相间""一生万物、万物归一"等哲学思想都在太极拳的各技法和套路中体现出来。

第五，专家表示：虽然自"太极拳"一词出现才历经了几百年的历史，但是太极拳文化是早就存在的，它在漫长的历史发展过程中，凝结了我国劳动人民的智慧和心血，是非常严谨、实用、科学的建设运动。太极拳蕴含的文化、哲理等在人们一代一代的继承、传播中得到了具体体现。

第六，也有的专家表示：太极拳并不能因为其名为"太极"就把它归为一门单纯的运动或者学说，他们认为："太极拳是一门富有深厚文化内涵和深刻哲学思想的艺术。显而易见，这些专家的观点是有一定预见性的，在2008年我国举办的奥运会开幕式上，一场'太极舞'给人们带来了巨大的视觉震撼，确实是名副其实的艺术表演。"

（一）太极拳与道家哲学思想

道家，起源于春秋时期，距今已有两千多年的历史，"道"是我国古代哲学的最高范畴。我国伟大的大文豪鲁迅先生曾经说过，我国文化的根底，大都在道家。道学大家，老子、庄子是我国传统文化的重要代表人物，道家及包含道家思想的《道德经》《逍遥游》《庄子》《列子》等文学著作在世界也是举世闻名。与道家相比，儒家思想能够成为我国封建时代的正统思想，与之符合统治阶级，主要是古代皇帝"一家之言"的利益是分不开的。从这个层面来说，土生土长的道家文化更客观地反映了我国广大人民群众的利益和思想。不可否认，道家文化对太极拳的发展有着巨大的影响，这些影响大都通过太极拳运动的修炼体现出来的。

第一，有专家、学者认为太极拳追求的"以静制动""动静结合""刚柔并济"的技法境界与道家"无为而治""道法自然""以柔克刚"的思想是不谋而合的，这些技击特点对太极拳的各类拳法、掌法、身法等的影响都是十分重要的。

第二，由于太极拳的修炼讲究身心兼修，注重对练习者精、气、神的培养，所以，一定意义上可以认为，太极拳的修炼过程就是对道家思想的感悟过程。道家温和、平衡、和谐的思想影响到练习者的社会实践，有利于人类个体、人与人之间、人与社会及人与自然的和谐相处，这种思想是更深层次的对于人性的发掘，有利于整个人类可持续发展的保持，这种思想就是放到今天也是不过时的。

第三，在具体的太极拳练习实践中，太极拳的拳法、步法、身法、推手、盘架子、套路等都受到道家阴阳、八卦、五行、无为、天道、太极等哲学理论的影响，在这种思想的指导下，太极拳不仅是一项防身、锻炼的肢体技能，更是浑厚、圆润的舞蹈艺术，是和谐的武术表演。道是太极拳的理论基础，太极拳是道家思想表现的载体，二者合一，既能达到提高练习者身体素质的目的，也能实现道家"悟道""天人合一"的思想境界。

(二) 太极拳与儒家哲学思想

儒家是信奉孔、孟学说的学派，太极拳作为文化传播的一种载体，从拳理到技法、从伦理到修身无不受到儒家思想的影响。清华大学教授乔凤杰认为太极拳的拳理及技法特点受到儒、道、佛、兵法、中医等传统文化的影响，虽各有侧重，但太极的核心概念还是出自儒家思想的成果。儒家讲究天道即为人道，寻觅宇宙变化之中的太极智慧，构建太极拳术方法的至高境界。门惠丰等人在文中说："太极拳深受中国哲学'天人合一'观的影响，强调'天道'和'人道'的统一，'自然'和'人为'的合一，太极拳将人与自然看作一个整体，强调人体内部各机理与自然界的和谐统一。"吉灿忠、金燕明提出儒家文化表现在太极拳的运动形式上是一种人与自然和谐统一的关系，追求人与自然和谐共处的境界。太极拳不仅体现出人与自然合，还展现出拳与心合，形成以内修外、以外养内、神形兼备的思想。将"天人合一"之美扩展到人与人之间、人与社会之间、人与自然之间的和谐之美。高丽探讨了儒、道家哲学对太极拳的影响，找出太极拳以儒家的"天人合一"思想为理论基础，以"中庸之道"为技法的法则，以"仁爱礼乐"为修炼的最高境界。田文林等人认为太极拳习练中强调主体与客体的统一，要求动静结合、内外统一、上下相随、前后呼应、整体合一，太极拳始终贯穿于中庸之道，蕴含着"天人合一""中庸之道""和谐之道"。

二、太极拳中的阴阳哲理

(一) 太极图中的阴阳哲理

简易而复杂的太极图虽只有黑白两色，却包含了天地万物的共通规律，它以综合并包的方式容纳多种思维。中国传统文化中很多学科，往往都用这张图来解释自己丰富复杂的内涵，可谓仁者见仁，智者见智。研究传统医学的人说它是一张"人体系统论的图像"；搞气功地说它是一张"炼丹图"；搞绘画的，如当代国画大师李苦禅、黄宾虹先生都曾说过"太极图，是中国书画的秘诀"。似乎中国传统文化的许多学科之中都有一个"易魂体系",都有一张"太极图"。无疑,以"太极"命名的传统武术"太极拳",与此图的关系必然更为密切。可以说这张图显示了太极拳的理论体系,囊括了太极拳的秘诀。

1. 它是一个圆形的整体

其一,太极图是一个整体思维模式。它所标示给人们的是要以全面性、整体性来观察世界万物,并且把所观察的每个事物都作为一个系统来看待。练太极拳则讲究"周身一家""一动无有不动""牵一发而动全身""内不动,外不发;腰不动,手不发"。

其二,太极图给人的印象就是立体圆。联系到太极,打拳要求"浑圆一体""触处浑圆""非圆即弧""无凹凸,无缺陷",达到"圆融精妙"的境界。太极拳锻炼的宗旨,就是使人体炼成一个周身如同膨胀的、带有弹性的、螺旋运动的有机球体。

2. 阴阳对称

即在圆形的整体之中,包含两个对称而平衡的黑白互回的阴阳鱼。阴阳鱼对立、对称、对等又和谐地相处于一个圆形整体之内。对称、和谐,既是自然界的根本法则,也是太极拳的最高原则。打太极拳,应该刚柔相济、开合相寓、虚实互换、快慢相间,使身心乃至肢体各级对称的部位都得到平衡的锻炼。劲力上也是讲究对称、平衡。如左发右塌、右发左塌、前去之中必有后撑、逢上必下,逢左必右,以维持自身的平衡等。

3. 阴阳互包(互孕)

黑鱼有一只白眼睛,白鱼有一只黑眼睛。象征阴中有阳,阳中有阴,阴阳交错,阴阳互为其根,也叫阴阳互包、阴阳互孕。太极拳讲究开中有合,合中有开,舒展之中有团聚之意,紧凑之中有开展之功。如"白鹤亮翅"定式是开式,但它必须是两臂开而两手合,也就是让两臂相吸相系。同时还要求上开下合,即臂开腿合。两腿之间又要做到腿合裆开,足合膝开。从而体现"处处总有一开合"。虚实与刚柔关系也是如此：虚中有实，实中含虚；刚中有柔，柔中有刚。

4. 阴阳消长

阴鱼膨大的部位，阳鱼则缩小；阳鱼膨胀的部位，阴鱼则收缩，阴阳粘随互补，彼消我长，彼长我消。打太极拳，特别是太极推手，必须善于运用太极图内阴和阳的容忍和进退、消长规律，才能立于不败之地。讲求"能吞能吐"，能引能进，引进并举，边引边进，上引下进，左引右进。如拳论中所叙："左重则左虚，而右已去；右重则右杳，而左已去。"太极拳的虚实关系、升沉关系、左右关系、周身规矩之中，处处体现这种阴阳消长的规律。

5. 阴阳变化的螺旋形式

阴阳鱼之间旋涡状的"S"曲线象征一种动态，标志着事物的阴阳变化是在螺旋式动态中变化、发展的。太极拳所有劲力和形态动作，处处都要走螺旋，即"非圆即弧""非顺即逆""非自转即公转"。虚实、快慢都是在螺旋中运动、变化，不讲缠丝劲、不讲立体螺旋者，即不符合太极图的此特征。

6. 折叠动态图

从反面入手的折叠动态太极图S形曲线，还象征着任何事物发展变化的左旋右盘的折叠运动，即《老子》的思想方法："反者道之动"。"将欲歙之，必固张之；将欲弱之，必固强之；将欲废之，必固举之；将欲取之，必固与之。"（《老子·三十六章》）太极拳中突出的一个劲力特征，也是从反面入手。欲左先右、欲上先下、欲收先放、欲发先合、欲吐先吞、欲进先引……太极拳技击中的折叠劲：敌进，我则引化，此时敌进极，极必返，我则速打回劲，此即折叠之法也。

7. 离心与向心状态的统一体

若以阴鱼的眼睛为圆心，则阴鱼体的螺旋式的作用力是向心的；而阴鱼尾所形成的作用力则是离心的。太极拳向心与离心作用相反的两种螺旋力具有和谐统一性也是太极拳的秘诀之一，太极的呼吸、内气运行和发劲规律，几乎都体现了这一独特的征象。从呼吸和内气运行看：肺部呼气（发劲）时，肺腑表现收缩，外气呈现一种离心状态；这时内气下沉，丹田（小腹部位）则表现膨胀，内气呈现一种向心状态。"阴阳交感"，即阴阳相交，阴阳合一。打太极拳的过程，也是锻炼周身脏腑和各种对称劲力相结合、相统一的过程，使刚和柔相结合（相济），开与合相结合（相寓），虚和实相结合，心肾相结合。而"太极劲"也就是刚柔相合之劲，刚中有柔，柔中有刚，即"绵里藏针"（"松活弹抖"或"内外合一"）之劲。

（二）太极拳中的阴阳哲理

阴阳相济（互济、交济、互根、互孕、平衡等）的哲理更体现在太极拳的一系列连贯运动，乃至一些细微的动作之中。

1. 上下关系

上下关系，主要体现轻沉兼备的拳理，即逢上必下，逢下必上；有上有下，有升有沉；升中有沉，沉中有升。从整体上把握，只要有上升的部位，必然有下沉的部位，绝对不许升皆升，沉皆沉，一切都是为了稳定重心，维护平衡。打拳时刻要注意做到上盘轻灵，下盘沉稳；四肢轻灵，腰下沉等规律的要求。否则，有上无下（飘），有下无上（失去领劲）。

2. 内外关系

首先要求内外一体的整体劲。其中最重要的就是内动带外动，即内不动，外不动；腰不动，手不发；大小动作均要求丹田带动。正如《内经·阴阳应象大论篇》所云："阴在内，阳之守也；阳在外，阴之使也。"内外互济、互用。其次是要求做到呼吸与动作相济，内呼吸（丹田）与外呼吸（肺部）相济，做到内气、内劲与外形动作相协调，顺遂，内气的周天开合与肢体的动作开合要一致，要求意、力、精、气、神高度统一。

3. 左右关系

"拳者,权也"(陈鑫),打拳要使自己身体像一台秤,随时保持左右平衡。"左发右塌,右发左塌""沉左臀翻右臀,沉右臀翻左臀"。凡是右手臂发下沉采劲时,则重心必须偏左;左手臂发下沉采劲时,则重心必须偏右。左手往前发劲,右肘要后称;右手向前发劲,左肘必然后称(如"掩手肱捶"最后发劲)。其次,在左右关系中,还有一个左右与中间关系问题。即不论向左向右运动、发劲,都要保证不失中,保持中盘中正安舒稳定。最后,发劲时还有左右一体之要求,即右拳向右前发劲,在拳(肘)必然向左后衬劲,这时开胸合背,左衬之劲通过脊背传至右拳,使左右在螺旋中发劲,整体若一。

4. 前后关系

前发后塌,逢前必后或"前去之中必有后撑"。同样,后退之中必有前进,做到退中有进,前后兼顾。一般后退之步要以脚顿地发劲(劲传导至前手),即后撤顿步所发之劲力(反弹力)与前手发劲既对称又合一。同时,后撤之脚还可以套击、扣套敌人之前腿。这样,一退一进,边退边进,下退上击,后退之中有前击。"左冲、右冲"式,也是有前有后,八面支撑,以保持重心稳定、自身平衡。"耳听身后"还是为打前防后,前后兼顾。

5. 先后关系

或称"往复关系"。《拳论》有云:"往复有折叠"折叠者,即从反面入手的一种来回劲,欲左先右,欲右先左;欲前先后,欲后先前;欲上先下,欲下先上;欲收先放,欲发先蓄;欲要先给,欲给先要。技击中的"声东击西",先化后发,先引后击,"引进落空合即出"等要领,都是这种复折叠劲的运用……尤其发劲之后,必须有一个"接劲",接劲实质上就是这种欲左先右的折叠劲。拳法中"后发先至"有两层含义:一是我不主动进攻别人,我处于应击者的地位,但一旦对方出手,我即神速击之;二是我不先发劲,让对方先发劲,我对来力先引化之,化其实,探其虚,从不丢不顶中讨消息,然后快速击其要害,破其根节而取胜。

6. 虚实关系

就是虚实互换，虚实互根，并且注意重心下移，在倒换重心时裆走下弧（为了在倒换重心时仍能保持下盘沉稳），以维护自身的动态平衡（又称为随遇平衡）。全身在复杂的运动中，各个部位，特别是四肢，要和谐地相互配合，必须把握三种虚实关系：一是重心虚实的调整；二是发劲时的虚实关系；三是手足虚实的搭配关系。

7. 开合关系

把握开合关系，要注意四点：欲开先合，欲合先开，即逢开必合，逢合必开；开合相寓，即开中有合，合中有开；掌握处处都有一个开合；讲求外形开合与丹田开合相配合，动作开合与内呼吸开合相配合，做到内气鼓荡，外形饱满。

8. 刚柔关系

刚柔相济，刚柔互补、互孕，也是陈式太极拳的主要特征之一。刚柔相济的劲力，是一种整体性的（刚与柔不可分）、螺旋式的、轻沉兼备的弹性劲。不论劲大或劲小，不论动作快慢，不论是蓄、是发，其劲力都是刚柔并济。陈鑫云："是艺也，不可谓之柔，亦不可谓之刚，只可名之为太极。太极者，刚柔兼至而浑于无迹之谓也。"

9. 顺逆关系

非顺即逆，不论是开合、虚实、刚柔、快慢变化，处处皆讲螺旋式的缠丝劲。其中，顺与逆的变化，是根据着力点的变化而变换。双手、双臂、双腿，都是一顺一逆，或双顺双逆的折叠变化，其变化的依据往往也是根据敌人着力点的变更。太极拳推手中的粘连粘随，化打结合，都是靠顺逆交替变换，不断变更着力点，以达到化实击虚之目的。此外，为了在顺逆变换时避免飘浮之病，还必须注意在手的顺逆变换时要坐腕（塌腕），以腕为轴，同时要注意垂肘、松肩。

10. 快慢关系

太极拳的节奏为快慢相间、有快有慢、忽快忽慢。大到一套拳，小至一个拳式或动作均有快有慢、慢中有快、快中有慢。练拳时力争做到慢而不呆滞，快而不乱又不丢缠丝劲，快而不失沉着，慢而不可间断，不忘轻沉兼备，做到像陈鑫讲的"慢，慢到别人跟不上我；快，快到别人跟不上我"。

三、太极拳的分类境界说

（一）目前太极拳的存在形态

存在形态一：太极拳健身运动的存在形态。注重动作的标准划一、姿势优美，注重外在肢体的练习，以国家体委编创的太极拳（8式、16式、24式、42式、88式等）为代表。此类太极拳适合表演和竞技，方便学练，易于掌握，社区和公园中有大量的人群习练之。此类太极拳的存在形态具有明显的借鉴舞蹈、杂技、外家拳的特点，动作招式的细节部分研究得透彻，但内在的心法和基本功则少有涉及。

存在形态二：太极拳武学功夫的存在形态。以武术、武功的方式在国际和国内进行传播，参与一定的武术比赛和交流，拳架、器械、基本功比较齐全，以武林门派的风范进行传承。影响较大的有陈式、杨式、吴式、武式、孙式太极拳等。

存在形态三：太极文化的存在形态。融儒、道、佛、医、武之髓核，以太极拳架（动作套路）、太极术功（内功心法）、太极道统（智慧体系）含三为一（混元整体）的方式，催动人本有的神、意、气和外在拳架进行互动，实现身、心、灵（参照系）整体的健康和境界的提升，进而以太极功夫来验证中华道统文化的内涵，并把内求"阶及神明""真空妙有""明心见性"之本具力量作为修养身心的根本追求。

中华传统文化的核心是和谐而太极文化高举"万物负阴而抱阳，冲气以为和"的智慧，阴不离阳，阳不离阴，阴阳中含三为一，混元整体，所求的是身心的和谐、天道和人道的和谐。从这个意义上说，太极文化是代表中华传统文化核心内涵的一种学问、一个体系、一个路径。通过太极文化的熏染和实证，会帮助有识之士提纲挈领地把握中华传统文化的精髓。

（二）太极拳推手的特征

太极拳的推手运动，一般由两个人完成，是练习者进入太极拳"懂劲"阶段的一种方法，练习者在进行推手时，可以感悟如何保持自身身体的平衡，练习双方还要破坏对方的平衡，以保证两人都能得到太极拳技法的提高。但是，近些年来，随着时代的发展，出现了各种新型的运动方式，有人就将"推手"作为了一种运动，还有的人甚至错误地认为，推手就是太极拳。一些不理解太极拳的人认为，太极拳推手就是两个人简单的推来推去。殊不知，推手是一种太极拳门内的训练手段，是太极拳练习阶段性过渡的一种便利方法。以下简要总结几种目前存在的太极拳推手方式：

1. 用蛮力推手

顾名思义，这种推手方式，就是用大力推小力，这种蛮力控制的推手方式是一种较为粗鲁的运动方式，违背了太极拳运动的文化内涵和本意。这种太极拳推手一开始是同门的太极拳师兄弟之间切磋、训练的方法，随着时代的发展进而演变成了推手比赛，常见的比赛规则中是在一定范围内，比赛双方脚底不动、用蛮力，被推出去的一方失败。显而易见，这种做法与太极拳"无力打有力"的技法原则是违背的，故不是真正的太极拳推手。

2. 用神意气推手

用精神、意气推手就是现在流行的太极拳教学视频中，一方将另一方凌空推起的现象，这种训练方法可以使练习双方身体内、外的气息相通，进而保证身体锻炼各招式、技法的融会贯通，是太极拳整体技法练习的基础。有人认为这是一种可以使人飞起的"气功"；也有人认为这是二者的配合表演，显然，这都是对太极拳神意气推手的不正确认识。

3. 用阴阳互济方式推手

阴阳互济方式推手,是太极拳真正的推手方式之一,它的训练目的是使练习者在感知地心吸力、稳定下盘的基础上,培养不用蛮力练习的习惯,使练习双方的身体、精神达到平衡,包括身体各关节、手掌、腰、腿、步法、眼法等的协调。这一推手阶段是太极拳练习者进入穿手、散手等更高境界的必经之路,所以,练习者在训练时不能急于求成,需牢牢打好平时锻炼的基础。

(三) 太极拳的境界

境界一:有为境界的太极拳。有为境界,是太极拳练习的初级阶段,它要求练习的眼法、掌法、拳法、步法、身法、精神、身体重心等都要严格按照规定进行,每一招式、套路的演练都有明确的时间和训练强度规定,要求演练认真、姿势标准。这个层面的太极拳与现代西方的体育运动极为相似,因此也被称为"太极操",这个阶段的太极拳动作简单,适合的年龄阶段最广,产生的社会影响也最大。

境界二:有无境界的太极拳。太极拳修炼的第二个境界就是——有无境界。这个境界与前一个有为境界相比,它的技法锻炼更为复杂,修炼时间也更为长久。编者通过收集多方面的太极拳资料发现,许多太极拳大师都认为:太极拳有无境界的训练才是真正的太极拳修炼,前面所讲的有为境界只是形同体育运动的热身罢了。顾名思义,太极拳的"有"是指太极拳修炼的外在的、看得见的肢体动作的修炼;"无"是指,无形的、内在的、精神上的太极拳修炼。太极拳精神上的修炼包括对练习者精神、气息、意蕴等方面的锻炼,也是所谓的"内功"修炼。

境界三:无为境界的太极拳。无为境界,是太极拳练习的最高境界。从字面上就可以理解,无为,即达到"无我""无道""无太极"的境界,这个阶段的练习是在上个阶段长期的熟练技法和培养太极精神的基础上升华而来的。这一阶段的人们并不简单,初学者会产生难以理解、不可思议的感觉。这一阶段要求练习者达到肢体的柔软、雄浑,动作平衡、行云流水,各类拳法、步法、身法的使用犹如各种点、线、面、体的结合，让人眼花缭乱又整齐划一；精神距离"天人合一"的境界越来越近，符合老子所说的"无为而无不为"的哲学境界。

四、太极拳优化生命的智慧

（一）成就太极拳功夫的总则——修身为本

神，是气势、是精力、是意念的发轫点。

意，是意蕴、是想法、是内气催姿势的统帅。

气，是气息、是能量、是生命展示活力的源泉。

形，是神、意、气的寓所和生命赖以生息繁衍的沃土、港湾。

这些内涵从文字上只能分别表述，实际上，在具体的锤炼和熏修过程中，这是一种混元整体的状态——气韵、气质；功夫、功力；其小无内，其大无外的势，不可分开，不能须臾离也。

没有什么能比太极拳更清晰地描述出神、意、气、形之间的关系了。但是，如何修炼之，并不是一下子就能说清楚的。不过，以下五点，则应成为太极拳修炼者必须把握的核心原则：

第一，知行合一。对太极拳要高度重视，视之为亲近中华传统文化的真正途径。许多人对中华传统文化的认识，只停留在语汇和道理的诠释上。这样的认识是逻辑的推理和辨析，是外在知识的积累，与反求诸己的中华传统文化之混元整体的境界还不能兼容，甚至连自身的健康都保持不住——2000年国家体制改革委员会在中国科学院和北京大学这两个高等学术机构里进行了一个调查，结果表明：在2013—2018年这5年期间一共有130多位专家去世，这些人的平均寿命只有53岁多一点，这里边的教训很值得深思。中国古人创造的太极拳，既和《周易》等传统文化理念一脉相承，又与个人的人生境界和功夫修养相匹配，这就是知行合一。真正太极拳家修炼的至高境界就是一种人生的大成境界。这种境界修炼的是先天混元气，而这种气可营养自身，使自身的神明、意灵、气足、形体通透，这样的人可获得事业上的成功和身心的健康，如梁漱溟、王选等。明白了这些道理，练太极拳就有了方向，就会为实现内在境界的混元、外在知识的混元、内外之气的混元而努力。如是，则人生通达，太极拳功夫深厚。

第二，自然舒适。许多人提倡练太极拳要刻苦，并以历史上某某人多么刻苦来说明之，其实，这是违反人的先天本能的做法，只能对身体造成伤害。从历史记载来看，一些很出名的太极拳师，一天练拳几十遍，结果连60岁的寿命都达不到。真正源自传统文化的太极拳家并不提倡刻苦修炼，他们认为"悟觉方能明道"。王壮弘老师传授太极拳，反复强调的就是一个"悟"字，悟大自然，悟中国文化——有的时候，传授3年还不教一个具体的太极拳之动作招式，但是，学生一旦开悟，找到拳性，则自己就会编太极拳架，或可以借一套拳架来修炼太极功夫。原北京市武协副主席汪永泉说过："练太极拳并不是先苦后甜，苦是练法不当所致，不得法，纵然长期苦练也不会有盘拳舒适的感受。随时随地找舒服就是盘拳养生的窍门"。违背自然的强求刻苦，是不符合太极拳与宇宙虚空同一的特性的，更会出现以形体的僵硬损害神意之灵明的弊病，这就是老前辈们反复强调的"以形害意"的真意所在。

第三，理法不二。太极拳老前辈多从道理上来启发学生。其实，太极拳本来练的就是人的先天本能，只是后天许多知识和道理把先天的本能给掩盖了，或者说，我们从小建立的参照系没有放置进太极拳方面的思维。如果我们想进行太极拳的修炼，就必须理解"含三为一""无中生有""常乐我净""明心见性"等道统文化的学理内容；必须知晓"凡此皆是意，不在外面""仰之则弥高，俯之则弥深""刻刻留心在腰间""九曲串珠"等太极拳经典论述中的功夫修持的内涵。理就是法，法就是理，理法不二，理法一如，因此，学练太极拳者必须反复体悟《太极拳论》《十三势歌》《密授歌》等太极拳经典理论。同时，还应参研《大学》《中庸》《论语》《道德经》《庄子》《心经》《金刚经》《六祖坛经》等经典，如此才能建立起相应的太极文化和太极拳功夫的思维方式。到了这个境界，养生的效益、文化的精髓、太极的功力等，就会在不知不觉中产生和获得，人的精神状态、身体功能和人的生命活力、道德情操等就会有整体性的提升。

第四，一门深入。有位太极拳宗师，20世纪70年代开始学杨式太极拳，那个时候，3个月才学一个式子，如果这个式子内在的东西在3个月内练不出来，老师是不教下一个式子的。结果刚刚学了3年，他的功夫就出来了，而此时，他连完整的太极拳套路都还没学完呢。当代人学知识讲究效益，恨不得3年把太极拳陈式、杨式、吴式、武式、孙式五大流派的东西都学会。于是，就形成了虽然会许多太极拳套路但身体状况却没有得到改善的现象，甚至连基本的放松都做不到。古人学知识，特别讲究一门深入。只有这样，功夫才能上身。太极拳更是强调"专注一方"。如何做到一门深入呢？每个人可根据自身学练太极拳的目的，或选择传统的太极拳，或选择国家体育部门推广的太极拳，专心研究一套太极拳（或者一个太极拳体系）。通过几年时间的反复锤炼，等身上有了功夫，就会发觉，套路并不是根本，一举一动，"混元一体，内外一如"；"内固精神，外示安逸"等才是关键。

第五，无我无为。练太极拳时身体出现的各种各样的感觉都不要管它，只把握住"无形无象，全体透空"的要旨就可以。这个要旨既是太极之理的根源，又是人内在修养的描述。经常与人推手（揉手）的太极拳爱好者都知道，凡是有"打人、发人"的念头，肯定发不出去。这个"无"还可以应用在日常生活中。作者有一次应邀去做健康讲座，专家提出：不要总关注自己身体的某个部位，或总惦记疾病，要多想象自己身体空了、虚了。太极拳来源于中华文化，而中华文化特别强调"无中生有"，这个"有"体现在武功上可"发人于丈"，体现在养生上可达"延年益寿不老春"，体现在人生修养上可"无我无为入化境"。把握了这些，才能说抵达了太极拳修养的至高境界。

（二）收获太极之道的基石——尽性立命

人在社会上生存，是离不开太极拳之理的。许多人，或疾病缠身，或心情郁闷，或事业总不成功，或家庭不和谐。这其中很大的原因，就是不能按照太极拳所说的"一张一弛、亦刚亦柔、神宜内敛、舍己从人"等理念去修养自己。2003年12月，一位80岁的太极拳老前辈宣布，不再教拳，不再外出，只把时间用在颐养天年上。2004年春天，有人以很高的报酬（每月1万元）请其每天教拳1小时，这位老前辈并不动心，并委婉谢绝。他说自己现在主要的事就是颐养天年，传拳已是徒弟们的事了。

人到了一定的年龄，就应该颐养天年，这才是符合自然之道的太极真义。人在各个年龄段都有自身的使命，但是，有的人却在各种诱惑面前把持不住自己，甚至年事已高时，还为名利而奔波。这也是违反太极之道的行为呀！这些道理，在《密授歌》中早有阐述："无形无象，全体透空；忘物自然，西山悬磬；虎啸猿鸣，泉清河静；翻江搅海，尽性立命。"

这八句口诀都很重要。"无形无象，全体透空"不仅体现在太极的技击（揉手）上，更重要的是体现在对名对利的态度上。此外，这个口诀的最后两句，更道出了太极拳修炼的方向和目标——"翻江搅海"就是让人在一生过程中，元气充沛，流动不已；"尽性立命"则指人的心性修养和人生的使命。

第三节 当代太极拳文化的社会价值

一、当代太极拳的社会价值

中国的社会关系基本分成七个层类：第一，个人与他人的关系；第二，个人与自然的关系；第三，个人与群体的关系；第四，群体与社会整体的关系；第五，人民与政府的关系；第六，人民与国族（国家政治疆界内的所有公民，如美利坚民族、中华民族）的关系；第七，国族与国际体系的关系。对应这七层类基本社会关系的是非判断是社会核心价值观，其基本也可分成七层：第一，道德观；第二，自然观；第三，群体观；第四，整体观；第五，政治观；第六，国族观；第七，世界观。并且认为每个国家的社会核心价值观体系都是以道德观为核心构成的七层同心圆。通过这种分层来看，社会价值是在不同的文化模式中影响着现实中人们的实践活动，人类的每项实践活动中基本都沉淀着文化传统，在这种文化传统中惯性般地制约着人类活动必须适应当时社会的价值取向，从而形成了事物存在的社会价值。

人的需要在本质上是社会性的，它是社会创造的。因此是被历史决定的，是不以任何人的意志为转移的……人的社会性需要，意味着人的自然性需要，只能以被摒弃的形式存在，即以某种因素的形式存在……人的自然性需要和社会性需要到底呈现怎样的关系呢？简要地说，从历史形成上看，人的社会性需要以自然性需要为前提，社会性需要是从自然性需要发展而来的；从构成上看，自然性需要是社会性需要的基础，社会性需要是自然性需要的质变，自然性需要以被扬弃的形式包含在社会性需要之中，自然性需要属于社会性需要。世界的自然和社会与生命体的本能需要互为因果，建构的是一个开放的、动态的系统平衡过程。中国传统导引养生正是体现的融自然、社会这样外界环境的因素维护生命健康，形成一个内外平衡的系统整体。在其独特的活动模式与养生思想历史发展中，始终在有形与无形中影响着中华民族的社会文化生活。因此，导引养生文化体系中所包含的"恬淡寡欲、崇尚自然"的生命价值追求中，完全蕴含着时代和谐社会的价值。

（一）"缓解医疗经济压力"的社会价值

传统导引养生术是在社会生活水平低下，医疗条件难以满足人类健康需求的社会环境下，而产生的导引术。随着不同历史时期的发展，人民的需求，传统导引术逐渐形成了融"治病、保健、康复、健身延年"于一体的"有病治病，无病防身"的中国独特导引养生文化。导引养生术无论从其流派种类，还是其技术动作特征及哲学养生思想，它所适应的对象包括不同年龄段的不同体质人群。但是由于导引术所承载着深厚的"内向性思维"的传统文化内涵，因此从它的运动形式、运动量和保健效果来看，更是受到中老年人群的喜爱，这也是它具有顽强生命力的价值所在。从当前社会经济发展水平来看，传统导引养生术有缓解社会矛盾以及促进传统体育资源产业发展的两大经济价值。

1. 人口老龄化对医疗保健的影响

人口老龄化给社会造成了巨大的压力：一方面，社会劳动力人口比例下降，老年人口负担系数明显增大，使社会保障承受更大的压力；另一方面，人类平均寿命延长和老年人口比例增加，对医疗卫生服务提出了新的挑战，传统的生物医学模式已经不适应老龄化社会的卫生服务需要，迫使人们去寻求新的卫生服务支持。

首先，由于人口老龄化，人类的疾病率发生了很大变化，老年人易得的慢性非传染性疾病占了相当的比例。这些慢性病虽然不一定是老年时期所患，但进入老年以后，这些疾病对医疗上的照顾需求更为突出。其次，进入老年后，人的生理功能、行为能力、社会地位和心理状态都发生了变化，这些变化将给老年人的生活质量造成很大影响。因此，改善老年人的生活质量，尤其是提升老年慢性病患者的生活质量，这是老年医疗保健的主要目标。要达到这一目标，除了建立完善的医疗保健体系外，还必须建立起相适应的医疗服务模式。人口老龄化是一种社会现象，医疗服务面对的既是老年人个体又是老年群体。这一特殊群体数量的增加和由此而产生的疾病谱和死因谱改变，要求医疗服务必须与之相适应。

为了满足老龄化社会的卫生服务需求，医疗服务的范围要从医院扩大到社区，服务的内容要从单一的医疗转向预防、保健、治疗、康复、护理一体化，服务的方式要从间断式转向连续性，服务的目的要从对抗疾病、对抗死亡转向提高老年人的生活质量，延年益寿。

2. 人口老龄化对太极拳养生的需求

2011年8月17日《健康报》：卫生部心血管病防治中心发布《中国心血管病报告2010》，目前，我国包括冠心病、脑卒中、心力衰竭和高血压在内的心血管病人达2.3亿人，其中高血压患者达2亿人，我国每年有300万人死于心血管病，大约每分钟有6人死于该病。这一结果导致心血管疾病住院费用攀升。

综上所述，在面对经济和现代医药无可奈何的情况下，传统导引养生术完全具有一定的"未病先防、已病防变"的治疗保健有效辅助效果，在一定程度上能够缓解社会出现的这些不协调因素。2011年7月1日，国家卫生部官方网站公布："在世界卫生组织和美国比尔、梅琳达盖茨基金会支持下的一项研究得出：全球糖尿病人已接近3.5亿，患者人数增加的原因主要是人口老龄化、人口增长和肥胖率升高。这种疾病在今后10年将成为威胁全球的健康杀手，而且其在治疗和预防糖尿病方面除了多运动、少饮食的健康生活理念外并没什么良方"。作为传统导引术，它在几千年的历史长河中不断发展，已经具备了完整的治疗相关疾病和保健、健康促进的养生理论与方法体系。对于不同体质中老年人群以及不同慢性疾病的患者，通过选用不同的相对应的导引功法，坚持锻炼与修养，辅以相应药物将会对疾病康复起到事半功倍的效果；相对于强身健体人群，能够增强体质、减缓衰老、提高自我生活质量。实践证明，传统导引术对中老年的身体功能的生理生化指标，积极的情绪影响都有显著性的辅助效果。总之，从当前增进中老年人的身心健康、减轻家庭生活负担等而言，选择中国传统导引养生术是一种非常理想的健康低成本的投资，也是缓解社会矛盾的有效手段之一。

3. 太极拳适合我国农村与不发达地区健身的需要

农村及不发达地区，医疗、经济的落后，进行导引养生术的锻炼也许是人们健康保健的可行手段。卫生部党组书记、副部长张茅曾说："县医院服务的居民占全国总人口的70%，提升其能力有利于解决广大群众的看病就医问题。同时改革的复杂性相对较低，可以为大医院的改革作出探索。"

从目前中国的经济发展分布来说，农村地区生活水平有了一定的提高、生活方式也有了一定的改变，现代文明疾病也在大幅度的增加，但现实医疗条件和经济收入方面还是较差，因此，身体疾病及治疗负担还是农村地区人们所面对的最大问题。作为简单易行的导引健身养生术，由于其本身所具有的实用功能，尤其对身心疾病、慢性疾病等有独特的辅助效果，这对于广大农村来说是一项利国利民的好的传统健身项目，在我国，这既是传统导引养生术发挥其功用价值的一个广大传播市场，又是为国家解决农民体育运动的一个好的民族项目，最终为提高农民自我保健意识、增进身体健康、减少疾病，作出贡献。

（二）促进和谐社会发展的社会价值

1."修身养性"促进现代社会和谐

修身养性实为传统导引养生术的自我修炼的终身追求。从现代"自组织理论"来看，导引养生术体现的就是对个体生命心性、和谐的健康生命特征修炼。道家将人性看作是"自然主义"的人性观，珍爱呵护人性而实现人之为人的本真，达到修身养性，使人类能够自由而全面的和谐发展。通过人类主动采取导引术对生命的修养，在于修养人之本性。人性的本质可谓是由外在有形物的相养、相感应，从而提升人之性情，派生出人的精神意识、通达身心。在对身体心性修炼过程中，改善与调控人性的安适，也是促进国家社会和谐的基本元素。正如《庄子》所提出的社会安定模式"在宥天下"，即"昔尧之治天下也，使天下欣欣焉人乐其性、是不恬也；桀之治天下也，使天下瘁瘁焉人苦其性，是不愉也。夫不恬不愉，非德也；非德也而可长久者，天下无之。"蕴含在导引术中的修身养性思想中，使人在长期的锻炼中，提升人性修养，增强伦理道德观念，使人在恬淡清静的生活中，无形中达到了强身与和谐社会相统一境界。这种蕴含天—地—人的社会中人的生命价值，提高自身道德修养，通过"做心地功夫"来使人做到性命修行，摆脱外界物欲的诱惑，提高精神境界，宣导紧张的精神情绪。在这种"道德养生治病"的思想观念下，顺应当前现代精神文明社会的需求，只有道德情操高尚的人，才能够与和谐社会相适应，才能够促进社会环境的平稳与和平，才能够在和谐社会"环境"中促进人们的身心健康。传统导引养生文化通过丰富的"修心养性"的深邃内涵，不仅为人类健康提供了健身手段，还与促进现代社会的和谐发展有着密切关系。

在导引养生术的养生思想中，还有更多的是体现着神与形共养从而达到延年益寿效果的例子。神与形是生命的根本所在，但在导引养神修命的过程中，需追求游心虚静及息虑无为的断情去欲的目标。道家的养生术中也体现了修道与养生的相合为一思想。道家重视对生命长生不老的追求，追求养形与养生的统一，但终极还是修道。但道家将修道与修身养性相合，认为"形随道通，与神合一"的思想，人如果要想得"道"，必须将健体养生和修道得到相统一，最终才能达到所追求的长生境界。在这种追求中，经过现实的转换而使人与人之间、人与社会之间形成相依又相忘的融合，促进人们既对在我与他的关系中得到平等的自由的自我主体性，又在人道与平等的追求内调控着自我个性的过分张扬。内丹术作为传统导引养生术中养生思想内涵集大成者，它的养生思想，无论是南宗派还是北宗派，在内丹术的修炼上，基本追求的是"性命双修"的伦理思想。内丹术的修炼，既是道家对得道的修炼过程，也是对生命延年的养生术。张伯端与白玉蟾均从它的修炼次序上，强调对形体生命的修炼先于修性的次序。但必须是既要讲究"养命固形之术"，又要进行"本源真觉之性"。使修命和修性相统一，达到"精、气、神的三者合一"。其中修炼不仅重视对命的修炼，也重视对性的修炼，其中主要强调修性养神的重要性，而修性养神又以养气相互促进而得道。道家白玉蟾所说："夫人身中有内三宝，曰精、气、神是也。神是主，精气是客……性全则形自全，气亦全，道必全也。道全神则旺，气则灵，形可超，性可彻也。反复流通，与道为一。"

在对性、命双修的养生思想下，将修性与修心联系在一起，要求清心寡欲将会养神、养气、养性命。而静心需强调通过形心相忘、无为、坐忘而得道与性命双修。通过修性与修命，达到身心相合、性命保全、形神合一。从另一个角度来看，其中养生伦理思想还包括独特的养生之术：以德养生。如东晋道士葛洪《抱朴子·杂内篇》所说："欲求仙者，要当以忠孝和顺仁信为本。若德行不修，而但务方术，皆不得长生也。"表明在追求长寿之术当中，其中还要注意积善行德的道德修炼，做到有善心、有忠孝，方能得到真正的神灵保护，才能得到真正的心性静化。传统导引养生术在道教的修道思想影响下，深深地印上了道教的伦理道德修养思想的烙印。它主要体现着道教的形神兼养和性命双修的养生思想，而在这些理论与实践的修炼中，不仅包含着对身体健康而进行的长寿养生导引，还通过对心性的修养结合人的积德行善、处世豁达开放"以德养生"的伦理道德养生思想。明代白云雾在《道藏目录详注》中评说："皆以修身养性，保精爱神，内则治身长生，外则治国太平，消灾治疾，无不验之者。"这里明确地阐释了人在进行修身的过程中，既进行了修养身心，又达到了对人体精气神的锻炼。其终极目标体现的是既对人发挥了强身健体作用，又体现了平抚百姓、安稳国家的策略思想。因此，心性的修炼是既能修身又能修德。生命伦理表达了对生命价值的重视，而在生命过程中生命伦理的道德化，使人们在道德情操与精神意识等方面表现的自我修养，与人的生命健康状态之间产生了内在的联系。尤其内丹理论中的自我主体性就能够解决社会中人性异化问题。因此，这些形而上的理论与形而下的伦理思想对当前社会人类发展具有特殊的社会价值。

2. "身国同治"蕴含着个体与社会双重价值

国家和谐是每一个历史时期人们向往和平生活的愿望与追求，这种和谐生活愿望尤其在当今经济、信息等高度发展的现代躁动的社会里尤为显著，追求人类健康、愉悦心情、社会和谐是人们当前的迫切需求。中国传统导引养生术的健身养生生命观中就蕴含着这种"身国同治"的个体生命与社会和谐价值的双重取向。中国传统生命观是以追求个体生命价值为重，突出表现了道家的"崇生、贵生"的养生思想，随着这种生命境界目标的实现而融入了"身国同治"的社会价值的取向目标。导引养生术作为对"生命存在价值"的目的追求中，其养生思想体现着传统文化的深厚底蕴，也在对个体生命存在价值追求中，贯穿了"身国同治"的"社会存在人的价值追求与认同，是传统养生文化融技术层面和文化层面的具体体现，也是对传统导引术这类个体生命的实践修炼术赋予了身心健康以及生命长寿的社会意义"。传统导引术作为对人体生命修炼的实践养生术，它内含着不同时期人类赋予。它的价值取向表现在生命的个体价值追求中，追求生命的超越"得道"境界，达到"圣人"一样的修养境界。在追求自身生命的长寿中，应顺从个体生命的原始本性和自然规律。

圣人是在身体修炼中达到的一种最高境界，即形体生命的超越，能够顺应外在环境变化进行形体长寿；又能达到身心的治理，精神安宁、国家安定的社会价值。

《吕氏春秋》一书中表达了治身与治国的关系，是生命的个体价值和社会价值一样相统一的，它们都有着内在的基本联系，治身作为治国的基础，而治国反之是治身的延续，从而将生命的个体价值提升到了社会价值。其文中表达了人通过自我的修养锻炼，达到生命的价值，使其在不断地能量代谢中得到强盛，从而提高机体抵抗力，实现个体健康达到"真人"（圣人）的生命境界，亦即促使个体生命价值得以实现。在个体修养锻炼中，不仅使个体的生命价值得以实现，而且在养成美好的修养（个体"善"的品德）后能形成"德泽"于社会人群的社会价值中实现。这体现了人的生命思想境界达到与自然、社会的融合。不仅使人在生命身心超越中得到强健与长寿，又使在清静无欲的形神合炼中提升道德伦理思想的精神境界从而得到社会的和谐状态，在"身国同治"的理想境界中促进现代社会的人际关系与社会和谐。

3. 导引养生文化"和"的社会价值

"天地与我并生，而万物与我为一"——《庄子·齐物论》

第一，导引养生文化中"天人合一"价值观。

促进人与自然和谐。自然是人类赖以生存的空间，也是人类社会存在之根本。由此可得，人与自然之间的和谐决定着社会和谐的基础。中国传统哲学提出了最为核心和独特文化气质的就是"天人合一"的整体生命观。如何达到"天人合一"的天人关系间相合状态，就是如何使天人间达到合一，在现实性上如何相互作用保证其天人合一理念的实现，体现出人与自然的和谐发展，为现代人类社会的可持续发展提供了基本元素。传统导引术的养生思想内涵核心就是"天人合一"修炼思想，它的宗旨是使人能够通过主动的身心锻炼，在"天人相应"的认识中，效法自然而使人与自然达到和谐平衡的发展。

传统导引术将中国的"天人合一"思想进行了很好地诠释。依据"观乎人文，以化成天下"的传统思想范式，这也是导引养生追求自然而作为保健与防病强身的重要原则，强调顺应自然环境与社会环境的客观规律。导引养生术在锻炼中追求内在心境与外在自然的统一，外在自然又与身体的相统一。在追求强健身体活动中，提升对天时、地利、人和的和谐自然的人文理性认知，达到顺应天而应乎人。这也是适应21世纪人类追求休闲运动的健康观念的现代价值。

传统导引术在对生命价值的追求中，更多地关注人的主体能动性，在效法自然中将人与自然融为一体，但又体现出将人与自然看作同等的重要地位，同样需要人类的尊重与呵护。在人类生存智慧的导引术修炼中，使人的思想得到与现实社会的相和谐。在当前的社会中通过导引术锻炼"天人合一"的现代价值体现，既使人得到了本然的人与自然的生态和谐，又促使人类追求在社会价值中人的个体精神平静以及人与人间的和谐关系。使人在平和的健身活动中真正体现出身心锻炼，达到人与自然、社会的相适应，有利于促进人们的身心健康。

第二，"和合"价值思想观促进人际与社会和谐。

传统文化中"和"代表着中国人追求和谐、和睦、和平、和善、中和、致中、中庸等目标。它是人们在日常生活、工作等活动中的价值原则，也体现着人们基本的思想行为方式。"和合"是一个具有中国特色的哲学思想。这种"和合"思想在中国的传统文化中占据着非常重要的地位，也与中国传统文化中的系统整体性思维等密切相关的。"和合"价值具体体现在人与己、人与人、人与社会、人与自然间的和谐相处，形成了一个动态系统的关系态，使彼此事物间在相互冲突与融合的过程中达到一个最佳的和合稳定状态。因此，和合是以"和谐"为核心的一种价值思想观。

《周易·乾·象辞》中论述："乾道变化，各正性命，保合太和，乃利贞。"说明了世间万物变化流行，是在保持充分的和谐中达到事物间的顺利发展。正如社会生活当中的人，人与自然达到和谐，也就是传统文化中始终追求的"天人合一"的目标，就是使人与外界物化自然界间相互关系和谐，主动去顺应自然、保护自然，从而达到"天地与我并生，万物与我为一"的思想境界。人与人间的和谐，就是在和谐的社会大环境中来调整人与人间的相互融洽关系。人与自我的和谐，是追求身心内外的和谐，是通过主体人的理性自觉与道德修养的实践过程，使'内心思想'得到升华，个体人格的健康和谐，从而达到一种合理的内在需求与外在价值相适应的和谐境界。这是人际关系和谐的基本条件，也是社会"和合"的顽强生命力。因此，这些即是中国传统文化中的"和合"思想价值观的最高境界。

传统导引术作为文化实体在其发展中深深地融合着"和合"的价值思想。尤其"和"的价值体现在《国语·郑语》中"夫和实生物，同则不继"的深刻思想内涵。导引术的养生思想遵循天人同构和天人相应的哲学思想，天、地、人是一个相互感应的同一系统。人体疾病的产生往往是身心内外系统的失衡所致，采用导引术进行身心锻炼，讲究的是调和社会环境中人与人的相互密切关系。《太平经》中就有所言："天地病之，故人亦病之，人无病，即天无病也；人半病之，即天半病之，人悉大小有病，即天悉病之矣。"体现的就是人体的疾病也与社会中人世间的事理相关，导引术的修炼亦即调理人的身心健康以及人与社会间的相互和谐。

传统导引术在其思想内涵中依从天—地—人合一的宇宙观，追求形神相统一的生命整体思想。这也是进行导引术锻炼，不仅强调形与神的兼修，还在追求内外身心系统与周边社会环境的相适应。天—地—人宇宙观，表明的是一个互感互动的平衡系统。人生活在这个系统中，使人的健康与宇宙事物间的相互关系中加以考虑，这就要求将人与身外的自然环境和社会环境相适应，即顺应自然社会的养生原则，促进人与人之间、人与社会之间等达到相融洽的太平和谐关系。这种治身—修性—道德伦理提升—人际和谐—社会精神文明—良好情绪—健康身心的综合良性循环。

实现人际间的关系调和，在和谐相处的气氛中，促进社会安定团结，谋求全民共享祥和，表现了太极拳内涵的社会功能价值；治病、健身与修身养性、养生与社会安宁等丰富深邃的思想内涵，充分体现了个体养生、和谐社会相互促进的积极当代价值。

第三，"自然无为"和谐共处的社会价值。

实践中的人类通过自身的活动产生了不同的生存价值观念，在这种不同文化传统中生存的价值观指导下，从而形成了多元性的生存价值观。在传统的生命哲学体系中形成独特导引养生体系，这种中华民族独特的导引养生术思想内涵中，在对人类的健康追求中，始终体现着一种"见素抱朴，少私寡欲"和谐生存的价值观。首先，作为人类生存观念，传统导引术也吸收民族传统文化中的生活观念，以"安贫乐道、知足常乐、随遇而安"为基本观念。在进行传统导引术的修炼中，不仅使身体得到保健，也使人们通过锻炼过程，在心理方面养成了恬淡、知足的生活观念；逐渐养成一种道德的自觉和个人的自我修养。通过自我修炼，使人与自然和谐、顺其自然；通过"见素抱朴，少私寡欲"（《老子·第十九章》）不为外物所累的"虚静""玄览"的修炼，使个体在精神和理想人格方面人的"本性"保持纯朴，使人在生活生存的价值观方面得到精神方面的幸福与内心和平，表现超出了人对物质生存的价值之上，对个体的精神价值和社会和谐价值的体现。中国传统哲学所共同体现的人体生命存在：气一元论思想。庄子也曾说："人之生也，气之聚也；

聚则为生，散则为气。"在追求养气的人与外界自然稳定状态下，体现出人与社会、人际关系之间的伦理调节。

人体作为一个复杂的存在物，它的生存需要的多样性和丰富性是由人本身的自然属性、社会属性和精神属性所决定的。在对生命的终极关怀下，使人的一切生命活动都具有了价值和目标的观念。那么在如何提升人体的健康问题、生存问题上，从传统导引术对人体的改善方面也就体现着整体和谐的生存价值观念。传统导引养生术锻炼，一是要求达到人体自身系统与外界内外系统的平衡；二是进行导引术的锻炼要达到"度"的要求，动静相兼、天人合一、精气神合一的"和合"思想等。由此，使人能够在通过导引养生术对生命体的保健与延年的锻炼过程中，体现出和谐的生存价值观念，而这种价值观念直接渗入人性完善中。

"自然无为"导引养生思想体现的是人性纯朴复归，与社会和谐共处的价值追求。

追求"全生保身"的生命价值，庄子的自然无为思想影响着传统导引术的发展，其思想体现的只有顺应自然、养成恬淡无为的修炼养生之道，使人能够回归到人性淳朴的状态与境界，这也是人性本来的状态。在当前社会经济文明高度发展的今天，使人们出现了人与人之间的激烈竞争、相互的欺诈与自私等人性的异化现象。《庄子·养生主》篇中曾说"为善无近名，为恶无近刑，缘督以为经，可以保身，可以全生，可以养亲（身），可以尽年"；《天地》篇中讲到"无为复朴"的章名，这在导引养生术的修炼思想中，所体现的遵循阴阳五行、顺应自然的虚静、恬淡的静心平和与质朴人性。在各种类传统导引术的锻炼中，其基本方法首先是要"涤除玄览"达到"虚""静"的身心修炼；随后在"意、气、力"与"精、气、神"合一的锻炼过程，达到身心的健康使人与社会、人与自然、人与自我实现圆融的淳朴和谐状态与境界。传统导引养生术这种素朴无为的人性复归与当前和谐社会强调的"以人为本"的人文精神相契合，形成一种和谐共处的社会价值。

纵观中国传统导引养生文化，它的生命追求内涵不仅体现了对生命体（生物性）的存在，更重视人体的价值修养，从"内修外养"中使人达到社会健康的这种理想。传统导引养生术首先经过自我个体心性的修炼，提升精神的升华；通过不同导引术式的锻炼，如"熊经鸟伸，为寿而已矣"等来强化生命的永恒；根据中医基础理论"子午流注"原理进行顺时修炼来达到融于自然，通过道德修炼提升个人修养，达到人际间的融洽与和谐社会等完整的生命存在价值。传统导引养生作为对人类健康的养生方法体系内涵有着丰富的价值取向，它的这种具有东方文化色彩的身体生命和谐境界，在波澜不惊的运动神韵中为现代社会和西方健身养生文化提供了社会文化价值。

二、当代太极拳的文化价值

（一）太极拳传承民族文化的载体

中华民族养生文化历史悠久，实践过程中为中华文化的传承起着重要作用。尤其适应于国家所提出的文化强国战略，传统文化需要通过各种文化载体去传承与发扬，作为中华民族的太极拳养生术就是一个很好的载体，因为它本身承载着中华民族深厚的养生文化底蕴。

中华民族的"贵生"思想造就和完善了中国的传统养生文化，在"天人合一"哲学思想的影响下，我国的传统养生呈现出"处处可养生、时时在养生"的特点。中国传统养生的理想意境旨在说明什么是生命理想境界。因此，延长寿命、提高生命质量、预防疾病是中华民族自古以来所追求的养生宗旨和养生价值取向。中国传统养生的"生活化"和"阴阳互补，贵在中和"等特点决定了在具体的养生实践中要遵循一定的规律和原则。与西方相比，中华民族的传统养生文化主要集中在道家、中医、佛家、儒家等领域，并成为中国传统养生的重要支柱。作为中国传统文化的重要组成部分，中华传统养生对人类的健康事业发展有着重要的价值和意义。

太极拳是中华民族最具哲学思想内涵的传统养生文化，通过修炼促进人与人的交往、人与自然的关系和谐、人与社会环境的和谐相处，使人类生活的自然、社会环境得到有益的改善与保护，这就是太极拳养生文化优越于其他文化的独到之处。作为太极拳养生文化目前之所以能够吸引西方国家人们的关注，既有它所特有的对人体整体的保健修养价值，又包括它所承载的中国传统文化内涵。不同流派的太极拳术中，反映了我国历史不同时期和地域文化、不同宗教文化等对生命追求的文化蕴含。

民族养生文化是中华文化保持其延续不断的独特经脉，是中华民族人民智慧与文明的展示，也是最贴近人们现实生活的生存状态，为时代文化注以特色鲜明的优质基因。因此，国家已开始对民间优秀文化进行政府性遗产抢救工作，代表民族传统体育文化的太极拳、华佗五禽戏已被列为国家非物质文化遗产，这是使民族优秀文化能在新的历史条件下得到发扬，在文化强国新的使命下，确保承载着深厚文化内涵的特色太极拳术成为传承民族文化的重要途径之一。

（二）太极拳促进民族文化认同

太极拳作为一种具有我国民族特色的传统文化，蕴含着我国各民族深厚的感情，太极拳在国内的传播也利于加强各民族间的关系，是一种促进民族认同的文化纽带。众所周知，文化在一定程度上是由经济基础决定的，在当今经济全球化的浪潮中，与文化霸权相类似，个别发达国家利用自身的经济发展优势，有意无意地对其他国家进行了文化冲击，明白历史的人都应该清楚，无论是从政治、经济、资源、劳动力等各方面的侵略都可能会使国家灭亡，但是只要民族文化在，这个民族的人心就不散，民族就不会消亡。但是，一旦文化被人剥夺，这个国家的人民就只有被奴役，其文化也只有被改造的份了。所以说，在这个快节奏的时代，文化的冲击战争也更为严峻，之所以要弘扬我国的传统太极拳文化，正是因为太极拳文化可以促进我国的民族认同。

除了以上文化霸权、全球文化多元化冲击的因素之外，国家内部对待传统文化的态度和处理方式对文化的发展影响也是很大的。我国历史上就曾多次出现所谓的"民族虚无主义"。民族虚无，即否定我国传统文化几千年丰富的历史以及否定我国的道德准则；近代以来的虚无主义，还要求全盘西化，即全面学习西方的文化。很显然，这种做法是极不可取的，中华民族文化作为我国劳动人民智慧和血汗的结晶，它已经存在、绵延了上千年，它有自身鲜明的民族特色。而且，如果它是错误的，今天也就没有那么多热爱中华文化的海内外莘莘学子不远万里前来学习，它也就不会有如此强大的生命力。当然，任何事物都不是绝对正确的，就算在当时经过验证的事实，也会随着时代的变迁可能变成错误的，我国的传统文化也存在诸如封建、迷信、低俗、落后的弊端。但是，作为中华民族，作为炎黄子孙，我们不能因为我国文化中存在缺点和不足就放弃它，而是应该在充分了解民族文化的基础上，继续继承和弘扬民族文化，保持民族文化的特色，维持民族文化的自信和自尊；充分利用全球化经济这个文化发展的机遇，将我国的传统文化推出国门，让更多的人认识中华文化；大力发展文化旅游，既能保证文化的内涵，又能带动经济增长。作为我国传统文化之一的太极拳文化也要顺应时代潮流，努力做到和达到成为国家文化软实力的标准和目标。在文化多元化背景下，要注意外来文化的灌输。在文化灌输的过程中，必将唤起"落后"民族的文化自觉，在呈现出多样性的局面中，民族传统体育作为文化实体将重拾民族文化的自尊和自信，突出它的民族特色从而唤起中华民族的文化自觉性。

文化认同感的强与弱决定着一个民族存在与发展的凝聚力。每个民族的文化凝聚力就是以文化认同为核心的，它是文化群体间的黏合剂。党的十六大报告中也曾说："文化的力量深深熔铸在民族的生命力、创造力和凝聚力之中"，而其中的凝聚力，主要取决于民族文化的认同，取决于民族文化情感的吸收力；创造力，主要取决于对民族论精髓的掌握，取决于民族文化智慧的开拓力；生命力，主要是凝聚力与创造力的总和。文化认同之所以出现重拾，是因为西方强势文化的侵蚀，本民族文化逐渐出现信仰危机，面对全球化时代多元文化交往转化之时，提升文化认同是历史的使然。太极拳养生术不仅是一项民族传统体育项目，更是中华传统文化的一个载体。"它在漫长的历史发展中，形成了独立完善的思维方式、价值观念、处世方法等社会意识、社会心理及行为习惯，这对健身人群具有潜移默化的影响"。由于太极拳养生术所具有的特殊价值功能只有通过体悟，才能得到彰显。人们通过传统太极拳养生功法的锻炼，受益于它的保健价值，在感受到实用价值后逐渐领悟到太极拳术多元的文化内涵，认识并感受到自己民族文化的优越性。在太极拳功法的每式动作的背后都承载着深厚的文化底蕴，它的动作蕴含着：知道了一，其后还有百；知道了百，其后还有千；知道了千，其后还有万的文化底蕴，它所展现的中国文化的奥妙，阴阳相兼、互动互静、生生不息等圆的文化、生的智慧。因此，传统太极拳养生术是打开传统文化的一个途径、一把钥匙。只有深入地掌握了，才能懂得它的文化价值有多深、才能提升民族文化的自豪、自信与自尊，传统太极拳术蕴含着民族文化的精髓，通过锻炼体现出民族文化的博大精深，这也是中国传统文化走向世界的一个深层因素，是体现民族文化力、提升民族强大国力的一个影响因素。通俗地来解释太极拳养生术的文化价值，可以这样表达：美术家看的是和谐；人体家看的是曲线美；音乐家看的是它的流畅、舒服、节奏，表面看似平淡，其实内涵美。体现了中华文化的博大精深，具有顽强的生命力，提升了人们对本民族传统太极拳养生文化的认同与尊重。不可否认，我国的传统文化是产生于我国古代的封建农耕经济，甚至被统治阶级加以强制修正和利用，与西方工业文明下自由、平等的文化相比是存在较大差异的。

但是，中华传统养生文化历经几千年一代代地延续下来，已经形成了一个完整的体系，这本身就说明了太极拳养生术含有中华文化的基因，具有典型的中国元素，使人们在参与中感受到自己文化的脉动，油然产生的文化认同感。这也是太极拳养生文化作为一种文化现象在社会个体中彰显其独到的强大生命力。因此，只有在体悟中慢慢感受到自己的文化，才能达到对民族文化的认同。

文化认同的核心是利用自身文明的成就创造新的价值观，而不是简单的"回顾"和"回归"。文化认同对于现代的中国而言，不仅是一种文化立场，更具有战略意义。回顾在遭遇现代性问题以来中国人对于文化传统和现代化过程的理解的变化，可以看到，我们在不断地寻找一种中国和世界、传统和现代之间的平衡，而这种平衡的关键并不在于提出"中体西用"这样的折中性方案，关键是创造出一种既建立在自己文化的价值基础上，又密切回应时代和中国发展中出现的重大问题，并能够成为中国人所愿意接受，而且有感召力和凝聚力，同时又反映和吸收人类共同利益的新价值体系。这种体系中的价值因素可能来自儒家，也可能来自道家或其他任何别的思想资源，经过"综合创新"形成一种新的富有时代特征的文化。太极拳养生文化正是在全球化的过程中，人们追求健康的同一个终极目标，中国传统太极拳养生文化逐渐走向社会、走向世界，用它所具有的独特文化内涵、促进人们的精神价值，突出东方太极拳养生文化的整体价值功能，通过人类健康需求的健身养生手段促进中西方文化的认同与融合。在现代社会对传统太极拳养生文化认同方面，体现了它所蕴含的社会文化力、传统文化价值精髓和适应新的人文社会环境的文化价值和精神情感。

（三）太极拳丰富大众文化生活

太极拳养生术适应人们健身需求，在各种活动中提高了社会大众的体育文化生活。国家体育总局太极拳管理中心在新的时代，实施文化惠民工程，打造以健身气功为载体，以发展太极拳文化为重心，丰富群众的文化生活。坚持开展以太极拳为品牌的文化活动，形成文化特色。从城市社区、公园到农村，成立太极拳协会、站点、俱乐部等，开展交流、比赛、表演，使太极拳这个传统体育项目贴近百姓生活，丰富居民文化生活。近几年，在政府大力主导下，广大太极拳锻炼者不仅体会到了中国传统文化的丰富内涵，而且通过锻炼强健了身体、愉悦了身心，在浓郁热烈的交流中感受到了文化氛围。在民间层面：大多公园、社区等健身站点自发组织、主动参与各种表演活动，参与各种民间社团的交流比赛活动，无论从功法方面还是情感方面，都增进彼此友谊，丰富了工作之余、退休之后的文化生活，提高了生活质量；从政府层面：加大对传统体育的组织管理，批准成立各级协会、站点，组织各级别社会群体表演、交流比赛活动等。这些多彩组织活动不仅是对民族文化的传播，更是提高了大众健身和丰富了业余文化生活。

（四）太极拳彰显民族精神

1. 自强不息的主体追求精神

中华民族精神，是56个民族组织在长期的历史发展进程中所普遍认同和共同追求的内在精神因素。在各民族人民以爱国主义为核心的精神动力下，形成自强不息、温和谦让、友好相处、爱好和平等优秀精神品质。

人类生命的康健，需要在阴阳协调的状态下，使之身体与精神达到和谐正常的状态，就会保持身体的康健。人类生命最基本的物质是由"气"构成，在《内经》中，它被称为"太虚元气"，同时，"气"也是构成世界万事万物的最基本物质，《周易·系辞》中曾提出"天地氤氲，万物化醇"。

《素问·宝命全形论》将天地之气与人之气紧密联系起来，提出了"人以天地之气生，四时之法成"，"天地合气，命之曰人"的朴素唯物的人类生命起源观。因此，《难经·八难》中指出"气者，人之根本也"。动与静是事物运动中的对立统一体，动为阳，必须要有阴之静所使，才能保证事物的前进与发展。以物理学中运动理论，事物的运动是绝对的，静止是相对的，事物正是在绝对的运动过程中保持相对的静止，才产生了运动的相对平衡。因此，在运动中保持静的追求与体验，生命体内部的各机能才能协调运作，合理地发挥各自应有的功能。此为《周易》之中所言"一阴一阳之谓道"。动静在相互变化、相互转化、相互作用、相辅相成、生生不息的过程中，达到了阴阳和谐、平衡发展的状态。因此，《周易外传》指出"动静互涵，以为万变之宗"。这说明了阴阳变化，动静互涵是养生的大道，各养生家必须遵守的一种法则。《张子正蒙注》指出"动而不离乎静之存，静而皆备其动之理，敦诚不息，则化不可测"，既说明了动中必须要有静的存在，静里也必须有动的成分，动静相依、互为作用。所以《葬书·外篇》中总结为"物无阴阳，违天背元、孤阴不生，独阳不长"，由此指明没有无动之静，也没有无静之动。在养生中，动静是一对不可分割的矛盾统一体，既不能过分强调"动以养形"的作用，同时也不能过分强调"静以养神"的功效，二者之间应当平衡发展。但在二者之间，应当明确朱熹所言的"静者养动之根，动者所以行其静"，即动静互根，无静不能动，无动不能静，阴静之中已有阳动之根，阳动之中自有阴静之理。

太极拳价值功能体现了主体自身的能动性和积极的创造性，在对于生命的关爱和不断进取中，形成人类勇于探索人体生命与自然界奥秘的动力，展现了民族贵人重生、延年有术的积极乐观的人生态度，彰显出生命实践主体自强不息、不屈不挠的中华民族精神。

2. 彰显温和谦逊的民族性格

身体是人的生命智慧赖以存在的基础，而身外之物影响人的生存质量，所以人应该追求少思寡欲，身体不受外物所累。老子《道德经》中有："江海所以能为百谷王者，以其善下之，故能为百谷王。"开朗乐观的处世之道必须以"善下"的思想、不争的心态作为基础，只有如此，养生才能做到老子所言的"江海"，即心胸豁达，能够容纳人间百事，其身心将长期处于一种宁静、放松的状态。由此，人体的精、气、神均能相互补济、协调发展，使体内血脉畅通，身心处于一种其乐融融的舒适境界。人的生命活动自然旺盛，其寿命得到延长。相反，如果没有一颗豁达的心，心胸极为狭小，一有不平之事便耿耿于怀，处处与人相争，长期处于此种状态，必然致使体内各脏器功能紊乱，"邪气"冲击"正气"，气脉不畅，导致身体出现各种疾患而缩短生命活动周期。

《道德经》表明老子对于人的生命境界的追求，应该从生命的虚静恬淡的寂静状态中回到生命的本源面貌，达到生命的恒久以及充满智慧，而这种境界的追求，就是在世界万物以及人的思绪繁杂境况中摆脱出来，才能静观万物变化，体悟自然、人、社会的联系，从而使人能够达到"以恬养知""致虚守静"的自由自在的理想境界。这种无私无欲、静观玄览的生命保养，并非是脱离现实社会，而是在现实社会中如何保持自己的心性修养，达到无知无欲、高风亮节的伦理道德，从而提升自己的生命之道。无论哪一种流派太极拳，它的功法特点要求：首先排除杂念，意守或内景，然后调节呼吸，放松肢体，随后进入练功状态，太极拳养生术动作体现为绵绵如流水，身心相合，其静若镜中清的水之特性。因此，中国太极拳通过静、缓的运动而展现民族所特有的人生观和精神境界，使人们养成一种温和、淡然，开放包容、平和宽广的精神胸怀，形成了民族所特有的友善和谐的谦逊精神。

3. 和谐共处的民族精神

《庄子》一书的人生观：庄子特别重视人生命的延续和长寿，认为功名是不利于生命的。仁义是破坏人的自然本性的……因此，人生没有必要总是追求，总是压抑自己。只要顺着自己的本性发展，就是最好的人生了。庄子的人生理想是"天地与我并生，而万物与我为一"。要达到这个境界靠的是精神修养。庄子把人与自然看作是统一的。这有合理的因素。但他完全否定人的主观能动性，认为人在自然面前无能为力，只有顺天而行，这就走向了消极、悲观。这就是"天人合一"说的消极之处和庄子的"顺其自然"观的本义。"天人合一"中人对天的无限顺从是因为："知其无可奈何而安之若命，德之至也。"《庄子》即没有办法解脱所谓的命运，那就心甘情愿地服从它。不抱怀疑和抵触的情绪，这就有"德"了。正是这种思想的反映，这与孔丘的"顺天命"一致。庄子幻想达到彻底忘掉一切矛盾和差别的境界，这就是"坐忘"。

从中国传统养生学的角度来看，人类生命的上乘境界是指中国传统文化提出的"天人合一"概念，具体表现为以下三方面的内涵：

1. 人自身的和谐统一

人自身的和谐统一是指人体作为一个有机整体，其身体各部位、各组织、各器官等能够协调配合，将各自的功能发挥至最佳水平，使人体处于一种和谐统一的状态。

从人内在的意识与感觉方面，理想的生命状态具体体现为全身感觉有力量，身体内部舒适自然，精神饱满。

从人的外在表象方面，一个理想状态的人，应当是身体壮实、体重适中，《论衡·气寿篇》中有"充实坚强，基年寿；虚劣软弱，失弃其身"；另外，理想状态的人还应当具有如下特征：面色红润、毛发润泽、双目含神、双耳聪敏、呼吸缓和、脉象缓均、饮食适中、排泄有律、活动自如、运动灵敏、嗓音饱满、合理性欲。

2. 人与人（社会）的和谐统一

人与人（社会）的和谐统一是指人作为自然界中的高级动物，构成了一个特殊性质的组织——社会。因此，人不仅具有自然界动物属性，同时也具有社会属性，只有处理好人与人之间的关系，处理好人与社会的关系，人才能在社会中体现自身的存在价值,并拥有其应有的地位,人才能真正处于一种上乘境界之中。

从智能方面,一个处于上乘境界的人首先应当具有聪颖的头脑,思维灵敏、记忆牢固,这是作为社会中一名成员所应体现的一个重要特征。

从道德方面,一个处于上乘境界的人应当具有高尚的德行,能够以高尚的道德情操以及良好的行为处世,进行内观与外观。内观以自省,不断提高自我的道德情感,外观以明辨,以高尚的道德修养明辨社会的是非。

从人际关系方面,一个处于上乘境界的人应当善解人意,具有良好的人际沟通能力,同时也能自然地让他人理解自己,最终能够使事物发展自然而顺利。

从追求方面,一个处于上乘境界的人应当具有远大的理想与抱负,并富有积极进取的精神。作为社会上的人,人生不仅是个人的生存问题,还是一种社会的人生,应当具有一种社会责任感,要为社会而生、为社会而死,要生得有价值,死得有意义。

3. 人与自然的和谐统一

人与自然的和谐统一,是指人作为自然界的有机组成部分,来之于自然,成之于自然,并去之于自然,应当与自然界和谐相处,依自然规律而休养生息。

一个理想状态的人,应当首先能动性地认识自然界的规律,并对事物的客观规律作一个价值判断,同时按照自然界的变化规律运行,依据人的生活目标而调养生息。我们现在所提到的保持生态平衡就是典型的例证。此外,一个理想状态的人,应将良好的审美意识与情趣融于自然之中,感受自然美、享受自然美。

太极拳健身在系统思想的生命追求中,形成了"和而不同、和谐共赢"的处世态度和民族性格。这种中华民族文化所具有的优秀品质是与西方国家所持有的"零和态度、森林法则"完全相反,西方从零和态度中任何事情都要讲究你输我赢的敌对态度,而非和谐共赢的处世之道,在这种思想指导下就形成了它的世界霸权思想,弱肉强食的民族性格,这是有悖于人类热爱和平、有悖于世界和平发展的愿望。从现实社会国家文化软实力的发展来看，作为具有独特价值功能的导引养生术在人们"修身养性"的修炼中体现出中华民族"和合"的和谐精神。

（五）世界健身文化领域的"特色品牌"

太极拳是体育软实力展现的一部分，更是体现着我国民族的乐观、进取的人文价值。在国家实现和平崛起的新时代，走向国际化的过程中，这一历史使命当是民族特色文化的国际化传播之际。当前，"在国外众多场合中，太极已成为中国形象的代名词，太极拳在世界范围内的迅速传播，是一个值得注意的文化现象"。因此借助太极拳在世界范围内的影响，借助国外人们对中国传统文化尤其是传统养生文化的需求与兴趣，应大力推广具有中国特色的太极拳。在全球一体化的新时期，太极拳作为中华文化的载体对外交流，是历史的潮流和时代使命。

1. 天人合一的宇宙系统生命观

天人相应中的"天"是天地的总称，我国古人一般将其理解为"大自然"。人生于大自然、逝于大自然，作为大自然的有机组成部分，必然与大自然同呼吸，与大自然共同交换能量。因此，人的生命活动与大自然的变化规律是息息相关，紧密联系在一起的。这种息息相关、相互联系的关系称为"天人相应"。

既然人体是大自然的组成部分，其生命活动与大自然紧密相连，那么，人之生命运动应当合乎大自然运行的法则与规律，生命才能得以延年益寿。

人体的生命活动应当合于一天的昼夜变化的节律。人体的生命活动随昼夜变化而变化，《素问·生气通天论》中指出："故阳气者，一日而主外，平旦人气生，日中而阳气隆，日西而阳气已虚，气门乃闭。"在阴阳学说中，阳气主动，其意在表；阴气主静，其意在里。因此，白昼之际，人体生命活动适于外出活动；而黑夜之时，人体生命活动贵在休息调养。此外，昼夜的交替变化也与人体内的"正气"和"邪气"的交替变化规律相一致。《灵枢·顺气一日分为四时》提出："夫百病者，多以旦慧、昼安、夕加、夜甚"，同时提出：" 朝则人气始生，病气衰，故旦慧；日中人气长，长则胜邪，故安；夕则人气始衰，邪气始生，故加；夜半人气入脏，邪气独居于身，故甚也。" 由此可以看出，白天，人体生命活力是旺盛的；而在夜间，人体生命活力相对会得到一定的抑制。由此可见，人的生命活动能够做到"天人相应"的基本准则，就是人的一切行为能够顺应自然、合于自然。只有如此，养生的境界才能进入一种理想状态。

2. 动态平衡的阴阳辩证生命观

作为太极拳健身养生具有独特功效的显著特征，太极拳追求的是动静相宜，动偏重于内在的动，气血的运行、经络的畅通、精气神的内聚，如练精化气，练气还神，静偏重于精神内守，清心寡欲，其养生思想体现的是动静俱养的动态平衡思想。形神共养养生观，强调的是既要注重形体的保养，又要重视人的精神保养，只有形体和精神达到和谐，才能使得人的健康得到保证。通过太极拳锻炼，提升人体形神的动态平衡状态，将人体内部系统看作一个系统，通过人主动进行脏腑内部器官的呼吸意识结合下的刺激活动，达到气血运行通畅而祛除人体疾患太极拳，整体修炼过程体现了人体性命合修的阴阳辩证思想，促进人体生命不断得到调整的动态平衡生存状态。

3. "精、气、神"和谐统一的生命观

综观人体"精、气、神"三者之间相互密切关系。精是生命基础，气是生命动力，神是生命统帅主导。所以人生活在四时季节，如果有不正之气时，做到及时地躲避，从思想上做到清静安闲，无所欲无所求，这样真气就会深藏顺应人体，精神就会在体内不会耗散在外，人也就不会得病了。人体只有保证了"精、气、神"的和谐统一，达到了天人合一，就会使生命得到阴平阳秘和整体调和状态。这种对人体生命保养的整体观奠定了导引术的理论内涵，为太极拳的发展提供了理论支持。从而形成太极拳养生术的功能特点，以"形神兼养"的动以养形，静以养神的精、气、神系统修炼到达的运动养生观。这种养生思想有别于西方的强度刺激下的肌肉、器官的生理解剖科学主义健身思想。

第四节 新媒体时代下太极拳的养生价值

一、我国太极拳的价值取向分析

"文化创造不仅创造了一个有价值、有意义的文化现象世界，也创造了人，创造了人的意识，创造了人在文化世界的主体地位。不管后来的文化世界怎样复杂纷繁、千姿百态，也不管它怎样神圣和不可亵渎，它的所有价值和功能，它的全部内涵和意义，都是人创造出来的，都是人价值思维肯定形式。"由此看出，太极拳也是一种文化现象。研究它的价值体现需要从人们进行的太极拳养生活动实践形成的价值认识开展。从主客体之间的功能关系来看价值关系的范畴，展现的是客体对主体的功能属性关系。所以，价值的实现是由价值客体的结构和层次所决定的。"价值客体一般可分为自然属性层、社会功能层和文化意蕴层，因此客体价值的实现也就表现为属性的价值、功能的价值和意蕴的价值三个循序渐进的层次"。价值在现实生活中处处存在，由于人们为人处世的方式与态度不同，所以在价值的表征方面均带有主体人的价值意向色彩。这就是不同价值取向作出的不同价值选择。基于对价值的认知，本研究对太极拳的不同价值取向层的时代性而进行研究。根据文化系统的价值取向层次，太极拳可分为外、中、内三个结构层面：即自然属性层、社会功能层、文化意蕴层。

（一）太极拳的价值取向最外层为自然属性层

"属性指事物固有的性质、特点，包括状态、关系等，是由事物的内部矛盾决定的。任何事物都具有许多的属性，即本身是多种属性的统一体。而事物的价值是同事物的属性分不开的，因此事物对人的价值首先表现在它的属性上。总之，属性价值的取向是认识客体价值、实现客体价值的第一步"。显而易见，我国太极拳的属性即是其与一般体育运动一样强身健体的功能。强身健体是太极拳的自然属性和根本属性，是人们认识和接触太极拳的首要层次。正因为太极拳拥有强身健体的属性，所以它也具备强身健体的价值，从这个层面来讲，太极拳似乎是永不过时的，毕竟身体的健康是每个人都必不可少的，至于太极拳会不会被社会淘汰，将是太极拳的社会功能层面和文化意蕴层面需探讨的问题。

（二）中间价值层为社会功能层

"事物的价值根本在于它的社会功能。功能和属性一样都是事物本身所具有的，它们共同属于实体。功能是事物潜在的作用，或发生作用的能力。因此，事物对人有何价值，从根本上看它本身有何功能、客体价值的认识和实现，关键是对客体功能的判断和功能在社会生活中的实现"。太极拳的社会功能价值取向体现在太极拳的功法修炼能够使人修身养性、提升和谐社会多个层面。从我国传统太极拳的起源及其发展过程来看，太极拳具有修身养性、稳定、沉淀人类性格、锻炼人类意志、维护社会稳定、保持社会和谐的无形功能，它追求的是一种温和，解放天性、回归自然的目标和境界。太极拳这种和谐、稳定的思想和文化影响了太极拳练习者的改变，一定程度上指导了太极拳练习者的社会实践，是一种较为正确的文化力量，所以它的价值即上升到了社会功能的层面。

（三）太极拳的文化意蕴层功能

价值客体的最深层内涵是文化意蕴层。客体的价值不仅表现在它的属性、功能方面，而且表现在它的文化意蕴方面。客体价值的实现最深刻的层次即它的意蕴价值的实现。文化意蕴就是蕴含在客体之中的一种哲理和诗情，是客体的真正的活的灵魂。文化意蕴是隐含在客体之中的某种人生奥秘、人生归宿或人生真理，它使客体以合乎"人的本性"的方式存在着。人要想了解它、把握它，就必须具有相应的生活经验、人生体验或人生哲理。主要是着眼于其中特定的精神现象，即富有文化意义的东西。对于我国太极拳而言，太极拳本身就蕴含着深刻的文化内涵，随着社会的变迁、时代的进步以及各太极拳宗师的修改、完善，我国现代的太极拳已经逐渐形成一种完整的文化体系，这种体系本身有文化意蕴层面的功能；除此之外，修炼太极拳可以实现练习者的精神升华，对于练习者培养性格、陶冶情操等也有巨大作用，这都是太极拳文化意蕴层面所发挥的功能。

综上所述，太极拳的自然属性、社会功能以及它蕴含的文化意蕴功能共同构成了一套较为完整的太极拳文化有机体，由太极拳的这三种特性构成的太极拳文化三个部分，各自都有其社会价值，发挥着各自的作用。三者之间又相互促进、相互依赖，既是独立体又是共存的矛盾体。太极拳文化有机体传承了数千年，在各个历史时期都可以满足不同练习者的需求，这都是由太极拳自身的价值所决定的，前面已经介绍过。价值具有客观存在性，太极拳强身健体、修身养性的功能即是客观存在并能满足人民需求的运动。为了使具有我国鲜明民族特色的太极拳运动能够继续发挥其作用，保持可持续地满足人们需求的功能，对当代太极拳价值的研究将是今后太极拳传承者工作的一项重要内容。

二、太极拳"治病保健、健身养生"的价值

太极拳的"治病保健、健身养生"的价值主要是通过对人们身体疾病的治疗体现出来的，而对于当下而言，就是对现代文明病的治疗。提起"文明病"，人们是毫不陌生的，文明病，我们也称为"生活方式病"，这种疾病是由于现代经济发展迅速，人们生活水平不断提高，人们过度追求物质的享受，不注意对于自身健康的保养而造成的。而太极拳强身健体、修身养性的功能和价值正是预防和治疗这种疾病的不二法宝，所以，当代太极拳运动对于人类的健康有着巨大的积极作用。

（一）对现代文明病的防治价值

1. 当代太极拳"治病"的含义

早在两千多年前，就有"流水不腐，户枢不蠹，动也"的论述。这一理念一直以来就是我国传统运动养生的重要指导思想。它与"生命在于运动"这一西方体育运动的理念有异曲同工之理。我国传统运动养生强调"身心合

一","身"在这里不仅指身体本身,也包括了肢体动作或身体运动,是运动养生最重要的内容。

我国传统运动养生最突出的特征,是强调"身心合一、内外一致"的整体性。于外在表现上看重"缓慢、柔和、连贯"的运动风格,在内在要求上强调"意念、呼吸、放松"的完整统一,是内外协调配合的柔缓性运动。为此,它与一般现代体育运动"剧烈、速度、力量"等特点有着明显的区别。我国传统运动养生术,充分体现传统养生文化"阴阳、动静""精、气、神统一""意、气、形配合"等身心双修的特点。因此,在练功时特别注重意念、呼吸等内在因素与肢体运动的外显因素的和谐统一。了解这一特征,对我们讨论分析太极拳运动养生等有重要的意义。

中国古代养生家或医家一直对运动与健康的关系十分关注,早在战国末期,《吕氏春秋·尽数》中就讲道:"流水不腐,户枢不蠹,动也。形气亦然,形不动则精不流,精不流则气郁。"形,身体是也。两千多年前,我们的先贤就明确指出身体需要运动。《三国志·魏书·华佗传》中也有"人体欲得劳动,但不当使极尔,动摇则谷气得消,血脉流通,病不得生,譬如户枢,终不朽也"的记载。劳动在此即运动之意,而户枢的比喻也表明了华佗是认同《吕氏春秋》中的观点的。孙思邈也认为:"身体常使小劳,则可百达和畅,气血长养,精神内生,经络运动,外邪难袭。"此处所指"小劳",不仅包括了运动(劳)本身,一个"小"字更是指出了身体必须"劳而有度"。可以看出,不同时代对于身体运动之于健康的意义都是持相同观点的,其中华佗的"劳动,但不当使极尔"与孙思邈的"小劳"更是指出了身体不仅需要运动,而且需要合理的适量运动。显而易见,传统的太极拳这种功法、技艺对当今各种现代化的慢性疾病的治疗效果是现代各种西药、高强度的体育健身训练方法所不能比拟的。

随着现代社会政治、经济、文化的飞速发展,人们的生活节奏越来越快,人们面临的工作、学习、生活等压力也越来越大,这就容易造成人的疾病。这些疾病可以分为两个方面:一是心理方面的疾病,包括各种情绪低落、过度兴奋、抑郁等不正常的心理。对于太极拳而言,太极拳蕴含的温和的文化、中庸之道、陶冶情操等学习特点,正是缓解、治疗这些无形疾病的方式之一。

二是生理方面的疾病，现在多发的即是前文提过的现代文明病，包括癌症、糖尿病、心脑血管疾病、慢性疾病等。由于这些疾病常见于中年、老年人群，而太极拳运动不似现代体育运动那么剧烈、高强度，正是中老年人群修身养性、延年益寿的最佳选择。所以，广大人民群众可以结合自身特点，适当地进行太极拳的学习和锻炼。

2. 当代太极拳的医疗保健功能

一般来说，太极拳养生的最突出特点是强调"精、气、神"的统一（也有"形、神、意"的统一、"意、气、力"的统一等类似表述方式），强调动作形态与意念、呼吸的和谐统一，动作表现形式相对柔缓等总体特征。概而言之，以肢体运动为中心、以意念为主导、重视呼吸配合、以健康为目的是运动养生的四个最基本特征，也是太极拳区别于其他养生方法以及现代体育运动的基本特征。人体的心理暗示、心理意志、适当的运动、合适的运动方法的选择等会影响到治疗、疾病恢复的效果，这些都是经过专家、学者以及现代医学证明的。

除了现代医学从科学角度的证明，西方不少科学家也认为太极拳运动在使人健康方面的效果比一般的现代体育运动效果好。因为健康是生命的多维现象，它不仅是指肉体上的健康，还要求内在的、无形的、心理和精神上的健康，只有人体内在与外在保持平衡、相处和谐，个体的发展才能协调并且保持可持续性，进而由人组成的社会才能保持和谐。因此，这些健康、保健功能和理念与太极拳的锻炼目标是不谋而合的。

传统运动养生注重身体动作与呼吸的配合，这种配合不仅仅是运动中呼吸的存在，也是动作与呼吸完美的统一。《夷门广牍》中有如下记录："羡门虎势戏、闭气、低头、拳战如虎发威势，两手如提千斤铁，轻起来，莫放气，平身吞气入腹，使神气上而复，觉得腹内如雷鸣，或五七次；如此行之，一身气脉调，精神爽，百病除。"文中对如何使动作与呼吸调和有详尽的说明。一切体育运动中均不能缺少呼吸的参与，而像我国养生功法中对呼吸与动作的高度和谐，是中国传统运动养生的特色。由于强调动作与呼吸的统一，因而一般来说，这一养生体系的运动特征是比较柔和缓慢的。这一点在太极拳养生中也体现得淋漓尽致。可以说,肢体运动是运动养生的基础,而对呼吸的重视及独特的运用方法则是运动养生区别于一般体育运动的重要特征之一。

实践证明,太极拳养生在预防保健和康复方面均具有现代医疗保健价值。以内修外炼为主的道家太极拳健身养生术充分利用太极拳的保健与康复方法,使太极拳养生有了更为科学的实用价值。从保健养生、防病康复的实际出发,充分发挥太极拳功能价值并配合健康的生活方式、中医学按摩、针灸等自我保健康复手段,形成了为现代人类健康服务的特色健身延年养生方法体系。太极拳是一种把我国源远流长的拳术、导引术、吐纳术三者结合,加以创新的治病强身、增强体质和延年益寿的体育运动。太极拳经典拳就有"详推用意终何在,益寿延年不老春"的论述,明确指出了太极拳保健养生的拳学主旨。太极拳运动轻灵和缓,呼吸自然,动静结合,用意不用力,通过意识、呼吸、动作三者密切结合,从而调整阴阳、疏通经络、和畅气血、身心两健,最终达到增强体质、祛病延年的作用。

3. 当代太极拳健身养生的价值目标

太极拳的练习讲究以静制动、动静结合、以柔克刚,强调太极拳练习者肢体动作、气息、精神注意力的协调配合。当代太极拳更是结合西方现代体育运动的特点,吸收了其长处,达到了良好的运动健身效果,具有很强的适应性,是青少年锻炼身体、中老年修身养性的最佳运动方式之一。

要做到动作与呼吸相统一并不是一件容易的事,二者的协调必须通过一定的方法进行训练。在气功修炼特别是武术练习中,蓄力时必须吸气,发力时则必须呼气或聚气等。这些呼吸方法都是有意地改变或控制呼吸,都是意念参与练习后所获得的结果。静功练习时需要静心,运动功法练习时也需静心,二者都需要集中注意力,使注意力集中在自己对呼吸的运用和动作的控制上。

太极拳养生的意念主导,属于中国传统思想"身心合一"的范畴,这与西方的身体观有较大区别的。西方的身体观崇尚身体二元论,即肉体与精神属于两个独立的体系,甚至有观点认为二者永远平行不相兼容。在这个认识基础之上的西方身体锻炼方法中,肉体锻炼与精神锻炼往往是被分割开来进行的。中国养生法（包括武术）主张"身心如一""身心一统"的锻炼原则。需要注意的是，虽然中西方锻炼方法相异，但二者就身心健康的认识却基本一致。"身心如一"或"身心一统"并不是"身心一元论"，从"如一"与"一统"这种表述方法以及为达到这一目的而必须持久锻炼的过程来看，显然也是建立在肉体与精神相对独立这一观念之上的。如果"身心"本就一元的话，也就谈不上需要为了"一统"而修炼了。"如一"与"一统"等表述显示了古代中国人追求身心一致、身心合一的目标，同时也反映了在传统运动养生中"身（体运动）"必须要有"心"的参与的思想特点。没有"心"的身体运动不能称其为运动养生。在"心"与"身"的关联上，我国古代养生方法比西方体育锻炼更具有积极意义。在追求"身心合一"的养生方法中，意念的运用是不可缺少的因素。因此，意念在太极拳养生中的重要地位也是其区别于一般体育运动的重要特征之一。

（二）中医学角度对太极拳养生当代价值的阐释

中医与传统运动养生学是中国传统养生文化中互为其根的中国特色健身养生文化。太极拳在中医理论基础上依据身体"阴阳平衡""经络畅通"而促进"脏腑功能调和"，进而使人体保持旺盛的"精、气、神"整体效应。这是对现代太极拳健身的补充和完善，是对现代健康新理念的完整诠释。

1. 传统身体疾病治疗

第一，练太极拳特别强调"心静用意"，用意识引导动作，使心神安静，意念集中，机体放松，脏腑之间发挥正常的功能，取得了相对的平衡。心神安定，不受外界干扰，可使思维清明敏捷，语言流利清晰。心气运行流畅，更能发挥其统辖血液循环的功能，减少和消除体内瘀血，使得血液通畅充盈，面色自然红润。练太极拳时，意境清静、情绪安宁、以意行气、内外放松、动作轻柔圆活，如春风杨柳，生机盎然，可使肝气舒和条达、肝火自降、肝体得养、肝血得藏，能帮助脾胃消化。练拳时以意运气的呼吸方式，有助于消除肝脏瘀血。眼神贯注动作，目不旁视；动作圆活连贯，缠丝螺旋，对养肝明目、舒筋活络大有好处。

第二，练拳时的腹式呼吸使得内脏蠕动加强并对肠胃等内脏器官进行自我按摩，使三焦气机通畅，脾胃升降和顺，新陈代谢旺盛，肌肉丰满光泽，四肢强健灵活，造血功能增强。练太极拳要求"气沉丹田"，从而加强了"肺主气"的功能，增加了肺活量，通过肺气的吐故纳新进一步推动气血在全身的运行，使身体各部位都得到营养与活力，同时使皮肤湿润、敏感、防寒。

第三，太极拳练拳时以腰为轴带动四肢和全身协调运动，使劲路完整，气机畅达，通过"悬顶""吊裆""提肛""尾闾中正"等加强肾功能并调和任督二脉之气，并且以"气沉丹田"加强了两肾和命门的功能，使肾精充实，阳气旺盛，骨强齿坚，发泽耳聪。练太极拳通过心静用意、心神安定，协调地完成各种动作，对中枢神经系统具有良好的锻炼作用，加强了大脑的调节功能，从而使练习者精神饱满，思维灵敏，记忆力强，起到开发智力和延缓衰老的作用。

2. 阴阳五行、协调平衡

阴阳学说与五行学说是中国传统哲学理论，同时它是太极拳的基本理论。在中国传统哲学中，阴阳是指两个既对立又统一的事物。《灵枢·阴阳系日月》给予了很好的解释："阴阳者，有名而无形。""五行"是指木、火、水、金、土五种物质相生相克的运动关系。阴阳在人体内无时不有，无处不在，若要做到养生之目的，必须保证阴阳的平衡，使人体内的阴气与阳气相互影响，相互作用，平衡发展，保证机体在对立统一的良性变化中生长与发展。人体内五行之间的生克运动必须保持协调稳定，才能保证机体的健康成长。

第一，阴阳方面。

首先，从人体的外部形体与内部生命运动而言，《素问·金匮真言论》总结人体的阴阳："夫言人之阴阳，则外为阳，内为阴；言人身之阴阳，则背为阳，腹为阴；言人身之脏腑中阴阳，则藏者为阴，腑者为阳。肝、心、脾、肺、肾五藏皆为阴，胆、胃、大肠、小肠、膀胱、三焦六腑皆为阳。"因此，人体的阴阳平衡，是指外部形体的左右要对称，前后要协调，上下结构要合理，躯干与四肢要协调，从整体来观察，人体呈现出一种结构匀称、身体健壮的外表。从内部物质而言，人体的脏腑功能要平衡，气与血作用能够相互促进。就人体的内环境，pH 值以及体温、血糖、血脂等均应处于一种稳定的协调平衡状态。此外，人体内部的新陈代谢，身体与外界的物质和信息交换等，诸如消化与吸收、酶的促生与灭活、体内酸碱平衡的维持等均应处于一种良性的平衡稳定过程，人体才能发挥更大的效能，保证机体的稳态运转。

其次，从人体的运动角度而言，阴阳平衡是指人体的绝对运动与相对静止应是协调平衡的，以保证人体不会过度消耗能量而损害身体健康。人体内部的脏腑、气血精气的生理运动、大脑的思维运动与外部的肢体运动平衡发展，协调运动。我们在日常生活中，应当保持动静、起落、开合、收放、进退、虚实、刚柔、呼吸之间的协调平衡。所以，养生的过程就是一个"动静交替""体脑交换""上下交替"的过程，使人体各部位均得到锻炼与发展，人体的每一个部位均得到运动与调养，进而生生不息，发挥人体的最佳效能。

第二，五行方面。

五行之"火、木、土、金、水"在人体之内最具有代表性的应是心、肝、脾、肺、肾五脏。根据五行相生相克的理论，人体内的五脏应当保持一种协调平衡的状态，生克平衡、乘侮相兼，各自在本有的功能基础上协调发展，共同促进，既不偏重于任何一方，也不弱化某一功能。另外，五行之间的相生相克的运动是世界万物运行遵循的基本法则。对于人体所需要的生命元素而言，也必须保证其协调吸收，各元素在人体之内的含量相对稳定在一定的数值之内，才能使各元素之间的生克平衡稳定，以保证有机体各脏器之间的功能发挥出应有的效能。在日常生活之中，若缺乏维生素 C，容易导致牙龈疼痛红肿、食欲不振、疲乏无力等；缺乏维生素 A，容易导致皮肤干燥，严重者还能患"夜盲症"等；如果人体大量缺乏碘，就容易产生甲状腺肿大。所有这些疾病现象的发生，均是由于人体所应汲取的五行之基本元素不能协调发展，生克不能保证相对的平衡稳定，导致人体内的各部件功能失调，最终造成人体产生各种疾病。此外，对于人体而言，其五行还在于人的各类心理变化和情感的协调交融、平衡运行，如人的喜、怒、忧、思、悲、恐、惊与人体的五脏六腑紧密相连，每一情感的偏失，均会造成五脏六腑功能的失衡，如果长期持续地影响，将会引起人体内部的功能失调而形成恶性循环，最终影响生命的发展。

总体而言，阴阳五行所追求的协调平衡状态，是一种动态的平衡过程，而非静止的状态，它在一定的周期之内保持相对的稳定，在一定的范围之间进行上下波动，但不脱离趋于稳定的基本状态。

3. 动以养形、气血通畅

气、血是构成人体的基本物质，也是维持人体生命活动的物质基础，人体内的脏腑等组织器官均要依赖这些物质的存在而进行生理活动。从阴阳的辩证关系而言，气属于阳，而血属于阴，气血之间存在"气为血之帅、血为气之母"的关系，因此，《难经·二十二难》中指出"气主煦之，血主濡之"。气血的旺盛与畅通，直接影响了生命体的质量以及寿命。张子和在《儒门事亲》中强调"唯以血气流通为贵"。人体通过各种运动，可以促进气血的流通，我们现在常说的"生命在于运动"，其基本原理就在于此。"生命在于运动"早在我国古代就已经形成比较成熟的思想，它被称为"以动养形"。《庄子·刻意》中的"吹呴呼吸，吐故纳新，熊经鸟申，为寿而已矣"养生思想则是最早阐述"以动养形"的文献记载。《吕氏春秋·尽数》中也指出"形不动则精不流，精不流则气郁"，"病之留、恶之生也，精气郁也，故水郁则为污，树郁则为蠹，草郁则为蒉"。气血对人体的重要性毋庸置疑，但气血必须在一定的环境之中才能运生，而这个环境就是气血赖以身存的人之"形"。张景岳曾言："吾之所赖者唯形耳，无形则无吾矣，谓非人身之首务哉。"同时，他又谈道："精血即形也，形即精血也。"由此，养形体即为养精血，形体充实，精血自然充盈，人体内部各组织器官所需的各种养分才得以充足供给。

那么，养形又能够通过什么来加以解决呢？《庄子·天道》提出："天道运而无所积，故万物成。"《吕氏春秋·尽数》引用了《子华子》书里的观点，将自然规律与人体的生理、病理相结合，指出："流水不腐，户枢不蠹，动也。形气亦然，形不动则精不流，精不流则气郁。"由此可以看出，通过运动，能够活络身体各部位的脏器以及各组织活动，使机体在常态的运转中发挥其应有的功能，进而推动气血在周身畅通运行，有效地补给人体所需要的养料,最终达到精血充盈,生命力旺盛的效果。《内经》也指出"流行不止,环周不休"。

太极拳运动可以调养身体及四肢百骸,使气血旺盛,但并非所有的运动都能达到如此的养生效果。如果采用的方法不当,不仅不能达到养生的目标,还可能会对身体造成一定的伤害。从运动强度和负荷而言,太极拳运动一般是指运动负荷适中的运动,而非剧烈运动。在现代竞技体育运动中,许多运动项目由于过分追求对人体极限的挖潜,一般而言,它对人体健康是不利的。因此,孙思邈强调养生要遵循"常欲小劳"和"莫大疲及强所不能堪耳"的原理;华佗也曾指出,人体的劳作"不当使极耳"。经过长期的实践与总结,我国古人认识到人体运动应当适度,而不能超越极限,否则会对身体造成伤害。

适度的运动不仅可以使人体的骨骼、肌肉等形体组织得到锻炼,同时,它还能促进人体内部各脏器功能的发挥,对脾胃功能也是大有裨益的。例如,通过人体运动,能促进胃及小肠的蠕动,有利于食物的消化与吸收。所以华佗指出:"动摇则谷气得消,血脉流通,病不得生,譬犹户枢,终不朽也。"(《后汉书·华佗传》)

(三) 现代生理科学对太极拳养生当代价值的诠释

1. 太极拳对身体素质的影响价值

太极拳养生是否具有科学性?这个问题一直困扰着人们对中国传统养生文化价值的科学认识,这也是中国太极拳养生不能很好地传播发扬的原因。为了使太极拳养生更好地为人类身体健康服务,不仅要从哲学思想方面对其方法论、价值观等作出准确地总结与提炼,更应该从现代生理科学的角度对其进行不同层面的价值分析。太极拳养生术对人体的健身效应主要体现在它的系统整体性方面,其锻炼表现出通过调息放松人体、肢体运动配合呼吸调节、人神会意等主要方法特征。因此,在呼吸、动作和意念的相互配合活动中,人体的基本身体素质、呼吸系统、血液系统、神经免疫系统和心理健康状态等的相互协调能够对身体内环境产生良好的整体生理效应。

为了证明太极拳的保健作用，北京运动医学研究所曾对50~89岁的老年人进行了较详细地医学检查，其中32名经常练习太极拳，56名是一般的老年人，结果发现经常练习太极拳者无论在心血管系统功能、呼吸功能、骨骼系统还是新陈代谢功能等方面，都比一般的老人的状况好，常打太极拳的人发生高血压病及动脉硬化的也明显较少。经常性的太极拳练习对骨骼、肌肉及关节活动的影响很突出。以脊柱为例，经常地练习太极拳，无论对脊柱的形态和组织结构都有良好的作用。经X线检查发现，太极拳组比对照组老年骨质疏松的发生率也较低，因此太极拳练习有一定的预防衰老作用。

中国台湾和澳大利亚科研人员发现，每周打几小时太极拳，能显著改善糖尿病的病症。据英国《每日电讯报》报道，有研究发现太极拳可帮助老年人提高平衡力、减少其摔伤的可能，并改善他们的心理健康。英国利兹大学和韩国东方医学研究所的相关研究都相对一致地认为：太极有助于改善老年人的总体身体健康，是老年人的得力助手。许多类似研究也都证实，太极拳在防治高血压方面有着广阔的前景，太极拳锻炼能明显延缓心血管功能的减退，有效提高血液系统的功能，尤其是对于免疫功能改善具有积极效应。世界各地的民众正越来越多地感受到中华太极拳在健身康体方面的独特效用，并越来越深刻地产生对于中华太极文化发自内心的热爱。可以预见，随着时代的进步，以太极拳为载体的中华太极文化在全球各地的传播和影响必将会更加普遍和深入。

2. 太极拳对心理素质的影响价值

现代医学研究证明：人类目前产生的许多疾病不仅仅只是生理方面的因素，它和心理因素也有相当大的关系。人体的一般正常生命活动，主要体现在与形神关系达到协调一致性。反之，人体如果产生病理性的变化，一般是由于形神间可能出现了失调。正如中医讲到，七情六欲中的情志因素可以导致形体活动的异常，从而使人体产生疾病，即"因郁致病"；而人体的生理因素如果出现异常，也是可以影响人的情绪的变化，所谓"因病致郁"。太极拳术从最核心的"天人相应、天人合一"的宇宙观和整体自然观的视角，追求人体的形神相兼、身心合一的健康生命。因此，传统太极拳术在人们不断进行实践活动中，非常重视精、气、神的调摄。道教《性命圭旨》述："精、气、神谓之三元。三元合一者，丹成也。摄三归一，在乎虚静。虚其心，则神与性合；静其身，则精与情寂。"通过太极拳锻炼，使强健形体与修身养性融为一体，体现了太极拳术"性命双修"的修炼原则。

随后进入舒缓的太极拳锻炼过程，整个练习过程不仅使肢体得到小劳，亦使人的精神和心性得到愉悦状态（技术要求意气相随，动作缓慢柔和不断，达到形神相炼），这种状态从心理角度来说，将会使人清除心中的焦虑、抑郁和紧张等不良的情绪。有助于促进人体脏腑经络的气血畅通运行，排除由于不良心理精神因素而导致机体生理功能的有害损伤。这种合理内核与中医养生学相融合，体现了调摄心理情态是治愈疾病提高保健效果的重要条件。因此，通过具有特殊功效的太极拳修炼，亚健康（身心疾病）人群能够在太极拳锻炼中排除心中杂念、调整情绪，使得神怡而情合。利用情志对身体的脏腑功能和气血运行的影响，促进体内气血旺盛、提高机体免疫力，达到特殊的心理锻炼与调节目的。

三、中西方健身养生术的互补性

随着现代社会政治、经济、文化的飞速发展，世界各地的城市化进程也大大加快，由此出现一系列环境、资源、人文、健康等问题，由于健康是最直接影响到人身体的因素，所以，人们对健康也越来越注重。近年来，世界卫生组织提出现代的健康应该包括人体生理、心理、社会及自然的全面健康。对于太极拳而言，太极拳本身具有很多的优点，但是也有许多不足，如果能够综合西方现代的体育运动长处，共同服务于人们的健康，太极拳将具有良好的发展前景。

（一）"多元化价值取向"中的中西方健身养生文化互补之趋向

不可否认，在当前快节奏的生活、工作、学习压力之下，中西方健康观念的目标是一致的，都是强调"以人为本"使人体内外兼修、人与社会相处和谐、人与自然保持平衡。所以，人们也逐渐改变只要为了健康就锻炼西方体育这种绝对的认识观念，越来越认识到东方的健身养生文化的重要性，而我国传统太极拳运动和文化作为东方文化的代表，自然受到广大海内外人士的青睐。但是在具体的传承、传播太极拳时，不可避免地因为学习者生活环境、学识背景、行为习惯的差异而出现诸多不适应的问题，这就需要东西方在进行健康养生文化交流时，取长补短，以事实为基础，适当对自身文化存在的不足进行修正和改善。但是，由于东西方文化长时间的对立和分隔，在进行文化交流、融合时仍旧不顺利。

一方面，东方健康养生文化更加注重根除患者疾病，包括人心理上的疾病，强调提升人的精、气、神。太极拳运动更是如此，太极拳的练习讲究动静结合、以柔克刚，要求练习者清心寡欲，只有严格按照太极拳练习的规则、要求去做，才能实现练习者经脉的畅通、气血的平和、肢体的协调以及精神的清明。也只有做到了这些，才能实现练习者对自身的"内视"和"自视"，达到"天人合一"的境界。尽管现在很多人质疑"天人合一"存在迷信、盲目、落后等思想，但是在进行太极拳的拳法、步法、身法、套路等练习时，确实能够实现修身养性，这是经过现代科学实验证实的。

另一方面，西方的健身养生文化更加注重身体外在的运动，这些肢体的锻炼大都经过科学的分析和实验的证明，这种治疗、养生方法较为简单、直接，对于纯粹的疾病治疗也较为高效，但是在涉及人体内在的心气、精神、情感等方面的困难时，往往力不从心。毕竟，人体不是机器，有严格的修理步骤，人体更具有无形的、不规则的疾病类型，特别是在当今越来越复杂的社会环境、社会活动背景之下。

综上所述，为了保持人类的全面发展，实现健身养生的目标，人们在选择治疗、健身方案时可以中和东西两方的健身养生理念，结合两者的长处，中和起来进行身心的治疗和训练。不仅健身养生文化，世界上各种文化在进行交流、融合时，都可以相互借鉴、相互补充、取长补短，这样才能保持文化的多样性，保证文化交流环境的和平、和谐，才利于新文化的孕育和兴盛。

(二)"科学主义"与"系统主义"健身养生文化的融合

1. 西方健身养生文化的"科学主义"

众所周知,西方文化崇尚的是自由、平等和科学,在这种文化的指导和影响之下,西方运动健身方面的各项锻炼项目、训练内容、训练方案、训练理论等也遵循科学的实验和科学的健康观进行,符合人体的生理和现代医学的标准和特征。西方的健身运动是根据人体的不同病症,针对人体不同的组织、不同器官制订不同的训练方案,通过不同强度、不同时间、不同标准的训练帮助人们提高身体素质。

2. 中国的"系统主义"健身养生文化

以我国为代表的东方健身养生文化讲究"以人为本",注重人的外形和人的内在,包括人肢体的协调、肉体的健康、人精神面貌的向上、人与自然的和谐、人与社会的平衡等,它是一种系统的健康观念,而且经过数千年历史的发展和变迁,已经形成了一套较为完备的健身养生文化体系。随着新时代改革开放,我国传统的文化也走出国门,逐渐为世界各国的人们所认可,与之相对应的,我国的健身养生文化也逐渐探索出了一种"吸收西方文化以推之,继承中华文化以挽之"的健康发展之路。

值得一提的是,无论是中国的太极拳健身养生文化还是西方的现代体育健身养生文化,都需要与时代发展的脚步相配合,以符合当代人们的需求,保持良性的可持续发展动力,才能不为时代所淘汰。这就需要不同文化在发展时,适当融合现代化的先进、流行文化元素,以保持自身的超前性和实用性。以下简要总结我国太极拳健身养生文化对流行文化的融合过程中应该注意的问题:

第一,完善传统太极拳的文化体系,以"取其精华,去其糟粕"为原则,继承传统太极拳文化中正确、科学、合理的东西,摒弃封建、迷信、落后、低俗的文化。

第二,在充分辨别传统太极拳健身养生文化优劣的基础上,扩大对传统文化的继承、传播规模，加强保护力度；充分利用政府和有关部门对太极拳文化的优惠政策和措施，正确使用高效太极拳传播这个平台，将太极拳文化推出国门，推广到世界，让全球各地的人们都能领略太极拳的风采，进而练习太极拳，满足自身健身养生的需要。

第三，建立健全太极拳健身养生教学的体系制度，保持我国的特色武术教学理念，毕竟在当前纷繁复杂的文化大环境中，既能符合大众潮流，又能彰显个性才是保持文化可持续发展的生存之道，这与我国的特色社会主义精神文明文化建设理念是不谋而合的。

第四，结合西方先进的现代化体育运动的长处，推进传统太极拳健身养生文化的进步和完善；充分调查和了解现代人们的健身养生需求，针对不同的人群制订不同的练习方案；改进教学、传承文化结构，使这种文化指导下的太极拳运动能够面向大众，成为一种休闲、时尚、高雅的健身、养生运动。

第五，将西方健身运动的科学思想、现代化训练技术、现代生理学等各种新型的健身、养生指导理论纳入太极拳的教学、传播过程中，充分吸收和发挥西方近代健身养生文化的科学，这样才能对练习者进行科学、系统的培养与锻炼。

（三）"有氧健身"的欢快节奏运动与"内外兼修"的缓慢柔和运动相结合

西方现代化的健身养生运动是一种建立在力学、生物学等科学基础上的，符合人体生理特征和生活规律的有氧运动。这种科学的训练体系，会根据练习者不同的年龄阶段、不同体质、不同性格等标准来划分成几个等级，然后制订科学、实用的训练方案。也正因为如此，这种有氧运动在这个以瘦为美，减肥盛行的时代为广大群众所青睐。除此之外，从西方现代体育运动兴起至今，已经有很多年的历史，它的一系列锻炼方法等都已经很完善，有很丰富的前人的运动经验，这些都给时下的体育运动练习者提供了参考，运动者可以根据自身特点，制订适合自己的训练方案，以达到健身养生的目的；一般情况下，运动者都会选择自己合适的时间，加以合理的运动强度进行练习，促进人体的新陈代谢，从而增强体质。

"有氧健身"的欢快节奏是指很多练习者，尤其青少年在进行体育锻炼时，会配以音乐、体育歌曲等助兴，这种做法不仅能减缓体育锻炼的枯燥，而且大大提高了锻炼的效果，让人们在乐中学，学中乐，比较适合青少年的身体发展。

与西方的"有氧健身"比起来，我国传统的太极拳健身养生运动，更加注重人们的身心全面发展，讲究"身心和谐""身心合一"。显而易见，也只有在此基础上，才能实现人际交往的和谐、人们社会行为的和谐以及人与自然相处的和谐。比起健身，太极拳更加适合养生，也就更加适合中老年人练习，太极拳的"以柔克刚""法贵柔缓"等思想影响到太极拳练习的速度、技法以及套路等。能够使练习者经脉畅通、气血平衡，促进身体血液循环，对现代各种慢性病的治疗有很大帮助，起到延年益寿的效果。

综上所述，从运动方式来看，中西方的健身养生运动有着很大的差别，锻炼、治疗效果也有所不同，所以适合的人群也有区别，但是其在根本的目的上是相同的，所以，广大练习者应该明确结合自身特点，合理练习这两种运动。另外，二者对人体的益处是十分明显的，而且，二者并没有什么优劣之分，只不过是蕴含的思想、文化不同罢了。

参考文献

[1] 王青甫,赵会珍. 陈式太极拳集萃:太极论道[M]. 石家庄:河北科学技术出版社,2014.

[2] 方湛洲. 中国太极史[M]. 哈尔滨:黑龙江人民出版社,2014.

[3] 康玉庆. 奇迹天工:水星图说中古代发明创造(功夫)[M]. 天津:天津教育出版社,2014.

[4] 陈伟,刘青,王纯. 民族体育创新发展研究[M]. 成都:电子科技大学出版社,2014.

[5] 陈燕清. 病毒性肝炎[M]. 太原:山西科学技术出版社,2015.

[6] 胡广芹. 大学生轻松学养生[M]. 北京:中国中医药出版社,2014.

[7] 闫涛. 健康就这两件事:会动养血 会动养气[M]. 北京:北京联合出版公司,2014.

[8] 白竹. 年轻人要熟知的2000个文化常识[M]. 北京:中国华侨出版社,2014.

[9] 常学辉. 家庭医学健康百科全书[M]. 天津:天津科学技术出版社,2014.

[10]《建德年鉴》编纂委员会. 建德年鉴2014[M]. 北京:方志出版社,2014.

[11] 杜修平. 太极 汉语 文化[M]. 天津:天津大学出版社,2015.

[12] 刘干才. 南尊武当:武当功夫历史与文化[M]. 长春:北方妇女儿童出版社,2015.

[13] 蔡宝忠. 武术与文化——中国武术文化基因的构成[M]. 太原:山西科学技术出版社,2015.

[14] 王耀文,成英,逯中伟. 武术文化传承与教育研究[M]. 北京:光明日报出版社,2015.

[15] 汪晓鸣. 我国传统武术发展及其研究[M]. 北京:中国原子能出版社,2015.

[16] 董广民. 家庭医学健康百科全书(超值全彩白金版)[M]. 北京:中医古籍出版社,2015.

[17] 顾国华. 文坛杂忆全编[M]. 上海:上海书店出版社,2015.

[18] 张志仁. 让晋城因文化更美丽[M]. 太原:山西人民出版社,2014.

[19] 闫敬来. 常见病的中医特色疗法丛书呼吸道疾病[M]. 太原:山西科学技术出版社,2015.

[20] 许彦来. 现代家庭疾病防治手册肝病自助防治方案 [M]. 北京：中国人口出版社，2015.

[21] 白虹，细说趣说万事万物由来 [M]. 北京：中国华侨出版社，2015.

[22] 周文涛. 高中生议论文论点论据论证及备考范文 [M]. 长沙：湖南教育出版社，2015.

[23] 王林. 武术养生文化国际传播研究 [M]. 北京：中国书籍出版社，2015.

[24] 罗非鱼. 最强大脑思维训练脑筋急转弯 [M]. 北京：化学工业出版社，2015.

[25] 景建中，徐军艳，李铁. 大学体育与健康 [M]. 南京：南京大学出版社，2015.

[26] 许鹏，杨勇. 莫润民教武学 [M]. 西安：陕西旅游出版社，2015.

[27] 宋清华，胡建平，张笑莉. 太极拳当代价值与国际传播研究 [M]. 北京：九州出版社，2015.

[28] 王建民，沈丽英. 体育健康教育 [M]. 南京：南京大学出版社，2015.

[29] 王静. 肝病养生保健知识888问 [M]. 南京：江苏科学技术出版社，2015.

[30] 曹铁川. 大学校园体育与健康教程 [M]. 大连：大连理工大学出版社，2015.

[31] 吕云龙. 当代高校太极拳文化的价值与传播研究 [M]. 北京：九州出版社，2016.

[32] 张大辉. 十五式办公室太极拳 [M]. 太原：山西科学技术出版社，2016.

[33] 孙宜学. 中华文化问答录 [M]. 上海：同济大学出版社，2016.

[34] 刘安祥. 肝病生活养护一本就会 [M]. 合肥：安徽科学技术出版社，2016.

[35] 《中国中医药年鉴·学术卷》编辑委员会. 中国中医药年鉴2015学术卷 [M]. 上海：上海辞书出版社，2016.

[36] 赵文峰. 八段锦与锦意拳文化 [M]. 郑州：河南人民出版社，2016.

[37] 申国卿，杨素香，桑守惠. 陈式太极拳老架二路 [M]. 北京：科学出版社，2016.

[38] 申国卿，杨素香，王一鸣. 陈式太极拳精要十八式 [M]. 北京：科学出版社，2017.

[39] 申国卿，杨素香，吕振宇. 陈式太极拳老架一路 [M]. 北京：科学出版社，2017.

[40] 本书编委会. 旅游事业改革发展探索与旅游产业创新实践（第一卷）[M]. 北京：经济日报出版社，2016.

[41] 顾杰，郭振兴，王万实，等. 杨式精要37式太极拳及力学分析 [M]. 北京：北京理工大学出版社，2017.

[42] 陈伟，刘青，王纯. 民族体育创新发展研究 [M]. 成都：电子科技大学出版社，2017.

[43] 中国劳动社会保障出版社. 社会体育指导员（太极拳）教学与练习指南 [M]. 北

京：中国劳动社会保障出版社，2017.

［44］戴国斌，王立峰，朱东，等．中国武术研究报告 No.1［M］．北京：社会科学文献出版社，2018.

［45］周建新．中国武术传承与发展的文化阐释以太极拳为例［M］．南京：河海大学出版社，2016.

［46］刘登信．武当顾式太极拳探究［M］．北京：人民体育出版社，2017.

［47］李玉福．陈式洪派太极拳实用拳法释解［M］．海口：南方出版社，2017.